宁波市高端金贸专业教材建设项目

助理营销师

ZhuLi YingXiaoShi

李宏宇　主编

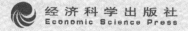

经济科学出版社
Economic Science Press

图书在版编目（CIP）数据

助理营销师 / 李宏宇主编 . —北京：经济科学出版社，
2015.5

ISBN 978 – 7 – 5141 – 5818 – 2

Ⅰ. ①助⋯　Ⅱ. ①李⋯　Ⅲ. ①市场营销学 – 资格考试 –
自学参考资料　Ⅳ. ①F713.50

中国版本图书馆 CIP 数据核字（2015）第 122344 号

责任编辑：段　钢
责任校对：隗立娜
版式设计：齐　杰
责任印制：邱　天

助理营销师

李宏宇　主编

经济科学出版社出版、发行　新华书店经销

社址：北京市海淀区阜成路甲 28 号　邮编：100142

总编部电话：010 – 88191217　发行部电话：010 – 88191522

网址：www. esp. com. cn

电子邮件：esp@ esp. com. cn

天猫网店：经济科学出版社旗舰店

网址：http: //jjkxcbs. tmall. com

北京财经印刷厂印刷

三河市华玉装订厂装订

710 × 1000　16 开　18.75 印张　370000 字

2015 年 8 月第 1 版　2015 年 8 月第 1 次印刷

ISBN 978 – 7 – 5141 – 5818 – 2　定价：40.00 元

（图书出现印装问题，本社负责调换。电话：010 – 88191502）

（版权所有　侵权必究　举报电话：010 – 88191586

电子邮箱：dbts@ esp. com. cn）

前　言

　　营销师职业资格考试是由人力资源和社会保障部职业技能鉴定中心推行的，适用于从事市场分析与开发研究，为企业生产经营决策提供咨询，并进行产品宣传促销的人员的一项考试。

　　营销师是指在各类企业、事业组织市场营销管理活动中从事市场调查、市场预测、商品（产品）市场开发、商品市场投放策划、市场信息管理、价格管理、销售促进、公共关系等专业管理人员，从事市场调研、市场分析、营销策划、市场开拓、直接销售、客户管理等营销活动的人员。

　　为了适应高等院校经济、管理类专业的学生考助理营销师的广泛需求，我们编写了本书。与当前许多不同版本的营销师辅导教材相比，本书有如下特点：（1）参加写作的是多年来长期从事市场营销学教学与科研工作高校教师，使本书深深植根于教学实践；（2）本书分两大部分，一部分为基础理论，另一部分为营销师真题；（3）特别关注了当前我国企业从事市场营销活动的营销规律。

　　本书由宁波大学商学院教师李宏宇编写，由宁波市服务型教育重点专业（高端贸易与金融专业群）资助出版。

　　在本书的编写过程中，我们参阅了国内外许多市场营销学教材与著作，并引用了部分资料，特此说明，并向有关作者表示真诚的谢意。由于作者水平有限，本书难免会存在某些疏漏与不当之处，肯请学界同仁、广大读者批评指正。

编　者

2015 年 3 月于宁波

第一部分　助理营销师基础理论部分

第二部分 助理营销师考试真题

第一部分

助理营销师基础理论部分

第一章 导 论

　　市场营销学是近百年来发展最快的管理学科之一。今天，这门学科已经成为企业在快速变化、激烈竞争的市场环境中谋求发展的管理利器，并在社会经济生活的各个领域得到了广泛应用。面对 21 世纪知识经济时代的全面挑战，市场营销理论正在不断创新。全面、系统地学习和把握现代市场营销的理论和方法，对于经济类、工商管理类专业大学生和其他有志开拓经营事业的人来说，具有重要意义。

第一节　市场与市场营销

一、市场的概念

　　市场是一个不断发展的动态概念。商品经济离不开市场。随着社会生产力的发展，市场范围和规模的扩大，市场竞争关系的变化，市场概念的内涵也在随着变化。人们对市场的认识是逐步丰富与发展的，归纳起来主要有：

　　1. 物理意义上的市场：商品交换的场所，如集市、商场、商品批发市场等。这是一个时空的概念。我国古代记载"日中为市，致天下之民，聚天下之货，交易而退，各得其所"，就是对这种在一定时间和地点进行商品交易的市场的描述。

　　2. 市场是商品交换和流通的领域。随着社会分工的发展，特别是出现货币以后，商品生产和商品交换的范围不断扩大，形成了商品的流通过程，市场的概念突破了时间和空间的限制，包括了商品交换和流通的领域。现在，在全国各地都能品尝南方的海鲜，新疆的哈密瓜，四川的火锅，商品交换和流通市场对推动商品经济的发展起到了重要作用。

　　3. 美国著名的营销学家菲利普·科特勒（Philip Kotler）认为：市场由一切具有特定欲望和需求并且愿意和能够以交换来满足这些需求的潜在顾客所组成。因此，市场规模的大小是由具有需求，拥有他人所需的资源且愿以这些资源交换其所需的人数而定。

　　4. 市场是供求力量的对比。买方市场和卖方市场指的就是这个含义。这一含义是从商品供求关系的角度提出来的，"买方市场"、"卖方市场"这些名词反映了供求力量的相对强度，反映了交易力量的不同状况。在买方市场中，商品供给量大于需求量，需求力量占据有利地位，商品价格趋于下降，直至很低，顾客支配着销售关系；在卖方市场中，商品的需求量大于供给量，卖方也就成了支配交易关系的主导方面，商品价格往往高于正常水平。显然，判断市场供求力的相对强度和变化趋势，对于企业进行营销决策也是十分重要的。

对市场的认识是随着社会生产力和商品经济的发展而变化的，上述对市场的不同看法不是对立的、矛盾的，而是在内容上相互补充的。我们认为，市场营销学的市场应采用菲利普·科特勒的市场的概念，可以用公式来表示：

$$市场 = 消费者 + 购买力 + 购买欲望$$

深入理解市场的概念要注意：一是市场是建立在社会分工和商品生产，即商品经济基础上的交换关系。二是现实市场的存在要有若干基本条件。这些条件包括：（1）存在消费者一方，他们有某种需要或欲望，并拥有可供交换的资源；（2）存在生产者一方，他们能提供满足消费者需求的产品或服务；（3）要有促成交换双方达成交易的各种条件，如双方接受的价格、时间、空间、信息和服务方式等。

二、市场营销的含义

市场营销的英文是 Marketing。有很多人提到市场营销时就把它看做是推销或是销售，从我国不少企业对营销部门的利用就可以看出，他们往往只是要求营销部门通过各种努力将企业已经生产的产品销售出去，营销部的活动无法对企业的全部经营活动发挥主导作用和产生很大影响。然而，今天的市场营销的含义是比较广泛的，它的目的是销售，但是它更强调在对市场进行充分的分析和认识的基础上，以市场的需求为导向，规划从产品设计开始的全部经营活动，以确保企业的产品和服务能够被市场所接受，从而顺利地销售出去的过程，而不是仅仅销售这一个活动。

营销学家菲利普·科特勒给出了市场营销的定义：市场营销是个人或群体通过创造，提供并同他人交换有价值的产品，以满足各自的需要和欲望的一种社会活动和管理过程。

要想深入地理解市场营销的概念，必须掌握以下的一些核心概念。

（一）需要和欲望

需要是指人的某些基本满足被剥夺的感受状态。如人渴了、饿了、冷了等，人的需求是有限的。需要存在于人类自身的生理和社会之中，市场营销者可用不同的方式去满足它，但是不能创造它。

欲望是指对上述满足需要的具体的满足物的愿望。欲望是个人受不同文化及社会环境影响而表现出来的对基本需要的特定追求。如有了饿的需要，人可以通过吃蛋糕、面包、面条、米饭、包子等不同的食物来满足，人的欲望是无穷的。市场营销者无法创造需要，但是却可以影响欲望，开发及销售特定的产品和服务来满足欲望。

需求是人们有能力购买并愿意购买某个具体产品的欲望。也就是当欲望有了购买力支持的时候，欲望就变成需求了。市场营销者重视的是需求，根据对需求的预测结果决定是否进入某一产品或服务市场。

（二）产品

市场营销中的产品指的是能够满足需求和欲望的任何事物。它既包括有形的产品，也包括无形的产品。只要是满足人们需求和愿望的任何事物都是产品。如人员、地点、组织等。当我们累了时，去健身俱乐部健身，这时健身俱乐部这个组织就是产品。当我们去旅游时，旅游地点就是产品。当我们去听音乐会时，演唱的人员就是产品。

（三）效用、费用和满足

效用是消费者对产品满足其需要的能力的整体评价。消费者通常根据这种对产品价值的主观评价和支付费用来作出购买决定。如某人为解决其每天上班的交通需要，他会对能满足这种需要的产品选择组合（如自行车、摩托车、公交车、出租车等）和他的需要组合（如速度、安全、方便、舒适、经济等）进行综合评价，以决定哪一种产品能提供最大的总满足。他将全面衡量产品的费用和效用，选择购买能使每一元钱花费带来最大效用的产品。

（四）交换、交易

交换是指通过提供某种东西作为回报，从他人处取得所需之物的行为。交换是市场营销的实质，只有交换的存在才会存在市场营销。交换的发生，必须符合五个条件：

1. 至少要有买卖双方。
2. 每一方都有被对方认为有价值的东西。
3. 每一方都能沟通信息、传递货物。
4. 每一方都可以自由接受或拒绝对方产品。
5. 每一方都认为与另一方进行交易是适当的或称心如意的。

具有了上述条件，就可能发生交换行为。交换能否真正产生，取决于买卖双方能否找到交换的条件，即交换以后双方都比交换以前好。这里，交换被描述成一个价值创造的过程，即交换通常总使双方变得比交换前更好。

市场营销的核心概念是市场交换活动，市场交换的基本动因是满足人们的需要和欲望，这是市场营销理论提供给我们的一种观察市场活动的新的视角。例如，当我们看到有一个消费者在市场上寻找钻头时，会认为这个人的"需要"是什么呢？以一般的眼光来看，这个人的需要就是"钻头"。但若以市场营销学的眼光去看，这个人的需要并不是钻头，而是要打一个"洞"，他是为了满足打一个洞的需要才购买钻头的。那么这同前者的看法有什么本质区别呢？区别在于，如果只认为消费者的需要是钻头，企业充其量只能在提供更多更好的钻头上去动脑筋，这样并不能保证企业在市场上占有绝对的竞争优势。而如果认为消费者的需要是打洞，那么企业也许就能创造出一种比钻头打得更快、更好、更便宜的打洞工具，从而就可能使企业在市场上占据更为有利的竞争地位。所在从本质上讲，消费者购买的是对某种需要和欲望的"满足"，而不仅仅是产品。

交易是交换的基本组成单位，如果双方达成了一项协议，我们就称为发生了交易。

（五）市场营销者

在交换双方中，积极主动的一方被称为市场营销者。如果买卖双方都表现出积极时，我们就把双方都称为市场营销者。

三、市场营销的作用

市场营销在社会经济生活中的基本作用，就是解决生产与消费的矛盾，满足生产或生活消费的需要。

社会的生产与消费之间存在着多方面的矛盾。概括起来有：（1）空间上的分离；（2）时间上的分离；（3）产品品种、花色、规格、型号方面的矛盾；（4）产品价格上的矛盾，即生产者按成本费用和竞争价格来估价，消费者按经济效用和支付能力来估价；（5）产品数量上的矛盾，表现为供大于求或供不应求；（6）信息上的分离，即生产者不了解谁需要什么产品，在何地、何时需要，在什么价格水平上愿意购买，而消费者则不知道谁能提供自己需要的产品，在何地、何时、何种价格水平上提供；（7）产品所有权的分离与对立等。

随着科学技术的进步，随着社会化大生产和商品经济的发展，这些矛盾的广度和深度也在发展，趋于更加复杂。所有这些矛盾，对企业来说，都是一定要解决的，但又不是在生产过程中所能解决的，一般都是通过上述市场营销活动来解决。市场营销的根本任务，就是通过努力解决生产与消费的各种分离、差异和矛盾，使得生产者方面各种不同的供给与消费者或用户方面各种不同的需要与欲望相适应，具体地实现生产与消费的统一。因而，市场营销在求得社会生产与社会需要之间的平衡方面发挥着重要作用。

第二节 市场营销学的产生和发展

现代市场营销学产生于美国，自萌芽发展到今天，已经有近百年的历史。其产生和发展的过程可以分为：萌芽、形成、成熟和发展四个阶段。

一、市场营销学的萌芽阶段

市场营销学作为系统地研究企业营销管理的一门独立学科，是在资本主义工业革命以后才出现的，它是市场经济发展的产物。19 世纪末 20 世纪初，各主要资本主义国家经过工业革命，生产迅速发展，生产效率大为提高，生产能力的增长速度超过市场需求增长的速度。在这种情况下，少数有远见的企业主在经营管理上，开始重视商品推销和刺激需求，注重研究推销术和广告术。与此同时，一些经济学者根据企业销售实践活动的需要，着手从理论上研究商品销售问题。1912 年，美国哈佛大学教授赫杰特齐（J. E. Hegertg）通过走访大企业主，了解他们如何进行市场销售活动，写出了第一本以 Marketing 命名的教科书。这本书的问世，被视为市场营销学作为一门独立的科学出现的里程碑。以后，美国的一些大学陆续开设了市场营销学的课程。但在这个时期，市场营销学的研究内容仅限于商品销售和广告业务方面的问题。而且，市场营销学的研究活动，基本上局限于大学，尚未引起社会广泛的重视。

二、市场营销学的形成阶段

20 世纪 30~50 年代，市场营销学在社会上得到了广泛的应用。1929~1933 年的资本主义经济大危机，震撼了各主要资本主义国家。由于严重的生产过剩，商品销售困难，工商企业纷纷倒闭。这时，企业的首要问题不是怎样扩大生产和降低成本，而是如何把产品卖出去。为了争夺市场，解决产品销售问题，企业家们开始研究市场销售活动，从而使市场营销学的研究大规模地开展起来。1931 年，在全美市场学和广告学教员协会的基础上，成立了美国市场学会（American Marketing Association，缩写为 A·M·A）。这个协会有很多企业家参加，在全国各地设有几十个分会，从事市场营销的研究和培训企业销售人才，并参与企业经营决策。这就使市场营销学从大学的讲坛走向了社会，进入了应用阶段。但这时市场营销学的研究，仍然局限于推销商品的组织机构和推销策略，还没有超越商品流通的范围。

三、市场营销学的成熟阶段

第二次世界大战以后，以美国为代表的一些发达资本主义国家，把战争期间发展起来的军事工业转为民用。同时，随着科学技术的迅速发展，生产力水平大大提高，产品数量急剧增加，商品供过于求。在这种形势下，政府实行了高工资、高福利、高消费的政策，想以此来刺激购买力，保持供求平衡，借以缓和生产过剩的经济危机。这时，企业所面对的是一个需求状况更加复杂、竞争更加激烈的买方市场。建立在卖方市场基础上以研究商品推销术为主体的旧的市场营销学就很难适应企业的需要。于时，许多市场营销学学者从不同的角度提出了以消费者需求为中心的市场营销理论，代替以产品为中心的旧的市场营销理论，认为应该把市场作为生产过程的起步，以市场为导向组织企业的经营活动。这一基本观念的变革，被西方称为"市场学革命"，这就把市场营销学的研究推向了一个新阶段。这个阶段市场营销学的主要特点是：第一，市场营销学的研究从流通领域进入生产领域，形成了以需定产的经营思想；第二，对市场由静态研究转为动态研究，强调供求之间的信息传递与沟通；第三，由研究销售职能扩大到研究企业各部门之间的整体协调活动。反映这些变革的市场营销理论的一系列优秀著作相继问世，如菲利普·科特勒的《营销管理：分析、计划与控制》，全面地提出了现代市场营销理论，强调了市场营销的管理导向，把市场营销学发展为指导企业经营决策的学科，形成了现代市场营销学的概念、方法与理论体系。

四、市场营销学的发展

现代市场营销学的思想成熟以后，随着社会环境的变化，市场营销实践出现了许多新情况、新问题，因而市场营销学者们又提出了许多新的重要的观点和看法，如绿色营销、多国营销、网络营销、关系营销、定制营销、内部营销、社会营销等。丰富了现代市场营销学的内容。

第三节　市场营销观念

市场营销观念指的是企业从事市场营销活动的基本指导思想。任何企业的营销管理都是在特定的指导思想和观念指导下进行的。市场营销观念产生至今共有六种主要的观念。

一、生产观念

生产观念是以产品生产为中心，以提高效率、增加产量、降低成本为重点的营销观念。

生产观念认为消费者喜爱那些可以随处得到的、价格低廉的产品。其典型的口号是："我们生产什么，就卖什么。"

生产观念在西方盛行于19世纪末20世纪初期。当时，资本主义国家的市场是卖方市场，产品供不应求，市场的需求旺盛，顾客的购买能力低。所以企业只要是提高产量，降低成本，生产出顾客能买得起的东西，产品就能交换出去。因此，企业的中心任务是扩大生产、降低成本。

生产观念在以下两种情况下是合理的、可行的：一是物资短缺的条件下，市场商品供不应求时。此时，消费者最关心的是能否得到商品，企业以生产观念为指导，不断地扩大生产、保证供给，从客观上讲，也就是满足了市场的需求。二是由于产品成本过高而导致产品的市场价格高居不下时。在这种情况下，企业以生产观念为指导，不断改进生产，提高生产效率、降低成本，在短期内能够取得比较好的营销效果。最典型的例子就是福特的 T 型车，最初人们的购买能力有限，车的价格又比较高，很多人买不起汽车，从 1914 年开始生产 T 型车，采用生产观念，提高效率，降低成本，使更多的人能够买得起汽车，到 1921 年，T型车的市场占有率已达 56%，改变了美国人的生活方式，使美国成为车轮上的国家。

二、产品观念

产品观念认为消费者最喜欢高质量、多功能和具有某些特色的产品。因此，企业管理的中心任务就是生产优质产品，并不断精益求精。

当市场供求关系发生变化时，供不应求的局面得到缓解之时，一些企业就会从生产观念转到产品观念，认为消费者在有选择的情况下会选择那些质量好、功能多的产品。产品观念相对于生产观念，有了一定的进步，在只抓产量、不抓质量、大批劣质产品充斥市场的情况下，产品观念对于提高产品的质量起到了一定的作用。

但要注意一点，这里说的质量好、功能多是从企业出发，而不是从消费者出发。产品观念的局限性就在于对于产品的设计与开发只是从企业资源的角度出发，以企业为中心进行的。正是因为不是对消费者所需要的功能进行调查的基础上进行的功能设计，而是以企业为中心进行的功能设计，此时就可能出现两种情况，一种是功能不足，另一种是功能过剩。功能不足，消费者的需要不会被满足，功能过剩对消费者来说是一种浪费。

最典型的例子是日本有家保险箱生产公司的经理抱怨消费者没有眼光，对于该公司生产的"牢不可破"的保险箱很少有人问津。一次在对一位朋友谈起此事时，怒不可遏，竟然抬起一台该公司的产品从五楼扔了下去，然后让这朋友去看这保险箱有没有损坏。然而这位朋友只是淡淡地一笑，说道："我想您的顾客购买保险箱绝不是为了从楼上往下扔吧？"这个例子说明了，如果不是从消费者的需要出发去开发和设计产品，自以为很好的产品可能也不会有市场。

三、推销观念

推销观念认为，消费者通常有一种购买惰性或抗衡心理，若听其自然，消费者就不会大量购买本企业的产品，因而营销管理的中心是积极推销和大力促销。推销观念典型的口号是："我们卖什么，就让人们买什么。"

推销观念盛行于 20 世纪 30 ~ 40 年代。1929 ~ 1933 年资本主义大的经济危机，使堆积如山的货物卖不出去，许多工商企业纷纷倒闭，市场极度萧条，这种现实使许多企业家意识到，企业不能只集中力量发展生产，必须把产品卖出去，企业才能生存和发展。

持推销观念的企业相信产品是被"卖出去的"，不是被"买去的"。所以他们致力于产品的推广和广告活动，说服消费者购买。

以上的三种观念都是建立在以企业为中心，而不是建立在满足消费者的需要的基础上的。

当市场刚刚进入供过于求的阶段时，推销观念确实产生过很强的实际效应。一些企业通过大量的广告宣传、人员推销，使产品的销路有明显的上升。20 世纪 30 ~ 40 年代，美国的不少企业就曾在包括中国在内的全世界各地市场组织大规模的推销活动，从而使不少在美国本地市场严重饱和的产品重新在世界各地打开了市场。如美孚公司在中国推销煤油灯时，就曾组织了一批推销人员挨家挨户地送煤油灯，使普通的中国老百姓接受了美国人的"洋油"，从而打开了一个很大的市场。中国在 80 年代改革开放的初期阶段，广东、福建等南方省市的一些乡镇企业和民营企业迫于不具有国有企业那样的市场地位，只能靠大量的推销活动来拓展自己的市场，结果反而使其产品很快在全国打开了销路，确立了市场地位。

推销观念同生产观念和产品观念相比，具有明显的进步，其主要表现为企业经营者开始将眼光从生产领域转向了流通领域，不仅在产品的设计和开发，而且在产品的销售促进上投入精力和资本。但是推销观念与前两个观念一样，都是以企业为中心，没有把消费者放在企业经营的中心地位。再好的推销手段也不能使消费者长久地接受他所不需要的产品，特别是当市场竞争变得日益激烈的时候，推销的效应就会逐渐递减。20 世纪 90 年代中期，中国的消费品市场供大于求的趋势日益明显，企业的推销大战也愈演愈烈，但尽管有奖销售、削价甩卖活动天天可见，消费者的反应却越来越冷淡，这说明，推销观念对企业拓展市场的局限性是十分明显的。

营销最重要的内容并非推销，推销只不过是营销冰山的顶点。著名管理理论家德鲁克曾说：可以设想，某些推销工作总是需要的，然而营销的目的就是要使推销成为多余。营销的目的在于深刻地认识和了解顾客，从而使产品或服务完全适合他们的需要而形成产品自我销售。理想的营销会产生一个已经准备来购买的顾客，剩下的事就是如何便于顾客得到产品或服务。

所以，推销要变得有效，必须以其他营销功能作为前提。企业若想长久地在市场中生存和发展，仅奉行推销观念是不行的，必须以满足消费者的需要为前提。

四、营销观念

营销观念是以消费者的需求为中心，正确认识目标市场的需要和欲望，并且比竞争对手更有效地、更有利地提供目标市场所需要的东西。营销观念的口号是："顾客需要什么，我们就生产什么。"

市场营销观念产生于20世纪50年代。第二次世界大战以后，美国大量的军事工业转为民用，使产品供应量迅速增加，产品供过于求，买方市场形成。另一方面，消费者有较多的可支配收入和闲暇时间，对生活质量的要求提高，消费需求变得更加多样化。这种形势下，要想实现交换，企业必须改变原来以企业为中心的思维方式，转向认真研究消费需求，正确选择为之服务的目标市场，并以满足目标顾客的需要为中心，不断地调整自己的营销策略。也就是说，要从以企业为中心转变到以消费者为中心。

市场营销观念改变了以企业为中心的旧观念的思维逻辑，它要求企业营销管理贯彻"顾客至上"的原则，将管理的重点放在善于发现和了解目标顾客的需要，并千方百计去满足他，从而实现企业目标。因此，企业必须进行市场调研，根据市场需求及企业本身的条件，选择目标市场，组织生产经营。其产品设计、生产、定价、分销和促销活动，都要以消费者需求为出发点。产品销售出去之后，还要了解消费者的意见，来改进自己的营销工作，最大限度地提高顾客的满意程度。

注重长远利益和战略目标是营销观念的又一基本特征，其不同于推销观念只注重当前产品的销售和短期利润的获取。持有营销观念的企业认为，不顾及企业的长远发展目标而进行的盲目生产或倾力推销对企业可能不仅无利而且有害，因此，一些营销学者认为，对于企业来说，稳定的市场份额可能比高额的短期利润更为重要。20世纪70年代初，当环境污染问题还没有像现在那样受到广泛关注的情况下，日本本田公司就已经从其对市场环境的分析中预计到未来污染问题的严重性，于是他们专门请联合国有关专家到公司做报告，并投资开发能减少废气污染和节约能源的汽车。结果当80年代汽车废气污染开始引起人们高度重视的情况下，本田少污染、低能耗的汽车就成为畅销货，没有战略眼光的经营者是不可能获得这样的成功的。

一般来说，营销观念只有在市场经济发展比较成熟、市场竞争十分激烈的市场环境条件下，才容易被企业所接受。这是因为真正采用营销观念的企业会在原有的基础上增加很多新的工作和投资，以营利为目的的企业只有在其认为确实必要的情况下，才会接受营销观念并相应地增加这方面的投入，并随着营销必要性的逐步增强，而提高营销在企业中的地位。

五、社会市场营销观念

社会市场营销观念是以市场需求和社会效益为中心，以发挥企业优势、满足消费者和全社会的长远利益为重点的营销观念。

市场营销观念的中心是满足消费者的需要和欲望来实现企业的利润目标。但往往出现这样的现象，即在满足个人需求时，与社会长远的利益发生矛盾，企业的营销努力可能不自觉地造成社会的损失。为了保证经济健康、可持续发展，人们提出了社会市场营销观念。社会市场营销观念是对市场营销观念进行了修正，强调在满足消费者的需求，实现企业利润目标时，不损害整个社会的长远的发展利益，作为企业的根本目的与责任。

社会市场营销观念是随着企业经营实践的发展而逐步为企业所接受的。因为如果企业在其经营活动中不顾社会利益，造成社会利益的损害，则必然会受到社会的压力而影响企业的进一步发展。日本有一家海边的发电厂，排放的工业废水使近海的渔业资源受到重大损失，结果同当地渔民发生冲突，影响了工厂的生产和发展。近年来社会对于环境保护和健康消费的重视，使得政府的政策对于有损社会利益的生产行为和消费行为的约束越来越严厉，社会舆论的压力也越来越大，从而迫使企业不得不通过树立良好的社会形象来改善自己的经营环境，社会营销观念也因此而被普遍接受。

六、大市场营销观念

自 20 世纪 80 年代以来，世界经济的发展进入了一个迟缓、缺乏生气的时期，世界各国和各个地区采取封锁政策，贸易保护主义抬头。面对企业在进入贸易保护主义严重的那些特定地区进行营销活动时，所面临的各种政治壁垒和公众舆论方面的障碍，美国著名营销学家菲利浦·科特勒提出了大市场营销观念。

由于贸易保护主义回潮、政府干预加强，企业营销活动中所面临的问题，已不仅仅是如何满足现有目标市场的需求。因为那些能够提供产品甚至是能够提供更好的产品与服务的企业难以进入市场，企业要打入这样的特定市场，必须运用政治权力（Political Power）和公共关系（Public Relations），设法取得具有影响力的政府官员、立法部门、企业高层决策者等方面的合作与支持；引导特定市场的需求，在该市场的消费者中树立良好的企业信誉和产品形象，以打开市场、进入市场。然后，运用传统的 4PS 组合去满足该市场的需求，进一步巩固市场地位。

　　企业不同的营销观念，实际上是将企业经营思想的发展分为两个阶段，即以企业需求为导向的阶段和以市场需求为导向的阶段。从生产观念到推销观念，其本质是以企业需求为导向，而从营销观念开始，则转为市场需求为导向，所以说以市场需求为导向是各种营销观念的本质特征。

第二章　市场营销环境

第一节　市场营销环境的特点

一、市场营销环境的含义

环境指的是系统外界的所有因素的集合。企业的市场营销环境指的是影响和制约企业市场营销活动效果的所有的因素的集合。

作为一个开放的系统，企业的所有活动都发生在一定环境中，并不断地与外界环境发生交流；从外界吸纳各种物质和信息资源的同时，也通过企业自身的活动，输出产品、劳务和信息，对外界施加影响。企业的营销活动也是这样一种促使企业内外资源发生交流的活动。

根据营销环境对企业市场营销活动发生影响的方式和程度，可将市场营销环境分成两大类：微观的营销环境和宏观的营销环境。微观的营销环境指的是对企业的营销活动有直接影响的因素集合。包括企业本身、供应商、营销中介、顾客、竞争者和公众。宏观的营销环境指的是对企业的营销活动起间接的影响作用的集合。包括人口、经济、政治、法律、自然、科技和社会文化环境等。

二、市场营销环境的特点

1. 客观性。营销环境的客观性是指营销环境的存在是不以营销者的意志为转移的，对企业营销活动的影响具有强制性和不可控性的特点。一般来说，营销部门无法摆脱和控制营销环境，特别是宏观的营销环境，企业难以按自身的要求和意愿去改变它。企业只能不断调整市场营销策略，主动适应环境的变化，

2. 差异性。营销环境的差异性是指各企业的环境各不相同，同样一种环境因素的变化对不同的企业影响也不相同。如人口出生率的下降这一环境变化，对从事儿童服务的企业来说是威胁，但是对于从事旅游、休闲业的企业来说，就是机会。这是因为孩子的减少，父母的闲暇时间增多了。

3. 多变性。构成市场营销环境的因素是多方面的，每一个又都随着社会经济的发展而不断变化。这就要求企业根据环境因素和条件的变化，不断调整企业的营销策略。

4. 相关性。市场营销环境不是由某一个单一的因素来决定的，它要受到一系列相关因素的影响，这些因素之间是相互影响、相互制约的，并且某一因素的变化会带动其他因素相互变化，开成新的营销环境。

第二节　微观营销环境

一、企业本身

现代企业开展营销业务，必须设立某种形式的营销部门，为了使企业的营销业务卓有成效地开展，不仅营销部门内各类专职人员需要尽职尽力通力合作，更重要的是必须取得企业内部其他部门，如高层管理、财务、研究与开发、采购、生产、会计等部门的协调一致。所有这些企业的内部组织就形成了企业内部的微观环境。

企业内部的微观环境分为两个层次。第一层次是高层管理部门，营销部门必须在高层管理部门所规定的职权范围内作出决策，并且所制订的计划在实施前必须得到高层领导部门的批准。第二层次是企业的其他职能部门。企业营销部门的业务活动是和其他部门的业务活动息息相关的。财务部门负责寻找和使用实施营销计划所需的资金，研究与开发部门研制安全而满足人们需要的产品，采购部门负责供给原材料，生产部门生产品质与数量都合格的产品，会计核算收入与成本以便管理部门了解是否实现了预期目标。这些部门都对营销部门的计划和行动产生影响。营销部门在制订和执行营销计划的过程中，必须与企业的其他职能部门互相配合，协调一致这样才能取得预期的效果。

二、供应商

供应商是指向企业及其竞争对手供应为生产特定产品和劳务所需的各种资源的工商企业或其他组织与个人。供应商对企业营销活动的影响主要体现在以下三个方面：一是资源供应的可靠性，即资源供应的保证程度，这将直接影响企业产品的销售量和交货期。二是资源供求的价格变动趋势。这将直接影响企业产品的成本。三是供应资源的质量水平。这将直接影响企业产品的质量。

资源供求是影响企业竞争能力和产品销售量的重要条件，通常，企业应向多个供应商采购，而不可依赖于任何单一的供应者，以免受其控制。当条件许可时，企业应采取后向一体化的策略，自己生产所需外购的主要资源，以增强对营销业务的控制能力，保证企业顺利实现预定的营销目标。

三、营销中介

营销中介是指协助本企业推销产品给最终购买者的所有中介单位，包括：中间商、实体分配公司、营销服务机构、金融机构。这些都是市场营销中不可缺少的中间环节，生产企业必须借助营销中介单位的协助才能有效地开展营销活动。

（一）中间商

中间商是协助公司寻找顾客或直接与顾客进行交易的商业企业。中间商分两类，代理中间商和经销中间商。代理中间商包括代理人、经纪人、制造商代表。他们专门介绍客户或与客户协商交易合同，但并不拥有商品持有权。代理人到各国、各地去寻找零售商，根据代理人为企业取得的订货单的多少向他们支付佣金。代理人本人并不购买商品，而是公司直接向零售商发货。经销中间商，如批发商、零售商，拥有商品所有权。公司销售商品的主要方法是把商品卖给批发商，大型连锁超级市场、仓卖经营商，这些中间商再以一定的利润把商品卖给消费者。

企业销售商品为什么要使用中间商呢？中间商向顾客提供服务，其花费比公司自己直接向顾客提供便宜得多。公司作为一个制造商，主要关心的是不断生产大量商品并运出厂门。而顾客所感兴趣的是在最方便的地点、最方便的时候买到商品，并且希望还能同时购买到其他相关品种的商品，而且付款办法灵活、方便。公司大批量生产商品同消费者购买所喜欢的方式之间所存在的差距必须克服，于是中间商便应运而生。由中间商来协调厂商供应与消费者购买之间所存在的数量、地点、时间、品种以及持有方式之间的差异。

（二）实体分配公司

实体分配公司协助公司储存产品和把产品从原产地运往销售目的地。仓储公司是货物运往下一个目的地前专门储存和保管商品的机构。运输公司包括从事铁路运输、汽车运输、航空运输、驳船运输以及其他搬运货物的公司，他们负责把货物从一地运往另一地。每个公司都须从成本、运送速度、安全性和交货方便性等因素，进行综合考虑，确定选用成本最低而效益更高的运输方式。

（三）市场营销服务机构

市场营销服务机构指市场调研公司、广告公司、各种广告媒介及市场营销咨询公司，他们协助企业选择最恰当的市场，并帮助企业向选定的市场推销产品。在处理这方面服务业务时，总要面对是自己做还是委托专业机构做的选择。有些大公司，他们都有自己的广告代理人和市场调研部门。但是，大多数公司都与专业公司以合同方式委托处理这些事务。当一个企业决定委托专业公司处理这些事务时，它就需谨慎地选择哪一家，因为他们各有自己的特色，所提供的服务内容不同，服务质量不同。

（四）金融机构

金融机构包括银行、信贷公司、保险公司以及其他为货物购销提供融资或保险的各种公司。大多数公司和顾客都依赖各种金融机构为他们的交易融通资金，公司的营销活动会因贷款成本的上升或信贷来源的限制而受到严重的影响。正是由于这样的原因，企业必须发展与金融机构的密切关系。

四、顾客

企业提供产品是为了满足顾客的需要。顾客的需求特点及其变化正是企业营销努力的起点和核心。因此，认真分析目标顾客需求的变化趋势是企业极为重要的基础工作。

市场营销学根据购买者和购买目的来对企业的目标顾客进行分类，包括：

（1）消费者市场。消费者市场由为了个人消费而购买的个人和家庭构成。

（2）生产者市场。生产者市场由为了加工生产来获取利润而购买的个人和企业构成。

（3）中间商市场。中间商市场由为了转卖来获取利润而购买的批发商和零售商构成。

（4）政府市场。政府市场由为了履行政府职责而购买的各级政府机构构成。

（5）国际市场。国际市场由国外的购买者构成，包括国外的消费者、生产者、中间商和政府机构。

企业的目标顾客可以是以上五种市场中的一种或几种，也就是说，一个企业的营销对象可以不仅包括广大的消费者，也包括各类组织机构。企业必须分别了解不同的顾客的需求特点和购买行为。

五、竞争者

任何企业都不大可能单独服务于某一顾客市场，完全垄断的情况在现实中不容易见到。而且，即使是高度垄断的市场，只要存在着需求的替代品的可能性，就可能出现潜在的竞争对手。所以，企业在某一顾客市场上的营销努力总会遇到其他企业类似努力的包围或影响，市场营销的成功，不仅需要企业满足顾客的需求，而且要比竞争对手更有效地满足顾客的需求。因此，除了发现并迎合消费者的需求外，识别自己的竞争对手，时刻关注他们并随时作出相应的对策也是企业营销成败的关键。

企业的竞争环境不仅包括其他同行企业，而且包括更基本的内容，它们处于消费者进行购买决策的全过程。菲利普·科特勒将企业的竞争环境分为四个层次：

1. 欲望竞争，假设消费者手中有 2000 元钱，有以下的愿望要实现，如买一辆交通工具、短途旅游、手机等，这些钱只能满足一样。那么提供这些产品来满足消费者的不同需求的生产者即为欲望竞争者。

2. 类别竞争，满足消费者某种愿望的产品类别之间的可替代性产品的供应者即为类别竞争者。如交通工具可以分为自行车、电动车、摩托车、轿车等。提供这些产品的生产者就称为类别竞争者。

3. 产品形式竞争，在满足消费者某种愿望的特定产品类别中仍有不同的产品形式可以选择。假设消费者选择了自行车，自行车可以分为女式、男式、山地车、赛车等多种产品形式可以满足他对自行车的欲望。

4. 品牌竞争，即在满足消费者某种愿望的同种产品中不同品牌之间的竞争。

在这四个层次的竞争中，产品形式竞争者和品牌竞争者是同行业的竞争者。在同行业竞争中，卖方密度、产品差异、进入难度的变化是三个特别需要重视的方面。卖方密度指同一行业或同一类商品经营中卖主的数目。这种数目的多少，在市场需求量相对稳定时，直接影响到企业市场份额的大小和竞争的激烈程度。产品差异指同一行业中不同企业生产同类产品的差异程度。由于差异，使产品各有特色而相互区别，这实际上就存在着一种竞争关系。进入难度指企业在试图加入时所遇到的困难程度，特别是技术的难度和资金的规模。不同的行业，企业加入的难易程度是不等的，如航空业和高科技产业是一般企业难以进入的，因为它需要巨额的投资和较高的专业技术。

现代社会中，竞争对企业的影响不仅来自本行业的现有竞争者，有远见的企业不仅仅满足于品牌层次的竞争，公司真正的挑战是应该着眼于扩大它们的基本市场，而不应该仅仅为了在一个已固定的市场上争取更大市场份额而拼搏。在许多行业里，企业的注意力总是集中在品牌竞争因素上，而对如何抓住机会扩大整个市场，或者说起码不让市场萎缩，却重视不够。

六、公众

公众是指对一个组织完成其目标的能力有着实际或潜在兴趣和影响的群体。一个企业的公众可以分为以下七类：

1. 金融公众。指影响本企业融资能力的各种金融机构。主要包括银行、投资公司和股东。营销企业需要同金融机构保持良好的关系，以求得金融界对企业营销活动的最大支持。

2. 媒介公众。指报纸、杂志、广播电台和电视台等有广泛影响的大众传播媒介。

3. 政府公众。即负责管理企业营销业务的有关政府部门。

4. 公民公众。即国家公民为自己的某种共同利益和特殊需要而建立起来的各种社会组织。它包括保护消费者利益的组织、环境保护组织等民间团体。这些组织与社会舆论将对销售者和消费者产生重要影响，甚至能影响到立法机构的立法、政府政策的制定等。为此，营销企业要与他们进行经常性的沟通，求得他们的理解或支持。

5. 地方公众。即企业附近的邻里居民和社团组织。企业应和地方公众保持良好的公共关系，以取得良好的地方公众印象。

6. 一般公众。非组织形式的公众就是一般公众。一般公众不会对企业采取有组织的行动，但他们对企业及其产品的认识都对广大消费者有广泛的影响。企业的公众形象影响其产品的销售。

7. 内部公众。指企业内部的全体职工。企业需要通过调动内部员工的积极性来提高企业的活力、增强凝聚力。

公众可能有助于增强一个企业实现自己目标的能力，也可能妨碍这种能力。鉴于公众会对企业的命运产生巨大的影响，精明的企业就会采取具体措施，去成功地处理与主要公众的关系，而不是不采取行动和等待。大多数企业都建立了公共关系部门，专门筹划和各类公众的建设性关系。公共关系负责收集与企业有关的公众的意见和态度，发布消息，沟通信息，以建立信誉。如果出现不利于公司的反面宣传，公共关系部门就会成为排解纠纷者。那些管理得最好的公共关系部一般都很重视向最高管理当局提供建议，去采取积极措施，消除那些可能带来的麻烦的活动，从而一开始就使反面宣传不至于出现。

第三节 宏观的市场营销环境

一、人口环境

市场是由既具有购买欲望又具有购买能力的人所组成的，人的需求是市场营销活动的基础。从量的角度来看，人口的数量是市场规模的重要标志，在人均消费水平一定的情况下，人口数量越多，增长越快，市场需求规模就越大。

1. 世界人口总量迅速增长。自 1991 年以来，世界人口以年平均 1.7% 的速度增长。人口的高速增长，导致需求的增大，将为企业带来新的机遇，但也会带来资源紧缺、环境污染加剧、生活环境恶化等不利影响。

世界人口的增长呈现出极端不平衡。发达国家的人口出生率下降，人口甚至出现负增长，导致这些国家市场需求呈缓慢增长。世界人口的 80% 在发展中国家，而且人口增长最快的往往是那些落后、欠发达的国家，贫穷问题困扰着这些国家的人民。在人口上升的同时，消费者的购买力并没有提高多少，市场需求层次较低，以追求基本需求的满足为主。

2. 人口的结构分析。人口结构可从其性别、年龄、文化素质、职业、民族等方面进行分析。

人口年龄结构是企业分析市场环境的主要内容之一，不同年龄层次的消费者因为生理和心理特点、人生经历、收入水平和经济负担状况不同，有着不同的消费需要、兴趣爱好和消费模式。目前，人口老龄化是世界人口年龄结构变化的新特点。联合国对人口年龄类型的划分提出了一套标准，作为判断一个地区或国家是否进入老年社会的一个重要依据。它规定 65 岁以上的人口超过 7% 的国家或地区就称为人口老年型国家或老年型社会，4% ～7% 为成年型社会，4% 以下为年轻型社会。这一人口环境动向对市场需求的影响是十分深刻的：市场对儿童用品的需求将会减少，但对老年人的医疗和保健用品、生活服务和旅游等方面的市场需求将会迅速增加。

3. 人口的地理分布。人口地理分布是指人口在不同的地理区域的密集程度。由于各区域的自然条件、经济发展水平、市场开放程度以及社会文化传统和社会经济与人口政策等因素的不同，分布在不同区域的人口具有不同的需求特点和消费习惯。例如，在我国，不同区域的食品消费结构和口味就有很大差异，俗话说："南甜北咸，东辣西酸"，也由此形成了如川菜、鲁菜和粤菜等著名菜系。

人口密度是反映人口分布状况的重要指标。人口的地理分布往往不均匀，各区域的人口密度大小不一。人口密度越大，意味着该地区人口越稠密，市场需求越集中。准确地了解这一指标有益于营销者制订有效的营销计划。人口的地理分布并不是一成不变的，它是一个动态的概念，这就是人口流动问题。近几十年来，世界上人口"城市化"是普遍存在的现象，我国的城市化水平也在不断提高。但近年来，在一些发达国家，与城市化倾向相反，出现了城市人口向郊区及卫星小城镇转移的"城市空心化"趋势。这些人口流动现象无一不造成了市场需求的相应变化，营销者必须充分考虑人口的地理分布及其动态特征对商品需求及流向的决定性影响。

4. 家庭及其变化。因为许多的购买是以家庭为单位的，家庭的变化会给市场营销提供了机会或带来威胁。各国的家庭的变化有以下的一些趋势：

一是家庭的规模在缩小，家庭户数在增加。现在，家里没有 18 岁以下的孩子的家庭已占家庭的较大数目，新婚夫妇也推迟了生育。在有孩子的家庭里，平均每户孩子数也大大下降。这就意味着为从事家庭服务的企业带来的机会，例如家用电器、床上用品、住宅等。

二是妇女就业。妇女就业扩大了高档服装的市场，扩大了对半托幼儿园服务、对家庭打扫服务的需求。已婚妇女就业人数的不断增加，也意味着观看电视连续剧和阅读《妇管家》之类的妇女刊物的时间在减少。就业妇女的收入占家庭收入的 40% 左右，构成了对优质商品与劳务的需求与消费。这一切都伴随着家庭中丈夫与妻子传统地位与价值观念的变化，丈夫承担更多的家务，如去商店购物和看管孩子。结果，丈夫就越来越被食品公司和家用电器制造商或零售商当作自己的目标市场。

二、经济环境

市场的规模不仅受人口数量的影响，还受消费者的购买力水平的影响。人的需求只有在具备经济能力时才是现实的市场需求。总的购买力是现有收入、价格、储蓄及信贷的一个函数。市场营销者必须对经济环境的四个主要趋势有所了解。

1. 消费者收入水平。消费者的收入是消费者购买能力的源泉，包括消费者个人工资、奖金、津贴、股息、租金和红利等一切货币收入。消费者收入水平的高低制约了消费者支出的多少和支出模式的不同，从而影响了市场规模的大小和不同产品或服务市场的需求状况。

对消费者收入的分析必须准确地理解个人收入、个人可支配收入和个人可任意支配收入这一系列相关的概念。个人可支配收入是指在个人总收入中扣除税金、公积金、医疗保险、养老保险等后，消费者真正可用于消费的部分，它是影响消费者购买力水平和消费支出结构的决定性因素。个人可任意支配收入是在个人可支配收入中减去消费者用于购买食品、支付房租及其他必需品的固定支出所剩下的那部分收入，非必需品的消费主要受它的限制。在这两种收入中，由于国家税收政策的稳定性，个人可支配收入变化趋势缓慢，个人可随意支配收入变化较大，而且在商品消费中的投向不固定，成为市场供应者竞争的主要目标。

2. 物价水平。收入还分为货币收入和实际收入，它们之间的区别是后者通过了物价因素的修正，而前者没有。货币收入只是一种名义收入，并不代表消费者可购买到的实际商品的价值。所以，货币收入的上涨并不意味着社会实际的购买力提高，而货币收入的不变也不一定就是社会购买力的不波动。唯有考虑了物价因素的实际收入才反映实际社会购买力水平和其变化。如果货币收入随着物价上涨而增长，如果通货膨胀率大于货币收入增长率，消费者的实际收入仍会减少，社会购买力随之下降。

3. 经济发展水平。对一个国家的经济发展水平的衡量有两种方法，一种是恩格尔系数，另一种是罗斯托的经济发展阶段论。恩格尔系数适合于消费品分析经济环境，而罗斯托的经济发展阶段论适合于产业用品分析经济环境。

在一个世纪以前，德国统计学家恩斯特·恩格尔在研究人们收入增加后，支出如何变化的问题时，发现随着家庭收入增加，用于食品的开支占收入的百分率会下降，用于住房及家庭开支的费用占收入的百分率保持不变；用于其他方面（服装、交通、娱乐、保健和教育）及储蓄占收入的百分率则上升。恩格尔发现这一规律性在以后的家庭收支研究中得到广泛的证实。

恩格尔系数为：

$$恩格尔系数 = \frac{用于食物的支出}{全部消费支出} \times 100\%$$

恩格尔系数可以用来衡量居民的富裕程度，同时也可表明一个国家潜在购买力的大小。恩格尔系数越小表明生活越富裕，越大则生活水平越低。一般认为：恩格尔系数在59%以上为绝对贫困；50%～59%勉强度日；40%～50%为小康，20%～40%为富裕社会；20%以下为最富裕。企业从恩格尔系数可以了解一个国家的经济发展水平，不同的发展水平的国家消费者的需求结构是不同的。

著名的发展经济学家罗斯托将世界各国的经济发展划分成五个不同的阶段。第一阶段为传统社会阶段。处于这一发展阶段的国家的经济发展水平很低，国民经济以农业为主，国家经济活动以资源开发为主；生产方式以手工为主，现代科学技术尚未被引入生产领域；国民文化素质低，劳动生产率，国民收入及购买力低下。第二阶段为起飞前准备阶段。这个阶段是起飞前的过渡阶段，农业开始向工业转移，先进的科学技术被广泛地运用于工业，产业结构不再是单一的农业，而是工业和农业并存并相互促进；教育事业开始发展，劳动者素质有所提高。第三阶段为起飞阶段。在这个阶段，国民经济以较快的速度增长，生产手段现代化推动工业化进程加快；各种支柱产业渐趋成熟，各种基础设施逐步完善；劳动生产率明显提高，国民收入与人均收入显著增加，居民购买力迅速上升。第四阶段为成熟阶段。在这个阶段，投资稳定增长，科技迅猛发展；经济结构起了重大变化，农业人数减少，工商业和服务业大量发展；企业及其经济活动全面进入世界经济舞台，开始全方位地参与国际竞争。第五阶段为高消费阶段。在这个阶段，人们已经不满足于普通的衣食住行，开始追求高质量生活。此时第三产业迅速发展，公共设施和社会福利日益完善。随着人均收入的提高，高档耐用消费品和社会服务等成为消费热点。

从目前世界各国的经济发展状况来看，各国所处的经济发展阶段各不相同，处于前三个阶段的国家是发展中国家，处于后两个阶段的国家为发达国家。各国经济发展阶段的差别，要求国际营销企业根据不同的具体情况制订不同的营销战略和策略。

4. 储蓄与信贷。在不考虑消费者储蓄变化影响的情况下，消费者及其家庭的可任意支配收入形成当期全部购买力。但是一般情况下，消费者并不是将其全部收入完全用于当期消费，而会把收入的一部分以各种方式储存起来，如银行存款、债券、股票等。经济学家发现消费和储蓄都随收入的增加而增加，但收入增加到一定程度后，消费增加的百分比将逐步降低，而储蓄增加的百分比将逐渐提高。

由于养老保险制度、医疗保健制度、教育制度、住房制度等方面的改革，人们开始重视储蓄和信贷问题，进入20世纪90年代以后，银行储蓄逐年上升。银行利率虽一再下降，但人们的储蓄热情仍然很高。

　　一般来说，储蓄意味着推迟了的购买力，储蓄额越大，当期购买力越低，而对以后的市场供给造成了压力。

　　与储蓄相反，消费信贷是一种预支的消费能力。为了启动房地产市场和轿车市场，国家信贷政策有所变化，可向消费者个人贷款。许多消费者家庭普遍通过贷款来增加消费。消费者信贷主要有如下几种形式：短期赊销，如先试用后付款、分期付款等方式购买家用电器等；较长期分期付款：如购买住房、轿车等高档品；银行信贷：由单位担保或抵押方式，从银行贷款购买高档品；信用卡消费：由金融单位提供，持卡人可在合约商店透支购物。

三、自然环境

　　企业营销的自然环境，是指影响企业生产和经营的物质因素，如企业生产需要物质资料，企业生产产品过程中对自然环境的影响等。自然环境的变动出现了以下方面值得营销人员注意的新趋势。

　　1. 日益逼近的某些原料短缺。地球上的资源由无限资源、可再生的有限资源和不可再生的有限资源组成。无限资源，如空气，尽管有些团队看到了长远的危机，但眼前还不会有问题。一些环境保护团体曾酝酿提出一项禁止使用自动喷雾罐里的某些加压剂的建议，因为这些加压剂会破坏大气的臭氧层。至于水，在世界和我国的许多地方则已经出现了严重缺水的现象。

　　2. 可再生的有限资源。如森林、食物、须精打细算地充分利用。林业企业在采伐以后，必须再在林带植树，以保护土壤并保证以后有足够的木材供应，满足未来的需要。食物的供应是个大问题，因为可耕地面积相对有限，我国的情况尤其突出，而城市地区的扩大却又不断地在蚕食农田。

　　3. 不可再生的有限资源。如石油、煤及各种矿藏问题看来十分严重。营销所牵涉的问题很多。使用稀有矿藏为原料的企业，即使原料供应有来源，也会面临原料成本大幅度上升的问题。他们可能发现很难把成本的增加部分转移到消费者头上去。从事研究与开发勘探的企业，在开发有价值的原料新来源和新材料方面，有着非常大的机会。

　　4. 能源成本的增加。石油这一不可再生的有限资源，已经构成未来经济增长遇到的最严重的问题。世界上的主要工业国，都对石油有极大的依赖，在成本及效益方面均可取得其他替代能源问世之前，石油将继续是左右世界政治与经济前景的一种力量。在煤被普遍使用，企业还在探求太阳能、原子能、风能及其他形式能源的实用性手段，仅仅太阳能领域，已有成百上千的企业、机构，正在研究有实用价值的电动汽车、电池自行车，倘能成功，研制者和生产者将可能得到十分可观的回报。

5. 污染的增加。有些工业生产活动将不可避免地破坏自然环境的质量。工业对环境的污染主要是因为排放三废：废水、废气和固体废弃物。废水的排放造成现阶段严重的水污染，各大水系都已经出现污染；废气主要指二氧化硫、工业烟尘和工业粉尘，工业废气的排放造成了现阶段严重的工业污染，由于二氧化硫的排放造成我国出现酸雨的城市已经非常多；固体废弃物的排放会造成地下水和土地的污染。公众对环境问题的关心，使营销管理当局和企业必须重视自然环境的变化，在获取所需资源时要注意物质环境并防止对自然环境的破坏，企业可能会遇到来自政府和其他有影响方面的严格控制，企业会去探索其他不破坏环境的方法去制造和包装产品。

四、科技环境

决定人类命运最引人注目的因素是科学技术。科技创造了许多奇迹，如青霉素、人工心脏、节育术、计算机等。科技也造出了恐怖，如氢弹。每一种科学技术的新成果都会给社会生产和社会生活带来影响甚至是深刻的变化。

每一种新技术都是一种"创造性破坏"因素。晶体管危害了真空管行业，复印机伤害了复写纸行业，汽车使铁路的经营日趋清淡，电视拉走了电影的观众。如果老行业不采取新技术，而是轻视它，那么那些老行业的生意必定衰落下去。营销者应准确地把握科技革命的发展趋势，密切注意技术环境的变化对市场营销活动的影响。

1. 新技术引起经济结构的变化。科学技术一旦与生产密切结合起来，就将直接或间接地带来工农业生产、交通运输、邮电通信、能源部门、国民教育以及卫生事业的变化和发展，带来各产业部门之间及其内部结构体系的演变与交替，伴随而来的是新兴产业的出现，传统产业的改造、落后产业的淘汰。由于发达国家和一些新兴的工业化国家和地区都争先恐后地发展新技术，发展中国家可以利用自己的资源和劳动力优势，积极发展有利的传统产品，打开国际市场的销路。

2. 新技术引起企业市场营销策略的变化。新技术给企业带来巨大的变化，并且改变了企业经营生产的内部因素和外部环境，引起了企业市场营销策略的变化。这些变化主要表现在以下四个方面：

（1）从产品策略上看，由于科学技术的迅速发展、科学发现和新技术应用于新产品开发的周期大大缩短，产品更新换代加速，而开发新产品既是企业开拓新市场的有效途径，又是企业赖以生存发展的根本条件，因此，今后企业市场营销人员的主要注意力将是不断寻找新的科技来源。

（2）从分销策略上看，现在由于以微电子为中心的新技术革命正在蓬勃兴起，它标志着技术发展进入了一个新的历史阶段。在此之前，一切技术手段归根到底都用于减轻和代替人的体力劳动，而电子计算机的出现则开辟了用技术手段减轻和部分代替人的脑力劳动的新纪元。由于人们的工作及生活方式都发生了重大的变化，从而引起分销机构发生了很大变化，大量的特色商店和自我服务商店不断出现。网上购物是消费者购物方式的新趋向。同时，由于新技术的发展，引起实体分配的变化、运输方式的多样化，提高了运输的速度，增加了运输容量及货物存储量。

（3）从价格策略上看，新科学技术的发展，一方面降低了产品的生产成本从而使价格卜降，另一方面随着信息科学的快速发展，在某些地方的若干经济领域内，能够通过信息技术正确地运用价值规律、供求规律、竞争规律来制定和修改价格策略。顾客对每次采购支付两次：第一次是使用金钱，第二次是提供值钱的信息。例如，甲顾客从超市中购买一件商品，把将购买的货物交给售货员，再由他将货品经过扫描器时，甲已经向超市计算机传递了下列信息：所使用的产品的种类、产品的商标、产品的尺寸或数量、购物时间，等等。当上述信息和数据进入商店扫描器时，商店可以及时调整商品的价格，价格可以由于商品的滞销而下降，也可能由于商品的畅销而上升。

（4）从促销的策略上看，新科学技术的影响更是显著。科技革命引起促销方式的多样化，尤其是广告媒体的多样化和广告宣传方式复杂化。今天，人造卫星已成为全球范围内的信息沟通手段，互联网、电视、电话等已成为企业与顾客接触的有效广告媒体。随着科技的发展，促销手段今后将主要集中在研究信息沟通效率，促销组合的效果、降低促销成本以及新的广告手段和加强广告管理方式等方面。

3. 新技术革命对消费者购买行为的影响。新技术不仅引起了市场营销策略的变化，而且对消费者的购买行为也产生积极的影响。在美国、日本等发达国家，由于新技术革命的迅速发展，出现了"电视购物"这种在家购物方式。消费者如果想买东西，可以在家里打开联结各商店的终端机，各种商品信息就会在电视荧光屏上显示出来。消费者可以通过电话订购电视荧光屏上所显示出来的任何商品，然后通过网上银行，把货款自动传给有关商店，于是订购的商品很快就送到消费者的家门口。网上购物能满足消费者实现"超距购物"的愿望，并"身临其境"地选购国内外商品，网上购物不仅能满足消费才多样化、层次性、个性化的特点，而且能不受时空的限制，24 小时享受购物的方便与乐趣。

五、政治与法律环境

政治环境主要是指法律、政府机构的政策法规，以及各种政治团体对企业活动所采取的态度和行动。一个国家政治稳定是大多数企业顺利进行营销活动的基本前提。

为了保证经济的良好运行，各国政府都颁布相应的经济法规来制约、维护、调整企业的活动，随着经济体制改革和对外开放的步伐加快，中国日益重视经济立法与执法。近些年来，中国颁布了许多经济法规，如《企业法》、《经济合同法》、《商标法》、《广告法》、《环境保护法》、《消费者权益保护法》等。这些法规是保障中国经济协调、稳定发展和维护社会整体利益的有效手段。

对企业管制的立法与保护消费者利益的立法一般很难截然区分。譬如中国的《广告法》是对企业广告行为的规范，这种规范的最终目的又是为了保护消费者的权益。保护消费者权益的立法，其法理基础在于市场信息获得的不对称性。鉴于企业和消费者获取和实际拥有信息的能力不一样，法律要求企业本着诚实的态度向消费者提供合格的产品，发布真实的广告信息且只制定合理的价格。保护消费者的权益的法律涉及企业的产品、价格、促销、渠道决策的各个方面。

除了制定法律条文外，各国的消费者主权运动也日益高涨。经国务院批准，中国的消费者协会于 1985 年 1 月在北京成立，其任务是：宣传国家的经济、法律、方针政策；协助政府主管部门研究和制定保护消费者权益的立法；调查消费者对商品和服务的意见和要求；接受消费者对商品和服务质量、价格、卫生、安全、规格、计量、说明、包装、商标、广告等方面的投诉。中国《消费者权益保护法》于 1994 年获得通过。

保护社会利益的立法主要是关于环境保护、资源的开发利用方面的法律。用经济学的术语来说，制定这些法律，是为了避免出现"外部不经济"，这类立法如《中华人民共和国环境保护法》、《中华人民共和国城市规划法》、《中华人民共和国环境噪声污染防治条例》。

对于企业而言，国家的法令法规，一方面约束着企业必须在符合全体人民和社会利益的基础上去经营；另一方面，也保护着企业的正当行为和利益。

六、社会文化环境

社会文化主要指一个国家、地区的民族特征、价值观念、生活方式、风俗习惯、宗教信仰、伦理道德、教育水平、语言文字等的总和。核心文化是占据支配地位的、起着凝聚整个国家和民族的作用的，由千百年的历史所形成的文化，包括价值观、人生观等；亚文化是在核心文化支配下所形成的文化分支，包括种族、地域、宗教等。文化对企业营销的影响是多层次、全方位、渗透性的。它不仅影响企业营销组合，而且影响消费心理、消费习惯等，这些影响多半是通过间接的、潜移默化的方式来进行的。

1. 宗教信仰。宗教是人类社会的一个突出的文化现象。宗教信仰影响人们的消费行为、社交行为、穿着举止、经商风格、价值观以及在社会中处理和谐与冲突的方式。宗教还影响人们对时间、财富、变化以及风险的态度。

世界上主要的宗教有佛教、基督教、伊斯兰教、印度教等。不同的宗教有不同的价值观和行为准则，从而影响着人们的需求动机和购买行为。例如，佛教的核心思想是"十诫"，它强调精神价值、贬低物质欲望、追求恬淡无欲、清静无为；而基督教新教则否认世俗生活与宗教生活的差别，主张人们通过努力工作来愉悦上帝，从而促进了购置和积聚财富的思想，并以此为衡量成就的尺度；伊斯兰教认为讲究物质财富是一种耻辱，但人应该勤勉工作，认为游手好闲是一个人缺乏信仰的表现；印度教不赞成占有财富，但用宿命论解释富人的占有。由此可见，宗教影响人们对物质生活的追求，进而影响到对拥有和消费物品和劳务的态度。

宗教在建立人们道德价值的同时，还形成一些独特的节日、禁忌。不同的宗教各有其独特的宗教节日，基督教有圣诞节，伊斯兰教有斋戒节，这些节日往往也是销售的旺季；不同的宗教还各有其习俗和禁忌，如穆斯林不吃猪肉，印度教徒不吃牛肉等，所有这些，营销者在制订营销方案时都应加以考虑。

2. 消费习俗。消费习俗是人们长期形成的消费方式，人们的消费习俗往往有着很大的差别。作为社会文化环境的一部分，不但受社会文化环境的其他因素如科技水平、文明程度等的影响，而且还受到政治、经济的影响。常见的消费习俗有：民族性消费习俗、地域性消费习俗、政治性消费习俗、信仰性消费习俗、喜庆性消费习俗、纪念性消费习俗、禁忌性消费习俗等。

由于消费习俗是人们长期形成的，因此它具有相对稳定性。市场营销一方面要研究消费习俗，满足消费者的习俗需求；另一方面还担负着引导改变落后消费习俗的任务。

3. 审美情趣。心理学表明，美是人类一种高层次的心理需求。审美观通常是指人们对某种商品的好坏、美丑、善恶的评价。在不同的文化环境中，美有着不同的评价标准，人们的审美活动体现在对数字、色彩、图案、旋律等的喜好或忌讳之中。而这些正是营销沟通活动的重要工具，因此，一个社会的美学价值对不同产品的设计和营销有很大影响。

由于民族习俗、社会环境、教育水平、科技发展的差异，各个国家、民族、性别、种族、宗教、阶层等往往有不同的审美标准、审美意识、审美方法和审美习惯。例如，色彩是人们辨认和识别事物的依据之一，它还能表达一定的情感。不同色彩在不同国家里有不同的意义，西方各国认为白色象征着圣洁，而白色在东方则意味着不幸；中国绿色表示生机盎然，法国人最讨厌墨绿色，喜爱蓝色，而马来西亚把绿色看做疾病的象征。不同的文化对数字有不同的讲究；中国人最喜欢数字6、8、9，而日本人最不喜欢的数字是4和9，因为它们的发音在日语中与死和苦相同。中国人喜欢66大顺，但在西方人们却讨厌6，尤其是"666"在《圣经》里甚至被称为野兽数，极不吉利。

审美观不是一成不变的。例如在美国，黑色是丧葬、失望和晦气的象征，但从 1982 年秋天开始，许多企业选用黑色作为商品的颜色，改变了人们的传统色彩观念，黑色一下子又成了时髦的颜色，被人们视为雅致、庄重、充满活力的象征。

审美观直接影响人们对产品的款式、色彩、定价等的选择，企业要注重研究目标市场消费者的审美观，使自己的产品适应人们的审美要求。

4. 价值观念。价值观是一种行为的判断观念，它表明一个人对周围事物的是非、善恶和重要性的评价。价值观是人的文化心理结构中潜藏于深处的部分，它总是不自觉地、无意识地对人的文化心理、文化行为发生影响。每一种文化就像一座冰山，在各种显在的准则、规范、行为后面有一整套价值判断系统作为根据，这些根据就是价值观。由于作为文化核心的价值观不同，不同文化背景下的人们才会对同一文化现象产生不同的认识、感受和理解。价值观主要体现于人们对社会成就、对过程和结果、对时间、对变化以及对个性等的不同评价标准。

例如，对时间价值观的差异，形成各国对准时和时间压力不同的理解。一般来说，美国人认为时间是线性的，可以分割成一个个阶段。他们的时间观念很强，为追求效率，他们以分钟为时间单位，按日程计划行事，每个阶段完成一件事。准时是美国社会中受人尊敬、赢得信赖的条件。日本人认为实践是循环的，他们尊重过去、年龄和前辈，习惯于终身的长期关系，并认为同时兼顾许多目标是合理的。而在中东地区，对时间的定义则不明确，准时不重要。办事急迫的美国人，乘飞机直接去谈生意，将"只留一天"视作其高效率的表现；而在阿拉伯国家这样做却很失礼，因为阿拉伯人在着手认真讨论业务之前，要与同他们打交道的人多次会见，而不喜欢被人催促、不喜欢定最后期限，心急无耐心，根本无法与他们成交。

例如美国人喜欢猎奇，往往想通过使用新产品得到一种与众不同的精神享受。南亚和太平洋岛屿的部分地区，人们对违背其传统观念的新产品抱敌意态度，不易也不想接受现代化产品。

第三章 消费者市场和购买行为分析

现代市场营销的目的是满足消费者的需要，实现交换。要想实现交换，就必须了解消费者的需要，了解消费者购买行为的特点，这是企业制订营销计划，决定营销组合策略的出发点。

第一节 消费者市场及其消费者购买行为模式

一、市场的分类

因为市场指的是未被满足需要的现实和潜在的顾客。所以市场的分类是根据顾客来进行划分的。市场分为两大类型：消费者市场和组织市场。消费者市场是个人和家庭为满足个人生活需要而购买商品和服务的市场。组织市场是指以某种组织为购买单位，购买的目的是为了生产、销售、维持组织运作或履行组织职能。

二、消费者市场购买行为的特点

与组织市场的购买行为相比，消费者市场的购买行为有如下的特点：

1. 消费者的购买行为具有可诱导性。组织市场的购买属于专家购买，消费者市场的购买属于非专家购买。面对成千上万种商品，消费者很难掌握各种商品的知识，所以消费者市场的购买更多地掺杂情感和冲动，受广告宣传的影响比较大。

2. 消费者的购买具有多样性。消费者市场人数众多，由于性别、年龄、收入、民族、居住地区、宗教等方面的差异，使消费者的需要呈现多样性。

3. 消费者的购买次数频繁、交易量小。消费品是以个人和家庭作为购买单位，为个人和家庭使用，所以每次交易的量较少，但购买频率较高。

4. 消费者购买的非生活必需品的需求弹性较大。需求弹性是指商品需要量对于价格变动的反应灵敏程度。基本消费品对人们来说是不可缺少的，所以价格变动对其需求弹性小。非生活必需品对于人们的消费来说则是可伸缩的，收入多则增加购买，收入少则减少购买，或者价格低时则多购买，价格高时则少购买。

三、消费者购买行为模式

经济学对消费者购买行为的分析，往往把消费者看做是"经济人"，把他们的购买行为看做是完全理性的购买：根据充分的市场情报，购买对自己最有价值的商品，并追求"最大效用"。但是随着社会经济的发展，居民收入的大幅度增长，市场上供应的商品品种、规格、款式也日益繁多，此时，经济因素已很难全面的解释消费者需求选择的多样化行为了。

对于消费者购买行为的分析，可以用一个刺激——反应模式来说明外界营销环境刺激与消费者反应之间的关系。消费者被看做一个"黑箱"。左边的外部刺激因素包括宏观环境因素和市场营销因素。这些刺激进入购买者"黑箱"，然后产生购买反应，即决策，包括产品选择、品牌选择、卖主选择等。购买者"黑箱"也由两部分组成，其一部分为购买者特性，主要影响购买者对外界刺激如何反应；另一部分是购买者决策过程，影响购买者的最终决定（见图 3 - 1）。

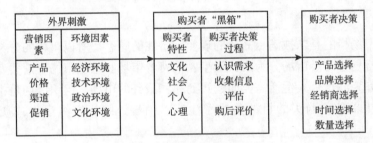

图 3 - 1 消费购买行为模式

第二节 影响消费者购买行为的主要因素

消费者的购买行为是受许多因素影响的，消费者不可能在真空里作出自己的购买决策，影响消费者购买行为主要的因素可以分为四类。

一、文化因素

（一）文化

文化指人类从生活实践中建立起来的价值观念、道德、信仰、理想和其他有意义的象征的综合体，是人类欲望和行为的最基本的决定性因素。低级动物的行为主要受本能的控制，而人类的行为大部分是学习而来的，人们从小就生活在一定的文化中，通过家庭和学校、政府等其他主要机构，在成长中形成了价值、知觉、偏好和行为的基本的文化观念。大部分人尊重他们的文化，接受他们文化中共同的价值观，遵循他们文化的道德规范和风俗习惯。所以，文化对消费者的购买行为具有强烈和广泛的影响。文化不能支配人的生理需要，但是可以支配人们满足生理需要的方式。例如，文化不能消除人的饥饿感，但是它可能决定人们消除饥饿感的方式。文化的差异会引起消费者的消费行为的差异，表现为饮食、服饰、建筑风格、节日、礼仪等生活的各个不同方面。中国的文化传统是仁爱、信义、礼貌、智慧、诚实、忠孝、上进、尊老爱幼等。

（二）亚文化

亚文化是某一局部的文化现象。每一种文化存在许多在一定范围内具有文化同一性的群体，即亚文化群，主要有：

1. 民族亚文化群体。各民族在长期的发展过程中形成了各自的语言、风俗、习惯和爱好，他们在饮食、服饰、居住、节日、礼仪等物质和文化生活方面各有特点，这都会影响他们的欲望和购买行为。

2. 宗教亚文化群体。每个国家都存在不同的宗教，每一宗教都有其不同的文化偏好和禁忌，会影响不同信仰、不同宗教的人们产生不同的购买行为。

3. 种族亚文化群体。不同种族有不同的生活习惯和文化传统。例如，美国的黑人和白人相比，其购买的衣服、个人用品、家具和香水较多，食品、运输和娱乐较少。虽然他们更重视价格，但是也会被商品的质量所吸引并进行挑选，不会随便购买。他们更重视商品的品牌，更具有品牌忠诚性。因此，美国的许多大公司如西尔斯公司、宝洁公司等都非常重视通过多种途径开发黑人市场。

4. 地理亚文化群体。由于地理环境、风俗习惯和经济发展水平的差异，生活在不同地区的人们具有不同的生活方式，口味和爱好，会影响他们购买行为。

（三）社会阶层

人们在社会生活中所处地位不同。社会阶层是社会学家根据职业、收入、社会威望、教育水平和居住区域等对人们进行的一种社会分类，是按层次排列的、具有同质性和持久性的社会群体。社会阶层有以下几个特点：第一，同一社会阶层内的人，其行为要比来自两个不同社会阶层的人的行为更加相似。第二，人们以自己所处的社会阶层来判断自己的社会地位的高低。第三，某人所处的社会地位并非只由一个变量决定的，是由职业、收入、财富、教育等多种变量制约。

美国将其社会划分为了七个阶层：第一层：上上层（不到1%），这个阶层的人继承了大量的遗产，是出身显赫的达官贵人。这些人是珠宝、古玩、度假用品的主要市场。尽管这一阶层的人数较少，但往往是其他阶层的参考群体，其消费决策会被其他阶层模仿。第二层：上层（2%左右），这个阶层的人由于他们在职业和业务方面能力非凡，因而拥有高薪和大量财产，他们常来自中产阶级。第三层：中上层（占12%），这一阶层既无高贵的家庭出身，又无多少财产，他们关心的是事业前途，往往事业比较成功，是独立的企业家、公司经理或收入的白领等。第四层：中间层（32%），中间层是中等收入的白领和高收入的蓝领工人，他们居住在城市中较好的一侧。第五层：劳动阶层（38%），劳动阶层包括中等收入的蓝领工人和那些过着劳动阶层生活方式的人。第六层：下层（9%），下层人指的是生活在贫困线上，但他们仍在工作，不用救济金度日的人们。第七层：下下层（7%），下下层指生活贫穷不堪，常常失业，长期依靠公众或慈善机构的救济度日的人们。

处于同一阶层的人，因经济状况、价值取向和生活背景相近，其消费水准、消费结构、兴趣和行为也相近，对某些商品、品牌、商店、媒体等有共同的偏好。例如，美国对社会阶层和新闻媒介的选择分析指出，各阶层的选择截然不同，上高阶层偏爱报纸杂志，而低阶层消费者爱看电视。即使同一媒介，如电视，每一阶层的人的偏好也不同，高阶层消费者喜欢看新闻和戏剧，低阶层消费者则喜爱看连续剧和体育节目。

二、社会因素

消费者的购买行为受到一系列的社会因素的影响，如消费者的相关群体、家庭和社会角色地位等。

（一）相关群体

相关群体是指直接或间接影响人的看法和行为的群体。相关群体分为两类，一类是成员群体，另一类是非成员群体。成员群体又分为主要群体和次要群体。主要群体指经常接触的一群人，如家庭，同学和同事。主要群体各成员之间在长期的共同生活和密切接触中，形成了基本相似的价值观、消费态度和购买行为。次要群体指对其成员影响并不很经常的群体，如宗教组织、行业协会、学生会和其他群众性组织等。该群体中各成员之间的交往主要源于工作关系，学术和专业的交流以及兴趣爱好的相投，处于基本相同的社会阶层，其购买行为也相互影响。非成员群体是指某人不属于其中的成员，包括期望群体和厌恶群体。期望群体如社会名流、影视明星等。指某人期望成为其中一员的群体，他们是消费者崇拜、追随和仿效的对象，虽与消费者没有直接的接触，但对消费者的购买行为有很强的示范效应。厌恶群体是指某人讨厌或反对的一群人。一个人总是不愿意与厌恶群体发生任何联系，在各方面都希望与其保持一定距离，甚至经常反其道而行之。

人们从相关群体中获得大量的经验和知识，受群体成员观点和行为准则的影响，人们至少在三个方面受他们相关群体的重大影响：一是使一个人受到新的行为和生活方式的影响；二是影响个人的态度和自我观念；三是相关群体产生某种趋于一致的压力，它影响个人的实际产品选择和品牌选择。

相关群体对消费者购买不同商品的影响有所区别。对不易为他人所觉察的食盐等商品影响较小，对购买使用时十分显眼的耐用消费品影响较大。相关群体影响水平在各产品和品牌中并非都是相同的。就汽车或彩电而言，相关群体对产品和品牌两方面的选择都影响很大。相关群体对家具和衣服这样一些项目的品牌选择具有很大的影响。

（二）家庭

人们的许多购买行为是以家庭为单位的，家庭的生活方式和消费习惯会影响家庭中的每个成员。不同决策类型的家庭对购买行为会产生影响。丈夫支配型家庭，一般带有男性消费者的心理特征，注意商品的性能和质量，而对商品的颜色和造型不太挑剔。妻子支配型家庭带有女性消费者的心理特征，挑剔商品的质地、款式、色泽。

（三）角色和地位

每个人在社会各个群体中的位置可用角色和地位来确定。每一个角色都将在某种程度上影响其购买行为。每一角色都伴随着一种地位，这一地位反映了社会对他的总评价。而地位标志又随着不同阶层和地理区域而有所变化。

三、个人因素

（一）年龄和家庭生命周期

随着年龄的变化，人们在一生中购买的商品和服务是不断变化的。另外随年龄的变化对衣服、家具和娱乐的喜好也不同。

家庭的生命周期分为九个阶段，处于不同的发展阶段，家庭购买的重点不同。见表 3 – 1。

表 3 – 1

家庭生命周期的不同阶段及特征	不同阶段购买重点
单身阶段：年轻、单身、不住家里	几乎没有经济负担，新观念的带头人，娱乐导向。购买重点是家具、汽车、度假
新婚阶段：年轻、无子女	购买力最强，耐用品购买力最高：汽车、电器、家具、度假
满巢阶段1：最年幼的子女不到6岁	家庭用品采购的高峰期，流动资产少。主要购买洗衣机、电视机、婴儿食品等
满巢阶段2：最年幼的子女6岁以上	经济状况较好。对广告不敏感，购买重点是孩子的教育、大包装食品等
满巢阶段3：年长的夫妇带着孩子	经济状况较好。一些子女已经工作，不受广告影响，耐用品购买力强，新颖的家具、汽车、旅游用品，非必需品
空巢阶段1：年长的夫妇，无子女同住，未退休	大都拥有自己的住宅，经济富裕有储蓄，购买重点在旅游、娱乐、度假用品、奢侈品和家用装修用品
空巢阶段2：年老的夫妇，无子女同住，已退休	收入减少，赋闲在家。购买重点是医疗器械，医疗保健产品
鳏寡阶段1：尚在工作	收入仍较可观，购买重点与空巢阶段1相似
鳏寡阶段2：退休	需要与其他退休群体相仿的医疗用品

（二）收入

一个人的经济状况会严重影响产品的选择。一个人的经济状况包括收入、储蓄和资产以及他对开支和储蓄的态度，由此决定了个人的购买能力，在很大程度上决定着个人的购买行为。

（三）职业

一个人的职业也会影响其消费模式。许多人往往根据职业的需要修饰自己。如商界、政界人士喜欢穿深色西装，以体现他们的身份、地位，如果穿得太花哨，时髦，会给人以轻浮不可信的印象。研究不同职业消费者购买行为的差别，有利于企业有针对性地开展市场营销活动。

（四）生活方式

生活方式是人们根据自己的价值观念等安排生活的模式，并通过其活动、兴趣和意见表现出来。如把大量的时间和精力投入生活和工作的进取型生活方式，和重视家庭生活、依惯例行事的归属型生活方式等。具有不同生活方式的消费者对一些商品或品牌有各自己的不同的偏好。

（五）个性和自我观念

个性是指一个人所特有的心理特征，它导致一个人对其所处的环境的相对一致和持续不断的反应。每个人都有影响其购买行为的个性。不同的个性相应地产生不同的购买行为类型：习惯型的、理智型的、冲动型的、经济型的和不定型的。

自我观念是指一个人对自我的认识。自我观念分为三类：实际的自我观念、理想的自我观念和社会的自我观念。实际的自我观念是指一个人实际上对自己如何认识；理想的自我观念是指一个人希望别人对自己如何认识；社会的自我观念是指别人是真正如何认识自己的。人们总希望保持或增强自我观念，并把购买行为作为表现自我观念的重要方式。消费者一般倾向于选择符合或能改善其自我形象的商品或服务。

四、心理因素

（一）需要和动机

德国心理学家勒温认为，个人与环境之间有一定的平衡状态，如果这种平衡状态遭到破坏，就会引起一种紧张，产生需要或动机。如果需要得不到满足或受到阻遏，紧张状态就会保持，推动着人们从事消除紧张、恢复平衡、满足需要的活动。需要满足是引起个体一系列行为，解除原有的紧张情绪，具有定向目的性的内在力量。个体的不平衡状态产生需要，而个体在一般情况下总是处于不平衡状态，因此，需要总是推动着个体的活动，渗透活动的各个方面，并调节着其他的心理活动。

动机是指一种可以及时引导人们去探求满足需要目标的一种需要。人有许多需要。但是，不是每一时刻所产生的每种需要都会积极地行动起来，去寻找如何满足的方法。只是很少的一些需要，一旦产生后，人才会积极地行动起来去寻找满足的方法。另外也有些需要，人并不会一开始就寻求满足，但随着该需要的不断积累所引起的人的某种心理和生理的不适，就会达到一种促使行动的程度。动机也是一种需要，是一种已经升华到了必须要满足的需要。而这种需要如果不能及时满足的话，就会造成某种紧张和难受。由于动机是一种积极行动的需要，因此也就被称为人的行为的驱使力。

最流行和著名的需要——动机理论有：弗洛伊德的动机理论、马斯洛的需要动机理论和赫茨伯格的动机理论。

1. 弗洛伊德的动机理论。精神分析论的创立者弗洛伊德，他把人的心理比做冰山，露在上面的小部分为意识领域，水下的大部分为无意识领域，造成人行为的真正心理力量大部分是无意识的，无意识由冲动、热情、被压抑的愿望和情感构成。无意识动机理论建立在三个体系基础之上，即本我、自我和超我。

（1）本我。它是心理体系中最原始的、与生俱来的、无意识的结构部分，由遗传的本能、冲动、欲望等组成，是所有行为后面心理动力的来源。机体内部和外部的刺激使机体产生高度的紧张状态，本我的唯一机能就是直接释放心理能量和降低紧张。因而本我完全按照快乐原则运转，尽可能地把紧张降低到最低限度，寻求快乐、避免痛苦，一味地满足生来就有的本能的需要。本我是人的心理本质，是最原始的主观实在，是个体在获得外界经验之前就存在的内部世界，是无理性、无逻辑、无意识的，也不具有任何价值、伦理和道德的因素。任何本我的活动只能出现两种情况：或者得到满足把能量释放出来，或者屈从于自我的调节。处于后一种情况时，能量处于约束状态，未能释放出来。

（2）自我。自我是从本我中分化出来并得到发展的那一部分，处于本我和外部世界之间，是与外界接触的体系，统管个人的行为。自我按照现实原则行事，现实原则是推迟能量的释放，直到真正满足需要的对象被发现和产生出来为止。自我遵循现实原则，并不废除快乐原则，只是迫于现实而暂缓实行快乐原则，最终还是避苦趋乐。自我必须实行本我的意图，找出能够实现本我意图的条件，最终完成任务。健康的自我能够靠压抑或升华作用把本我的盲目冲动引入社会认可的轨道。自我占据着人格的中心部分进行知觉、学习、记忆和推理等。

（3）超我。它是在人格诸领域中最后形成的，反映社会的各项准则，由理想、道德、良心等组成。它的运转是反对本我的不可接受的冲动，而不会同自我一样寻求延长或保持他们。超我追求至善至美，不考虑现实原则和快乐原则。超我主要也是无意识的，代表理想而不是行动。

本我、自我和超我的关系是：本我是生长进化的产物，是生理遗传的心理表现；自我是客观现实相互作用的产物，是较高级的精神活动过程；超我是社会化的产物，是文化传统的运载工具。自我由本我的一部分分离出来，代表外界要求，同时使本我和超我协调一致。

根据无意识动机理论，人们并不完全了解自己的动机。例如，某人要购买一台家用电脑，自述其动机为爱好或扩展事业，若深究一步，可能是用购买电脑来加深他人印象；再深究下去，可能是电脑有助于显示他的社会归属。消费者购买产品时，不仅会对产品功能和质量有所反应，对于与产品有关的其他事项也都有反应，如产品的大小、形态、重量、材料、颜色和购物环境都能引发某些情绪。企业设计产品时应了解视觉、听觉和触觉对激发消费者情绪的影响，以刺激或抑制消费者购买行为。

2. 双因素理论。双因素理论为弗雷德里克·赫茨伯格于 1959 年创立，也称为动机保健理论，首先应用于行为科学。其要点是把动机与工作满足联系起来。提出工作满足与不满足两类因素，前者称为动机需要，后者称为保健需要。动机需要包括成绩、承认、工作本身、个人发展和提升，这些可推动职工努力工作，从工作中获得满足。保健需要包括与工作性质无关的一些因素，如工作条件、福利待遇、管理条例、公司的经营和政策等。二者的区别在于：如果保健需要得不到满足，就会导致工作不满足，但是仅仅满足保健需要却不能产生工作满足，只有动机需要得到满足时才能产生工作满足。

赫茨伯格双因素理论也可用于分析消费者行为。企业用于吸引消费者购买商品的市场营销诸因素可分为保健因素和动机因素两类，如果说，保健因素是消费者购买的必要条件，则动机因素是充分条件，在有选择余地的情况下，如果消费者对保健因素不满意，就肯定不会购买；但是仅仅对保健因素满意，也不一定购买，只有对动机因素也满意才会购买。必要条件和充分条件随着时代、消费动向和产品寿命周期的不同而变化。分析消费者购买动机必须注意分析特定时期的保健因素和动机因素，一般而言，质量、性能和价格等属于保健因素，情感和设计等大多属于动机因素。

3. 生理性购买动机。生理性购买动机是指消费者为保持和延续生命有机体而引起的各种需要所产生的购买动机。如温饱、安全、繁衍、增强体质和智力。它包括：

生存性购买动机。这是消费者为满足其生存需要而激发的购买动机。人有饥、渴、寒、暖、行等生理本能，与此相适应会产生各种生理的需求，如吃饭、穿衣等。

享受性购买动机。随着人类社会的发展，人们在满足了基本生活需要以外，产生了享受的需求，如饮食不仅为了充饥，还要讲究营养和味道；服装不仅为了遮体，还要求美观；房屋不仅为了栖身，还要住得宽敞和舒适。为了减少家务劳动，增加闲暇时间，人们购买了洗衣机、微波炉、吸尘器；为了改善生活条件，人们购买了电视机、组合音响、空调等。

发展性购买动机。人的发展需要分为智力发展和体力发展两个方面。在智力发展方面会产生购买书和报刊，学习技术和进修等需求。在体力发展方面有购买体育用品及健身器材等需求。

4. 心理性购买动机。消费者由心理活动而引发的动机称为心理性动机。可分类三类：

感情动机。消费者在购买活动中由于好奇、喜欢、道德感、责任感等这些情感而引发的购买动机。由这种动机而引发的购买行为具有冲动性、即景性和不稳定性等特点。一般容易发生在年轻人、有钱人和对商品无专业知识的人的身上。由感情动机引发的购买行为的主要诱因主要有：商品新颖、精致的包装、热烈的销售现场气氛等。

理智性购买动机。消费者在对商品的性能和价格进行全面认识对比的基础上产生的购买动机就称为理智性购买动机。它是对所获得商品信息经过分析比较和深思熟虑的基础上而产生的，它具有稳定性的特点。一般容易发生在老年人、没有钱的人和对商品有专业知识的人的身上。

信任性购买动机。消费者根据以往的购买过程中积累起的经验，对某些商店或品牌产生了信任或偏爱，发生重复购买行为，这种动机就称为信任动机。

（二）感觉和知觉

1. 感觉。感觉是各种信息通过人的五种感官——视觉、听觉、嗅觉、触觉和味觉而对刺激物产生反应。营销人员应当通过调查确定一些重要的感觉评价标准，了解消费者对各种商品的感觉，在产品开发、产品定位、使用方法、促销方法、广告设计中考虑消费者的感觉和感受性变化，设计相应的市场营销组合策略。

2. 知觉。指人脑对直接作用于感觉器官的客观事物各个部分和属性的整体的反映。

知觉与感觉的区别是：

（1）感觉是人脑对客观事物的某一部分或个别属性的反应，知觉是对客观事物各个部分、各种属性及其相互关系的综合的、整体的反映。

（2）感觉是介于心理和生理之间的活动，产生于感觉器官的生理活动及客观刺激的物理特性，相同的客观刺激会引起相同的感觉。知觉却是以生理机制为基础而产生的纯粹的心理活动，处处渗透着人的主观因素作用。

（3）感觉过程仅仅反映当前刺激所引起的兴奋，不需要以往知识经验的参与，而知觉过程包括了当前刺激所引起的兴奋与以往知识经验的暂时神经联系的恢复过程。

（4）从生理机制看，感觉是单一分析器活动的结果，而知觉是多种分析器协同活动，对复杂刺激物或刺激物之间关系进行综合分析的结果。

知觉的性质及其在市场营销中的应用。一是知觉的整体性，也称为知觉的组织性，指知觉根据个体的知识，经验将直接作用于感官的客观事物的多种属性整合为同一整体，以便全面地、整体地把握该事物。有时，刺激本身是零散的，而由此产生的知觉却是整体的。例如，电视是目前传播范围最广、影响最大而费用最为昂贵的广告媒体。一般而言，只有长期播放影视电视广告才能收到效果，但是企业往往难以承受巨额的费用。因此，企业关系户采用这样一种方法：将电视广告分为前后两个阶段，前一阶段播放情节完整的广告，持续数月，直到公众对该广告耳熟能详，出口成诵。然后进入第二阶段，将原先的广告加以简化，仅仅播放其中主要情节或主要广告语，其他具体情节一律省去。由于知觉的整体性的作用，受众在看到简化的广告情节和听到主要广告语时，会在头脑中将省去的情节和词语回忆出来，将不完整的信息补充完整。这种做法节省了广告费用，又没有降低广告效果。

一个被激励的人随时准备行动，然而他如何行动则受到他对客观事物知觉程度的影响。两个处于相同的激励状态和相同的目标状态下的消费者，因为对客观事物的知觉各异，其行为却可大不一样。为什么人们对于同样的刺激会产生不同的知觉？人们对刺激物的理解是透过感觉进行的，感觉对于事物是就事论事的，没有整体性的认识判断。将这些感觉综合起来，才形成人们对事物的整体的判断、认识并成为行动依据，这就是综合感觉得到知觉。人之所以对同一刺激物产生不同的知觉，是因为在感觉上升到知觉的过程中，人们会经历三种知觉形成过程，从而产生对同一事物的不同知觉，并且出现行为的差异性。这三种知觉过程是：

（1）选择性注意是指在外界诸多刺激中仅仅注意到某些刺激或刺激的某些方面，而对其他刺激加以忽略。人的感官每时每刻都可能接受大量的刺激，而知觉并不是对所有刺激都做出反应，只是仅仅对其中某些刺激或刺激的某些方面做出反应。知觉的选择性保证了人能够把注意力集中到重要的刺激或刺激的重要方面，排除次要刺激的干扰，更有效地感知和适应外界环境。选择性注意的影响因素有客观与主观两个方面。从客观方面看，在多种刺激中，易于成为知觉对象的是刺激强度大的、对比明显的、活动性的、有规则的、通俗的和简洁的；从主观方面看，主要有知觉者的需要、动机、兴趣、爱好、情绪、任务、知识、经验以及刺激物的重要性，这些都会影响知觉对象的选择、知觉过程和结果。

（2）选择性扭曲。指人们有选择地将某些信息加以扭曲，使之符合自己的意向。在消费品购买中，受选择性扭曲的作用，人们会忽视所喜爱品牌的缺点和其他品牌的优点。

（3）选择性记忆。人们会忘记他们所知道的许多信息。他们只会记住那些能够支持其态度和信念的信息。由于存在选择性记忆，所以，要想消费者能记住一个企业的有关产品等营销信息，除了企业有对消费者良好的形象和信誉外，还需要对一些重要的营销或产品信息在一定的时期内经常地作提醒。所以，我们也就可以回答广告是需要多次重复的重要的原因了。

知觉的选择性给营销人员的启示是：人们选择哪些刺激物作为知觉对象以及知觉过程和结果受到主观与客观两个方面因素的影响。主观因素称为非刺激因素。非刺激因素越多，所需要的感觉刺激就越少，反之就越多。企业提供同样的营销刺激，不同的消费者会产生截然不同的知觉反应，与企业的预期可能并不一致。企业应当分析消费者的特点，使本企业的营销信息被选择成为其知觉对象，形成有利于本企业的知觉过程和知觉结果。

（三）学习

学习是指由于经验和知识的积累而引起的个人行为的改变。一个人的学习是通过驱使力、刺激物、诱因、反应和强化的相互影响而产生的。例如，某人具有自我实现驱使力，驱使力是指促成行动的一种强烈的内在刺激。当驱使力被引向刺激对象时（如电脑），驱使力就会成为一种动机。某人对购买电脑的反应受其周围各种诱因的制约。所谓诱因是指那些决定一个人何时、何地，以及他如何作出反应的次要刺激物，如他的亲人的鼓励，他看见朋友买了一台电脑、电脑广告、电脑特别售价等，这些都是影响作出购买电脑反应的诱因。

如果他买了一台打字机，他注意了一些品牌，其中包括 IBM 的打字机。由于他认为 IBM 能生产最好的电脑，进而推断 IBM 也能生产最好的打字机，所以，他把对计算机的反应推广到类似刺激物打字机上。

推广的反倾向是辨别。当他检验佳能公司的打字机时，他发现该机比 IBM 的更好，辨别意味着他已经学会了在一系列同类刺激物中认识其中的差异，并能据此调整自己的反应。

对于营销人员来说，学习理论的实际价值在于，可以通过把学习与强烈的驱使力联系起来，运用刺激性暗示和提供积极强化等手段来建立对产品的需求。一家新企业能采用与竞争对手相同的驱使力并提供相似的诱因形式而进入市场，这是因为购买者大多容易把对原先产品的忠诚转向与之相类似的品牌，而不是转向与之相异的品牌。公司也可以设计不同的驱使力的品牌，并提供强烈的暗示诱导来促使购买者转向他的品牌。

（四）信念和态度

人们通过学习和经验的积累，获得了自己的信念和态度，这些信念和态度反过来又影响人们的购买行为。

信念是指一个人对某些事物所持有的看法或评价。

信念可能是建立在事实基础上，也可能是一种偏见。但是注意信念是对事物的一种描述性的看法，没有好恶之分。例如"雀巢奶粉是婴儿用的奶粉"。

态度是指一个人对某些事物或某种观念长期持有的好与坏的认识上的评价、情感上的感受和行动上的倾向。

人们几乎对所有的事物都持有态度，态度导致人们对某一事物产生好感或恶感，亲近或疏远的心理。与信念不同的是，态度是人对事物表现出来的价值判断，他使人们对于事物表现出拒绝或接受的"顽固性"倾向。

态度能使人们对相似的事物产生相当一致的行为。人们没有必要对每一事物都以新的方式作出解释和反应。态度是难以改变的，要改变一种态度就需要在其他影响形成态度方面作重大和长久的努力才行。

对企业来讲，态度直接影响消费者的购买行为。消费者一旦形成对某种品牌的态度，以后就倾向于根据态度作出重复的购买决策，而不再对不同的产品进行分析、比较、判断。消费者对企业的产品持肯定的态度，就会成为其产品的忠实的购买者；若持否定的态度，则很难改变。一般来说，营销人员不要试图做改变消费者态度的尝试，而是要改变自己的产品以迎合消费者已有的态度，使企业的产品与目标市场顾客现有的态度保持一致。因为前者需要的努力或花费的代价是远远小于后者的。当然，如果需要，营销企业也可以"做出艰苦的努力"来改变目标市场消费者的态度，为此其所耗费的昂贵费用和付出的艰辛努力，在成功改变了消费者态度后，是会能得到丰厚补偿的。不过，在进行这种尝试时，应该对其艰苦性和持久性有足够的认识和准备。本田摩托车公司进入美国摩托车市场时面临一项重大决策，即是把摩托车卖给已经对摩托车有兴趣的少数人，还是设法增加对摩托车感兴趣的人？后者的支出较多，因为大多数人对摩托车持否定的态度，他们将摩托车与黑色夹克衫、弹簧刀、罪恶这些"黑社会"特征联系在一起。本田公司采取了第二种决策，开展了大量的以"骑本田车者是最高尚的人"为主题的促销活动。此后，许多人对本田摩托车有了新的态度。

消费者购买行为受到众多因素的影响。一个人的选择是文化、社会、个人和心理因素之间复杂影响和作用的结果。其中很多因素是营销人员无法改变的，但是这些因素在识别那些对产品感兴趣的购买者方面是十分有用的。

第三节 消费者决策过程

购买者的决策过程描述了消费者是如何真正作出购买决策的，即由谁作出购买决策，购买决策的类型以及购买过程的具体步骤。本质上，这是对外界刺激因素的一个心理行动并导致实际行动的一个过程。

一、购买角色理论

就多数商品而言，识别商品的购买者是十分容易的；然而，在有些商品的购买中，所涉及的人往往不止一个，他们组成了一个购买决策单位。为此，有必要区别的是人们在一项购买决策过程中可能扮演的不同角色。

发起者：是指首先提出或有意购买某一产品或服务的人。

影响者：是指其看法或建议对最终决策者具有一定影响的人。

决策者：是指对是否买、为何买、如何买、哪里买等方面的购买决策作出决定的人。

购买者：是指实际采购的人。

使用者：是指实际消费或使用产品或服务的人。

企业有必要认识这些角色，因为这些角色对于产品的设计、确定信息和安排促销预算是有关联意义的。生活中经常看到这样的事情，一个消费者家庭决定购买一架钢琴，用以培养孩子的音乐才能，孩子的父母可能是发起者，家庭的其他成员，邻居，父母亲的同事、同学都对购买决策或多或少产生影响，父母是最后的决定者，并充当购买者，而使用者只能是孩子，不管他是愿意还是不愿意。了解购买决策过程中的主要参与者和他们所起的作用，有助于营销人员协调其营销计划。

二、购买行为的类型

消费者购买决策随其购买决策的类型的不同而变化。在购买不同的商品时，消费者决定过程的复杂程度有很大的区别，一些商品的购买过程很简单，而有些商品的购买过程却很复杂，如消费者在购买牙膏和汽车之间，就存在着很大的不同。复杂的、花钱多的决策往往凝结着消费者的反复权衡，而且包含更多的购买决策的参与者。根据购买者在购买过程的参与程度和产品品牌之间的差异程度，可以把消费者的购买类型区分为四种，如表 3 – 2 所示。

表 3 – 2　　　　　　　　　　　　消费者的购买类型

品牌差异程度　＼　购买参与程度	高	低
大	复杂的购买行为	寻求多样化的购买行为
小	和谐的购买行为	习惯性的购买行为

（一）复杂的购买行为

复杂的购买行为指消费者需要经历大量的信息收集、全面的产品评估、慎重的购买决策和认真的购后评价等各个阶段。例如，家用电脑价格昂贵，不同品牌之间差异大，某人想购买家用电脑，但又不知硬盘、内存、主板、中央处理器、分辨率、Windows 等为何物，对于不同品牌之间的性能、质量、价格等无法判断，贸然购买有极大的风险。因此他要广泛收集资料，弄清很多问题，逐步建立对此产品的信念，然后转变成态度，最后才会做出谨慎的购买决定。

对于复杂的购买行为，营销者应制定策略帮助购买者掌握产品知识，运用印刷媒体、电波媒体和销售人员宣传本品牌的优点，发动商店营业员和购买者的亲友影响最终购买决定、简化购买过程。

（二）和谐的购买行为

消费者不需要广泛收集产品信息，也不会精心挑选品牌，购买过程迅速而简单，因而在购买以后会认为自己所买产品具有某些缺陷或其他同类产品有更多的优点而产生失调感，怀疑原先购买决策的正确性。地毯、房内装饰材料、服装、首饰、家具和某些家用电器等商品的购买大多属于和谐的购买行为。此类产品价值高、不常购买，但是消费者看不出或不认为某一价格范围内的不同品牌有什么差别，无须在不同品牌之间精心比较和选择，购买过程迅速，可能会受到与产品质量和功能无关的其他因素的影响，如因价格便宜、销售地点近而决定购买。购买之后，会因使用过程中发现产品的缺陷或听到其他同类产品的优点而产生失调感。

对于这类购买行为，营销者要提供完善的售后服务，通过各种途径经常提供有利于本企业和产品的信息，使顾客相信自己的购买决定是正确的。

（三）习惯性购买行为

习惯性购买行为指消费者并未深入收集信息和评估品牌，只是习惯于购买自己熟悉的品牌。

对习惯性购买行为的主要营销策略是：

1. 利用价格与销售促进来吸引消费者试用。由于产品本身与同类其他品牌相比难以找出独特优点以引起顾客的兴趣，就只能依靠合理价格与优惠、展销、示范、赠送、有奖销售等销售促进手段吸引顾客试用。一旦顾客了解熟悉了某产品，就可能经常购买以至于形成购买习惯。

2. 开展大量重复性广告加深消费者印象。在低度参与和品牌差异小的情况下，消费者并不主动收集品牌信息，也不评估品牌，只是被动地接受包括广告在内的各种途径传播的信息，根据这些信息所造成的对不同品牌的熟悉程度来选择。消费者选购某种品牌不一定是被广告所打动或对该品牌有忠诚的态度，只是熟悉而已。购买之后甚至不去评估它，因为并不介意它。购买过程是：由被动的学习形成品牌信念，然后是购买行为，接着可能有也可能没有评估过程。因此，企业必须通过大量广告使顾客被动地接受广告信息而产生对品牌的熟悉。为了提高效果，广告信息应简短而有力且不断重复，只强调少数几个重要论点，突出视觉符号与视觉形象。根据古典控制理论，不断重复代表某产品的符号，购买者就能从众多的同类产品中认出该产品。

3. 增加购买参与程度和品牌差异。在习惯性购买行为中，消费者购买自己熟悉的品牌而较少考虑品牌转换，如果竞争者通过技术进步和产品更新将低度参与的产品转换为高度参与并扩大与同类产品的差距，将促使消费者改变原先的习惯性购买行为，寻求新品牌。提高参与程度的主要途径是在不重要的产品中增加较为重要的功能和用途，并在价格和档次上与同类产品拉开差距。例如，洗发水若仅仅有去除头发污渍的作用，则属于低度参与产品，与同类产品也没有什么差别，只能以低价展开竞争；若增加去除头皮屑的功能，则参与程度提高，提高价格也能吸引购买，扩大销售；若再增加营养头发的功能，则参与程度和品牌差异都能进一步提高。

（四）寻求多样化的购买行为

多样化的购买行为指消费者购买产品有很大的随意性，并不深入收集信息和评估比较就决定购买某一品牌，在消费时才加以评估，但是在下次购买时又转换其他品牌。转换的原因是厌倦原口味或想试试新口味，是寻求产品的多样性而不一定有不满意之处。

对于寻求多样化的购买行为，市场领导者和挑战者的营销策略是不同的。市场领导者力图通过占有货架、避免脱销和提醒购买的广告来鼓励消费者形成习惯性购买行为。而挑战者则以较低的价格、折扣、赠券、免费赠送样品和强调试用新品牌的广告来鼓励消费者改变原习惯性购买行为。

三、消费者购买决策过程的各个阶段

消费者的购买行为是一个从产生需要到购后行为的过程，消费者会经历五个阶段：问题认识、信息收集、可供选择方案的评价、购买决策和购后行为。这一模式强调了购买过程早在实际购买前就发生了，并且购买后还会持续影响。这个模式强调企业在营销活动中应把注意力集中在购买过程，而不是购买决策。图 3-2 显示了购买过程的各个阶段。

图 3-2 购买过程的阶段

这个模式表明消费者在每一次购买都要经历五个阶段，但事实上并非如此，低度介入的产品、不同类型的消费者的购买行为都是不一样的，这种模式主要适用于分析"复杂的购买行为",对于其他类型的购买行为,消费者会跳过和省略其中的某些阶段。

(一) 需要认识

购买过程从消费者对某一问题或需要的认识开始。所谓需要认识是消费者发现现实的状况与其所追求的状况之间存在着差异时,就产生了相应的解决问题的要求。来自内在的原因和外在的刺激都可能引起需要,诱发购买动机。

内在的原因,可能是由人体内在机能的感受所引发的,一个人的正常需要如饥饿、干渴、寒冷等上升到某一界限,就成为一种驱使力,人们从以往的经验中学会了如何对付这种驱使力,从而激励自己去购买所知道的能满足这种驱使力的某一种产品。

消费者的某种需要可能是外来的刺激所引起的,路过商店看见新鲜的面包激起了食欲。羡慕他人购买的一辆新车或看见一则去泰国旅游的电视广告,所有这些刺激因素都能引起消费者认识某一问题和需要。

在这一阶段,企业应了解引起消费者产生某种需要和兴趣的环境,应该研究消费者是如何认识问题和需要的,需要和问题是如何产生的,特别是对一种特定的产品,需要是如何被引导到对其的需求上的,找到这些刺激因素,有助于营销人员拟定或发展出引导特定需要的营销策略,特别是制定有效的促销沟通战略。

(二) 信息收集

可以将消费者的信息收集状态区分为两种类型,一个被唤起需求的消费者,如果驱使力不大或不明显,问题也不急于解决,那么,他处于适度或被动收集信息的状态,即加强注意的状态;如果有相关的信息送来,会注意这些信息,但不会主动收集信息,消费者通常会将把这些信息保留在记忆中。

如果消费者的驱使力很强,问题到了需要急迫解决的程度,就会处于主动收集信息的状态,即主动收集状态。在这种状态下,消费者会主动寻找有关的信息材料,向有关企业咨询,参加有关的商业促销活动,等等。消费者收集信息要达到什么程度,取决于驱使力的大小,已知信息的数量、质量和满意程度以及进一步收集信息的难易程度。

营销人员需要了解消费者对于特定产品的信息的主要来源。消费者的信息来源一般有四个方面:

个人来源:从家庭、朋友、邻居和熟人那里得到的信息。这是可信度最高但信息量最少的一个来源。

商业来源:从广告、推销员、经销商、商品包装、展览会等得到的信息。这是可信度最低但信息量最大的来源。

公共来源:从报纸、杂志等大众传播媒体的客观报道和消费者团体评论得到的信息。其可信度高于商业来源,但信息量小于商业来源。

经验来源：从消费者亲自处理、检查、试验和使用产品得到的信息。这是有较高可信度的，但在复杂购买中总是缺乏信息的来源。

这些信息来源相互影响，并随着产品的类别和消费者的特征不同而有所变化。一般来说，就某一产品而言，消费者的大多数信息来源于市场，而大多数有效的信息来源于个人。每一信息来源对于购买决策的影响会起到不同的作用，市场信息一般起到通知的作用，而个人信息等非商业性来源的信息起着验证和评价的作用。所以企业要在调查分析的基础上，设计和制定适当的信息传播途径和沟通方式，以便有效地引导消费者的购买行为。

设计信息传播策略。除利用商业来源传播信息外，还要设法利用和刺激公共来源、个人来源和经验来源，也可多种渠道同时使用，以加强信息的影响力和有效力。通过收集信息，消费者对某种产品的一部分品牌，形成知晓的品牌组，在知晓的品牌中，一些没有好感或缺乏了解的将不予考虑，剩下的就是考虑的品牌组，在考虑的品牌组中，消费者进一步收集信息，征询别人意见后，最后作出决策，即消费者可以从要选择的品牌组中作出最后的购买决定。很显然，如果企业的品牌没有处于选择的品牌组，那么消费者就不会购买这样的产品，因此就没有营销机会；如果企业的品牌在市场上连知晓的品牌组都没有进入，要得到营销机会，将完全不可能。消费者信息组合的意义提示了营销沟通的原理，即营销企业根据自己的品牌处在目标市场中绝大多数顾客的哪种信息组合中来设计沟通目标，如广告目标，也应该通过这样的检验，确定企业沟通手段的有效性，如果消费者现在连企业的品牌都没有听说过，显然就开始施行那种激发购买欲望的广告，将是没有效果的。企业营销人员必须在设计营销组合时，考虑如何正确传递消费者所需的各种信息，以使它的品牌被潜在的顾客所熟悉、考虑，进而成为消费者选择的对象组，否则，企业将丧失机会。企业还应该了解消费者的信息来源和不同来源的重要程度，消费者如何知道某个品牌的，接受了那些信息，他们是怎样看待不同信息的重要程度，这对有效的沟通目标市场都非常重要。

（三）方案评价

消费者在获得认为够用的信息后，就会根据这些信息和一定的评价方法，对产品加以评价并决定选择。一般而言，消费者的评价行为涉及三个方面：

1. 产品属性。指产品所具有的能够满足消费者需要的特性。产品在消费者心中表现为一系列基本属性的集合。例如，下列产品应具备的属性是：

冰箱：制冷效率高，耗电少，噪声低，经久耐用。

宾馆：洁净、舒适，用品齐全，服务周到，交通方便，收费合理。

在价格不变的条件下，一个产品有更多的属性将更能吸引顾客购买，但是会增加企业的成本。营销人员应了解顾客主要对哪些属性感兴趣以确定本企业产品应具备属性。

2. 品牌信念。指消费者对某品牌产品的属性和利益所形成的认识。每一品牌都有一些属性，消费者对每一属性实际达到了何种标准给予评价，然后将这些评价连贯起来，就构成他对该品牌优劣程度的总的看法，即他对该品牌的信念。

3. 效用要求。指消费者对某品牌每一属性的效用功能应当达到何种标准的要求。或者说，该品牌每一属性的效用功能必须达到何种标准他才会接受。

（四）购买决策

消费者经过产品评估后会购买意向，但不一定导致实际购买。从购买意向到实际购买还有一些因素介入其间：

1. 他人态度。例如，某人决定购买 A 牌摩托车，但是家人不同意，他的购买意向就会降低。他人态度的影响力取决于三个因素：（1）他人否定态度的强度。否定态度越强烈，影响力就越大。（2）他人与消费者的关系。关系越密切，影响力越大。（3）他人的权威性。他人对此类产品了解的专业水平越高，则影响力越大。

2. 意外因素。消费者购买意向是以一些预期条件为基础形成的，如预期收入、预期价格、预期质量、预期服务等。如果这些预期条件受到一些意外因素的影响而发生变化，购买意向就可能改变。例如，预期的奖金收入没有得到，原定的商品价格突然提高，购买时销售人员态度恶劣等都可能导致顾客购买意向改变。

（五）购后过程

与传统观念相比，现代市场营销观念最重要的特征之一是重视对消费者购后过程研究以提高其满意度。消费者的购后过程分为三个阶段：

1. 购后作用和处置。消费者在购买所需要商品或服务之后，会进入使用过程以满足需要。有时只是一个直接消耗行为，例如喝饮料、看演出等；有时则是一个长久的过程，如家电和家具等耐用消费品的使用。营销人员应当关注消费者如何使用和处置产品。如果消费者使用频率很高，说明该产品有较大的价值，会增强其对购买决策正确性的信心，有的消费者甚至为产品找到新用途，这些都对企业有利。如果一个应该有高频率使用的产品而消费者实际使用率很低或闲置不用，甚至丢弃，说明消费者认为该产品无用或价值较低，或产生不满意，进而怀疑或懊悔自己的购买决定。如果消费者把产品转卖他人或用于交换其他物品，将会影响企业产品的销售量。

2. 购后评价。消费者通过使用和处置过程对所购买产品和服务有了更加深入的认识，检验自己购买决策的正确性，确认满意程度，作为以后类似购买活动的参考。消费者的购后满意程度不仅仅取决于产品质量和性能发挥状况，心理因素也具有重大影响。

3. 购后行为。顾客对产品的评价会形成其对该产品的信赖、忠诚或者是排斥态度，决定了相应的购后行为：信赖产品，重复购买同一产品；推荐、介绍产品给周围人群；抱怨、投诉，直接向生产商索赔；个人抵制，不再购买，并劝阻他人购买；控诉，通过大众媒体和消委会投诉。

　　企业应当采取有效措施减少或消除消费者的购后失调感。例如，有的耐用消费品经营企业在产品售出以后，请顾客留下姓名、地址、电话等，定期与顾客联系，祝贺他们买了一件理想产品，通报本企业产品的质量、服务和获奖情况，指导顾客正确使用产品，征询改进意见等，还建立良好的沟通渠道处理来自消费者的意见，并迅速赔偿消费者所遭受的不公平损失。事实证明，与消费者进行购后沟通可减少退货和取消订货的情况，如果让消费者的不满发展到向有关部门投诉或抵制产品的程度，企业将遭受更大的损失。

第四章 目标市场的选择

任何一个企业都不可能满足市场上的所有人的所有需求，只能满足一部分人的一部分需求。所以企业不可能毫无选择地对整个市场全面出击，必须选择目标市场，将自身的优势与目标市场的需要相结合，才能更好地满足市场的需要。

第一节 市场细分

一、市场细分的概念

市场细分是美国市场学家温德尔·史密斯在 20 世纪 50 年代中期首先提出来的一个新概念。市场细分是指营销者通过市场调研，依据消费者的需要和欲望、购买行为和购买习惯等方面的明显的差异性，把某一产品的整体市场划分为若干个消费者群的过程。市场细分后每一个需求相似的消费者群就称为细分市场，亦称"子市场"或"亚市场"；不同的细分市场的消费者对同一产品的需要与欲望存在着明显差别，而同一细分市场的消费者，他们的需要与欲望则极为相似。市场细分的客观基础是同类产品消费需求的多样性。

从需求状况的角度考察，各种社会产品的市场可以分为两类：同质市场和异质市场。同质市场是指凡消费者或用户对某一产品的需求、欲望、购买行为以及对企业营销策略的反应等方面具有基本相同或极为相似的一致性，这种产品的市场就是同质市场。例如食盐等初级产品的市场属于同质市场，只有极少数产品的市场属于同质市场。异质市场是指消费者或用户对某类产品的质量、特性、规格、档次、花色、款式、结构、价格、包装等方面的需要与欲望是有差异的，或者在购买行为、购买习惯等方面存在着差异性。正是这些差异，使市场细分成为了可能。市场细分就是把一个异质市场划分为若干个相对来说是同质细分市场的过程。

值得注意的是，同质市场有的也可以渐变为异质市场。例如，像大米、白面、猪肉，原本都属于同质市场，现阶段，由于市场竞争激烈，消费者消费水平的提高，已逐渐地从同质市场向异质市场转移。

市场细分表面上看是一个市场分解的过程，实质上是一个通过市场分解，把需求相似的消费者聚集成群的过程，是一个聚集的过程。

二、市场细分的意义

1. 有利于企业发掘新的市场机会。市场机会指尚未满足的市场需求。借助于市场细分，企业可以准确地发现市场需求的差异性及其满足程度，从中发掘客观的市场机会，并结合自己的资源情况选择适合自身的目标市场。例如，日本公司根据市场调查发现，美国市场对手表的需求有三类不同的消费者群，23%的消费者对手表的要求一般是能计时、价格低廉；46%的消费者要求计时基本准确、耐用、价格适中；31%的消费者追求象征性价值。前两类消费者受经济因素影响较大，后一类消费者要求手表名贵，将手表作为身份和地位的象征。美国和瑞士的手表，只注重于第三类细分市场，着重经营名牌手表。第一类和第二类细分市场的近70%的消费需求不能得到充分的满足。日本的钟表公司发现了这个市场机会，迅速进入这两个细分市场。

2. 有利于中小企业开发市场。中小企业的资源十分有限，如果平均用于各个市场，很难在与其他企业的竞争中获胜。通过市场细分，中小企业发现了消费者没有被满足的需求的细分市场，集中力量满足这些消费者的需求，往往容易在竞争中获胜。

3. 有利于企业制定市场营销组合策略。企业进行市场细分之后，面对具体的细分市场，针对其需求的特点，推出适合消费者的营销组合策略。

4. 有利于更好地满足社会需要，提高社会效益。当社会上的企业都进行市场细分，满足消费者的差异化的需求时，消费者就会在市场上购买到自己称心如意的商品。

三、市场细分的标准

市场细分必须找到适当的、科学的细分依据。一种产品的整体市场之所以可以细分，是由于消费者或用户的需求存在着差异性。而一种产品多样化的市场需求，通常是由多种因素造成的，这些因素也就成了市场细分的依据。一般常用的市场细分的依据有地理、人口、心理、行为及受益细分等。

1. 地理细分，具体的标准包括国家、地区、气候带、人口密度、地形地貌等。消费者所处的不同的地理位置，会形成不同的消费习惯和消费偏好，他们对企业产品的价格、销售渠道、广告宣传等营销措施的反应也常常存在着差别。例如，对于衣物、食品等不同的地理位置的人们需求有非常大的差异。

按地理来开拓市场，有利于企业开拓区域市场，通过这种市场细分，可以帮助企业把自己有限的资源尽可能投向力所能及的，最能发挥自身优势的地区市场中去。地理因素容易辨别，是细分市场时首先考虑的因素。

2. 人口细分，人口细分就是按人口的统计变量为依据把消费者划分成不同的子市场。具体的人口统计细分变量包括年龄、性别、收入、职业、民族、教育水平、家庭人口、家庭生命周期、宗教、社会阶层等。人口统计变量是最常用的市场细分变量。一是因为消费者的需要与人口统计变量有密切的关系，如不同年龄段的儿童适合的玩具是不同的。二是人口统计变量比较容易测量和得到，所以依据人口变量来细分市场，历来为企业所重视。

人口统计因素是企业细分市场时常用的依据，但消费者对许多产品的购买并不单纯地取决于人口统计因素，而是同其他因素特别是心理因素有着密切关系的。例如，福特公司以青年人为目标设计的野马牌汽车，一些中老年人也喜欢购买，因为他们希望自己显得年轻。可见心理因素也是市场细分的重要因素。

3. 心理细分。按照消费者的心理特征来细分市场称为心理细分。心理因素包括生活方式、个性、购买动机、价值取向以及对商品供求局势和销售方式的感应程度等变量。像服装、汽车、化妆品等企业越来越重视按照人们的生活方式来细分市场。生活方式是指人们对工作、消费、娱乐的特定的习惯和倾向性。不同的生活方式会产生不同的需求，它与人们的主张、个性、兴趣、人生价值取向等心理特质密切相关。生活方式可以分为传统型、新潮型、节俭型、奢侈型、活泼型、乐于社交型、爱好家庭生活型等。这种生活方式往往能够显示出不同群体对同种商品在心理需求方面的差异性。

按购买动机来细分市场，也是心理细分的常用的方法。购买动机是一种引起购买行为的内心推动力，喜、好、厌、恶等心理因素必然会增加或削弱购买动机，从而产生不同的需求偏好和购买行为。在购买动机中普遍存在的心理现象主要有：求实心理、求安全心理、喜新心理、爱美心理、趋时尚心理、地位心理、名牌心理等。所有这些心理都可以作为细分市场的参数，企业针对不同购买动机的顾客，在产品中突出能满足他们某种心理需要的特征或特性，并相应设计不同的营销组合方案，往往能取得良好的经营效果。

4. 行为细分，根据消费者不同的消费行为来细分市场称为行为细分，包括消费者进入市场的程度、购买或使用产品的时机，消费者数量规模，对品牌的忠诚程度等。

由于消费者产生需要、购买或使用产品的时机不同，导致某些产品或服务在不同时间的消费需求差异很大。如书包在新学期开学之初需求量很大，按时机细分，对于一些时效性很强的产品有意义。

按消费者使用的量可以把消费者分为大量使用者，中量使用者和小量使用者。这是行为细分的主要形式。大量使用者在市场总人数中所占比重不大，但是却消费了市场总量的绝大部分，因此，许多企业自然以大量用户为自己的目标市场。

　　按品牌的忠诚度可以将消费者分为单一品牌忠诚者、多品牌忠诚者和无品牌忠诚者。单一品牌忠诚者指只购买一种品牌的消费者；多品牌忠诚者指购买两三种品牌的忠诚者；无品牌忠诚者指对任何一种品牌都不忠诚的消费者。按品牌的忠诚度来细分市场有助于分析本企业进入市场的难易程度，如果市场绝大多数的消费者是由单一品牌忠诚的消费者构成的，则市场就比较难以进入；如果市场绝大多数的消费者是由无品牌忠诚的消费者构成，则该市场对于企业来说就比较容易进入。

　　根据消费者的进入市场的程度可以将市场分为初次购买者、经常购买者和潜在购买者。不同实力的企业所注重的细分市场是不同的，对于大企业来说，实力雄厚，市场占有率较高，因而特别注重潜在购买者，使他们成为本企业产品的初次购买者，进而成为经常购买者，不断扩大市场份额，而对于小企业来说重点是要维系住经常购买者。

　　5. 受益细分。受益细分是根据购买者对产品所追求的不同利益所形成的另一种有效的细分方式。受益细分不是根据消费者的特点来细分市场，而是根据消费者追求什么样的利益来细分市场。例如，同样是购买牙膏，有的消费者重视保护牙齿，防止蛀牙的作用；有的消费者追求保持牙齿的洁白光泽；有的消费者喜欢牙膏的味道，因此生产牙膏的企业可以根据消费者所追求的利益不同来细分市场。

　　进行受益细分关键是在于通过调研掌握消费者在一类产品上追求的多种多样的预期利益。为此，细分活动要从调查一种产品的现有用户和潜在用户开始。调查的方向是他们使用各种品牌的这种产品得到了哪些益处，现有产品还欠缺哪些益处。然后，使自己生产的产品相应突出紧密联系着某种益处的某一特性，或者生产不同型号的一组产品，每种突出一种特性，并借助适当的广告宣传手段，反复宣传这些特性，最大限度地吸引某一消费者群，或几个不同的消费者群。由于人们购买一种特定产品时总是要获取某种实实在在的益处，所以在西方国家受到人们最大注意的细分依据是受益细分。

　　市场细分的五个标准往往是联合使用的。例如，制鞋企业在进行市场细分时可以用图 4-1 表示几个变量组合细分。

年龄	性别	地区	收入	生活方式
儿童	男	北方	低	新潮型
青年	女	南方	中	节俭型
中年			高	奢靡型
老年				传统型

图 4-1　制鞋企业的市场细分变量组合

四、有效的细分的条件

市场细分是否有效，可以有以下的四点来衡量：

1. 可衡量性。细分市场必须是可以衡量其大小的，是可以描述的。否则细分市场就难以界定和度量，市场细分就没有意义了。

2. 可进入性。指细分出来的市场必须是企业的营销活动能够到达的市场，即细分出来的市场应是企业能够对顾客发生影响、产品能够展示在顾客面前的市场。这主要表现在三个方面，一是企业具有进入细分市场的资源条件；二是企业能够通过广告媒体把产品信息传递给该市场；三是企业可能通过一定的销售渠道把产品传递给该市场。细分市场的可进入性就是考虑企业营销活动的可行性，不能进入的市场对企业来说是没有意义的。

3. 营利性。细分出来的市场必须大到足以使企业实现它的利润目标。市场细分的最大的问题是有可能增大生产成本和推销费用。从理论上讲，一个市场可以依据不同的细分变量一个层次一个层次不断地细分下去，也可以极端地做到一个顾客就作为一个细分市场。细分能塑造和推动市场需求的多样性，从而增加了产品的复杂性。而差异化的产品增多，小批量生产，多品种推销，意味着规模效益较小。所以，考虑到规模效益不能将市场细分得过细，应当把握住市场细分的层次，适可而止，以确保市场细分后，细分出来的市场必须具有一定的规模，使企业能够补偿生产和销售成本，并能获得利润。

4. 需求的差异性。市场细分之后的细分市场必须是需求各异的。如果市场细分后，不同的细分市场需求是相似的，就没有必要进行市场细分。市场细分之后的细分市场应是需求各异的，需要为每一个子市场制定一种特定的营销组合策略。

实施市场细分时，应力求避免"多数谬误"。一个企业应进入适当的规模的细分市场。如果企业都同时进入同一细分市场，大家共同争夺同一个顾客群，就会严重影响企业的经济效益，也不能满足多样化的市场需求。

第二节　目标市场的选择

一、企业涵盖目标市场的方式

企业确定目标市场的方式有两种：一种是先进行市场细分，然后选择一个或数个细分市场作为自己的目标市场；另一种是不进行市场细分，把产品的整体市场作为企业的目标市场。同质市场需求是相似的，企业可以把整体市场作为自己的目标市场。对于第一种，进行市场细分时，企业涵盖目标市场的方式有以下五种：

1. 产品——市场集中化。产品——市场集中化是指企业的目标市场从市场和产品的角度，都是集中于一个细分市场。这意味着企业只生产一种产品，满足一个细分市场的需要。通常小企业会采取这种方式。但是这种方式风险比较大，无论是产品还是市场哪一方面出现问题，都会影响企业的发展，见图4-2。

2. 产品专业化。产品专业化是指企业只生产一种产品，满足所有的细分市场的需要。例如生产鲜牛奶的企业只生产一种产品鲜牛奶满足儿童、中青年和老年人不同的细分市场的需要，见图4-3。

3. 市场专业化。市场专业化是指企业服务于一个细分市场，提供该细分市场所需要的所有的产品。如建筑机械厂生产建筑类的所有机械设备，见图4-4。

4. 选择专业化。选择专业化是指企业有选择地进入几个细分市场。为不同的细分市场提供不同的产品。见图4-5。

5. 全面涵盖。是企业进入各个细分市场，提供各个细分市场所需要的不同类型的产品。见图4-6。

在运用这五种方式时，企业一般先进入最有吸引力的细分市场，在条件和机会成熟时，会逐步扩大目标市场范围，进入其他细分市场。

图4-2 产品市场专业化

图4-3 产品专业化

图4-4 市场专业化

图 4 – 5　选择专业化

图 4 – 6　全面涵盖

二、目标市场营销策略

企业选择的涵盖市场的方式不同，营销策略也就不一样。有三种不同的目标市场营销策略可供企业选择：无差异营销、差异性营销和集中性营销。

1. 无差异营销。当企业面对的是同质市场或者企业认为即使消费者的需求是有差别的，但是他们的需求也有足够的相似之处而可以作为一个同质的目标市场，在这两种情况下，企业采用的就是无差异营销策略。无差异化营销指企业把整体市场作为目标市场，它强调市场需求的共性，着眼于共同的需求和爱好，而忽略其差异性。企业为整个市场设计生产单一的产品，制定单一的营销组合策略，来满足绝大多数的消费者的需要。

这种目标市场选择策略除适用于市场需求同质的产品外，主要适用于需求广泛、能够大量生产、大量销售的产品。采用这种策略的企业一般具有大规模的单一连续的生产线，拥有广泛的或大众化的销售渠道，并能开展强有力的促销活动，投入大量的广告和进行统一的宣传，因而往往能在消费者或用户心目中建立起"超级产品"的印象。无差异化营销的优点是品种少，大批量生产，可以获得规模经济效益。无差异化营销的缺点是不能满足消费者的差异性的需求，如果所有的企业都采用无差异化的营销，竞争会同质化，会产生恶性的竞争。

2. 差异性营销。这是一种以市场细分为基础的目标市场策略。采用这种策略的企业，把产品的整体市场划分为若干细分市场，并为每个选定的细分市场设计不同的产品，用不同的营销组合的手段，满足不同的细分市场的需要。

企业采用这一策略着眼于消费需求的差异性。进行的是小批量、多品种生产，具有很大的优越性。一方面，针对性的营销活动能够分别满足不同顾客群的需要，提高产品的竞争能力，有利于扩大企业销售；另一方面，如果一个企业在数个细分市场上都能取得较好的成绩，就能树立起良好的市场形象。差异化营销要求企业具有较强的产品开发能力和市场营销能力，对于资金不足和技术薄弱的小企业来说，不宜采用这一策略。

3. 集中性营销。集中性营销指的是企业不是满足整体市场，也不是把力量分散使用于若干个细分市场，而是企业集中力量设计生产一种产品，采用一种营销组合，为一个细分市场服务。这一策略也是着眼于消费需求的差异性，但其目标不是整个市场，而是将企业有限的资源集中在一个细分市场上。主要适用于资源力量有限的小企业。小企业无力在整体市场或多个细分市场上与大企业抗衡，而在大企业未注意或不愿顾及而自己又力所能及的某个细分市场上全力以赴，往往易于取得经营上的成功。实行集中性营销，寻找"市场缝隙"，以创造宜于自身成长的"小气候"，是小企业变劣势为优势的唯一选择。

这一策略的不足之处就在于风险性较大。一旦目标市场不景气，企业就会因为没有回旋的余地而立即陷入困境。

"假日精选酒店"专为喜爱传统的人文环境的商务客人而设计，以提供全面、快速的商务服务为特点；

假日套房酒店专为长久居住的旅客和追求宽阔工作及休闲空间的客人准备。①

三、企业选择目标市场的影响因素

1. 企业的资源。如果企业实力强，可根据产品的特点采用无差异化或差异化营销。如果企业资源有限，应实行集中营销，集中使用有限的资源。

2. 产品生命周期。在投入期，竞争的对手较少，可采用无差异化营销，产品进入成长期后，市场竞争加剧，可采用差异化或集中营销，以利于开拓新的市场，扩大销售。

3. 竞争对手的营销策略。当竞争对手采取的是无差异化的营销时，本企业可实行差异化营销，以建立相对于竞争对手的差别优势，如果竞争对手已经采用了差异化的营销时，本企业就应采用更深一步的差异化或集中策略，以获取竞争优势。

4. 产品和市场的特性。如果产品本身的差异性小，例如食盐、蔬菜等产品，顾客对这些产品的差异性也不重视，则企业可采用无差异化营销。如果产品本身的差异性比较大，如衣服、汽车等，而且顾客对于产品需求差异也大，则应采用差异化营销或集中营销。

---

① 《假日酒店：酒店业的神话》，赵红，《中国经营报》，1999 – 12 – 28（4）。

第三节　市场定位

今天是信息社会，信息充满整个社会，美国每个家庭约有 100 万个电视频道可以选择，每人每年接触到 50 万条广告，顾客购物必须从 572 种汽车中选车，从 138 种牙膏中选牙膏，中国的大百货商店里面陈列了几万种商品。信息社会里，人们面对如海的企业和商品，会不会不知所措，无从选择呢？人们会很快过滤所有要关信息，仅仅剩下极少数，那么，谁是赢家呢？让我们看以下的成功者，IBM 不是电脑的发明者，电脑是 Spery-Rand 公司发明的，但 IBM 是让公众接受电脑的第一家公司，所以 IBM 在人们心目中树起了电脑王国的形象，成为蓝色科技巨人，而 Spery-Rand 公司没有把电脑发明者的形象建立在人们心中，人们心中只有 IBM 的地位，没有 Spery-Rand 的地位，最后 Spery-Rand 公司销声匿迹了，这关键在于两个字——定位。

一、市场定位的概念

市场定位是在消费者心目中占有位置。具体地说，市场定位就是根据竞争者现有产品在市场上所处的位置，针对消费者或用户对该种产品的某种特征或属性的重视程度，强有力地塑造出本企业产品与众不同的、给人印象鲜明的个性或形象，并通过一套特定的营销组合把这种形象生动地传递给顾客，影响顾客对该产品的总体感觉。市场定位就是要在目标顾客的心目中为企业的产品创造一定的特色，赋予一定的形象，以适应顾客一定的需要和偏好。这种特色和形象可以是实物方面的，也可以心理方面的，或者两方面兼而有之。实际上定位就是要建立一种差异优势，以便在目标市场上吸引更多的顾客。

二、市场定位的原理

在激烈的竞争时代，企业都在充分地运用传播媒介，将无数的信息覆盖在世界的每一个角落，企图影响每一个潜在顾客的购买行为有利于自己。顾客如何接受传播媒介传播的信息呢，信息进入人脑的原理：

1. 有限原则。在信息社会里人们被无数的信息所包围，但真正进入人脑的信息是极少量的，只有简单、独特、有益、少量的信息才能够进入人脑。美哈佛大学心理学家乔治·A·米勒博士认为，人脑能够同时处理的不同的概念的信息是小于或等于七个的。

2. 排序原则。人们对进入人脑的不同概念的七个信息并非平等进行处理，而是先进行排序，按顺序处理，处于不同顺序的信息对人的行为影响程度不同，越靠近前面的对人的行为的影响越大。

3. 首位原则。在人脑中，越靠近前面的对人的影响越大。一般，首位的企业的市场占有率比第二高一倍，第二比第三高一倍。在没有重大原因下，人们会重复上一次的购买行为，选择相同的企业和商品。人们可能记住世界第一高峰——珠穆朗玛峰，能记住第二和第三的山峰吗？

三、市场定位的方法

1. 产品特色定位。即从企业和产品的特色上加以定位。如 IBM 公司强调"IBM 就是服务"。

2. 顾客利益定位。即从顾客获得的主要利益上加以定位。如娃哈哈果奶强调"喝了娃哈哈，吃饭就是香"。

3. 使用者定位。根据使用者的不同加以定位。如金利来领带，男人的世界。

4. 使用场合定位。通常是用以强调产品在使用场合和用途方面的新发展。例如，海尔新推出的滚筒洗衣机就定位于把滚筒洗衣机带回家，做通常洗衣机不能做工作——干洗。

5. 竞争定位。根据企业所处的竞争位置和竞争态势加以定位。如光大银行强调"不求最大，但求最好"。

四、目标市场定位的步骤

1. 建立市场结构图。任何一种产品都有许多属性或特征，如价格的高低、质量的优劣，规格的大小、功能的多少等。其中任何两个不同的属性变量就能组成一个坐标，从而构建起一个目标市场的平面图。

以产品的价格和质量分别作为横纵坐标变量建立一个坐标系来分析目标市场是非常普遍的，因为任何产品的这两个属性特点都是消费者最关心的。当然，根据不同的产品，企业也可选择消费者关心的其他属性，如规格——速度组合用于分析旅游用客车市场；口味——重量组合用于分析咖啡市场等。目标市场定位的第二步就是在市场结构图上标明现有竞争者的位置（坐标平面上的点）及其市场份额大小（圆圈的面积）。完成第二步工作，企业得到一张详细的"作战图"，"对手"的分布和实力都一目了然。

2. 初步确定定位方案。试着将代表本企业的小旗插到"作战图"的不同位置，第一种位置意味着一种定位方案。分析、评价各种可能的方案后，选出最理想的作为初步的定位，经有关部门详细论证后，由企业决策当局确定。

3. 修正定位方案和再定位。企业的定位是否准确是关系到企业成败的关键，所以在初步定位完成后，还应做一些调查和试销工作，及时找到偏差并立即纠正。

即使初步定位正确，还应看到市场环境的动态变化，随时准备对产品进行再定位。一般来说，促使企业考虑再定位的力量为：一是消费需求的萎缩或消费者偏好的转移；二是竞争者定位策略和实力的改变，并威胁到企业在目标市场的发展；三是企业自身的变化，如掌握一种尖端生产技术，使生产成本大幅度下降或能生产原先不能开发的产品。再定位就是重新定位，可以视为企业的战略转移。前后定位的差异可视为转移的距离，通常再定位可能导致产品的名称、价格、包装和品牌的更改，也可能导致在产品的用途和功能上的变动。企业必须考虑定位转移的成本和新定位的收益问题。

五、目标市场定位的策略

市场定位是一种竞争策略，显示了一种产品或一家企业同类似的产品或企业之间的竞争关系，定位主要采取以下三种策略：

1. 首位定位。这是一种避开强有力的竞争对手的市场定位。当人的大脑对这类事物的记忆还是空白时，最先进入的事物将牢固的占据优势地位。这种定位方式是市场竞争风险较小，成功率较高，常被多数企业采用的策略。如美国的可乐饮料市场占有率之比为，可口可乐：百事可乐：荣冠可乐＝10：4：1，七喜上市的时候，定位为非可乐饮料，避开强大竞争对手，顺应环保和健康生活风尚，一年后销量增加10%。

并不是所有人都认为单一利益定位最佳，公司可尝试双重利益定位，尤其当两个属性上分别有两家公司宣称自己第一时，意图在目标市场上找到缝隙，就可采用双重定位，如沃尔沃汽车定位最安全、最耐用。

2. 比附定位。当企业和商品所属领域已有处于领导地位的其他企业，企业应该采取比附定位的策略。既可以采取竞争性定位，也可以用自己的地位与领导者地位的企业和商品联系起来。竞争定位是一种有风险的定位，也是一种能激励企业奋发上进的定位策略，一旦成功就会取得巨大的市场优势。

比附定位可以强化现有的地位，如 Avis（埃维斯）公司在 taxi 业中排第二，它就强调这一点，我们是亚军，我们将继续努力。

3. 重新定位。重新定位通常是指对销路少，市场反应差的产品进行重新定位。重新定位旨在摆脱困境，重新获得增长与活力。

4. 高级俱乐部战略。企业如果在一些有意义的属性方面不能排在第一位，就可采用这一种。这一战略是在消费者心目中确定一个"高级"的位置。许多企业并不是行业中的第一名，甚至不是第二名，这在消费者心目中无形降低了地位。如何提高其地位呢？"高级俱乐部"有助于解决这一问题。企业可以说自己是三大公司之一，八大公司之一。三大公司的概念是由第三大汽车公司——克莱斯勒汽车公司提出的（市场上最大的公司是不会提出这种概念的）。八大公司之一的概念是由一家排名第八的会计公司发明的。其含义在于俱乐部的成员都是"最佳"的。企业采用这一战略就是把自己划为"最佳"的一类。

第五章　市场竞争战略

市场营销不仅要满足消费者的需要，而且要比竞争对手更好地满足消费者的需要才能够实现交换。分析竞争者，研究竞争者的优势、竞争者的战略和策略，明确自己在竞争中的地位，有的放矢地制定竞争战略，才能在激烈的竞争中求得生存和发展。

第一节　竞争者分析

一个企业面对的现实和潜在的竞争者范围是极其广泛的，不能正确地识别就会患"竞争者近视症"，仅仅看到现实竞争者而未看到潜在竞争者。实际上，企业被潜在竞争者击败的可能性往往大于现实的竞争者，例如互联网站使传统的报刊业在相应市场上失去了巨大的市场份额。公司应有长远的眼光，从行业结构和业务范围的角度识别竞争者。

一、识别竞争者

（一）行业角度辨认竞争者

行业是一组提供一种或一类密切替代产品的相互竞争的企业群。密切替代产品指具有高度需求交叉弹性的产品。例如海尔的电视降价引起其他品牌电视需求减少。

一般来说，企业要想具有较高的市场竞争力，就必须努力了解其所在行业的模式，以及行业的动态变动情况，主要是行业需求与供给对行业结构的影响情况。决定行业结构的主要因素如下：

1. 销售的数量及其产品差别程度。企业所处的行业状况主要是确定销售的数量以及产品的同质性状况。由此产生了五种行业结构类型：（1）完全垄断。当一领域只有一个企业提供某一产品或服务时，即为完全垄断。完全垄断由于缺乏密切替代品，企业会追求最大利润来抬高商品价格，少做或不做广告，并提供最低限度的服务。如果该行业内出现了替代品或紧急竞争危机，完全垄断者会改善产品和服务作为阻止新竞争者进入的障碍。（2）完全寡头垄断。完全寡头垄断又称为无差别寡头垄断，指某一行业内少数几家大公司提供的产品或服务占据绝大部分市场，并且顾客认为各公司产品没有差别，对不同品牌无特殊偏好，如石油。寡头垄断企业变动商品价格，会引起竞争者的强烈反应。寡头垄断企业之间的相互牵制导致每一企业只能按照行业的现行价格水平定价，不能随意变动，竞争的主要手段是改进管理、降低成本、增加服务。（3）不完全寡头垄断。不完全寡头垄断也称差别寡头垄断，指某一行业内少数几家大公司提供的产品或服务占据绝大部分市场，且顾客认为各公司的产品在质量、性能、款式或服务等方面存在差异，对某些品牌形成特殊偏好，其他品牌不能替代，例如汽车、计算机等行业。顾客愿意以高于同类产品的价格购买自己所喜爱的品牌。所以竞争的重点不是价格，而是在产品特色上寻求领先。（4）垄断竞争。指某一行业内有许多卖主且相互之间的产品在质量、性能、款式和服务方面有差别，顾客对某些品牌有特殊偏好，不同的卖主以产品的差异性吸引顾客，开展竞争。企业竞争的焦点是扩大本企业品牌与竞争品牌的差异，突出特色，更好地满足目标市场需求以求得溢价。（5）完全竞争。指某一行业内有许多卖主且相互之前间的产品没有差别。完全竞争大多存在于同质产品市场，如大多数农产品。买卖双方都只能按照供求关系确定的现行市场价格来买卖商品，都是"价格的接受者"而不是"价格的决定者"。企业竞争战略的焦点是降低成本，增加服务并争取通过产品开发来扩大与竞争品牌的差别。

2. 进入与退出障碍。进入障碍是指阻碍新的竞争者进入某行业的各种因素，退出障碍是指阻碍某行业的经营者退出该行业的各种因素。从理论上说，在市场经济条件下，各企业可任意进入或退出某个行业，实际上企业进入和退出某行业会遇到许多障碍。

进入障碍主要包括国家政策，如国家对某些特殊行业推行专利和许可证制度、专卖制度；还包括行业内经济技术要求和政策规范。企业进入某一行业必须具有经营该行业必备的条件，诸如经营场所、资本、技术、规模经济以及原料等。

退出障碍主要有退出成本，企业退出某一行业会面临着专门化技术设备的处理、在长期经营中形成的无形资产以及各种合同的解除和员工安置等问题而承担巨额损失；还有国家和社会的限制，如国家对破产企业的处置，顾客对售后服务的要求等。

3. 成本结构。各行业的成本组合是有差异的。如汽车业的制造成本较高，企业在选择行业成本策略时会考虑到行业成本这个限制因素。

4. 纵向一体化。在某些行业里，企业可以通过上游产业和下游产业的联合取得利益，既在所经营的细分市场中更好地控制成本和价格，又能在税收降低的产品上获得较高的利润，更好地控制增值流，那些无法合作的企业就会在经营中处于不利地位。

（二）根据市场竞争观念识别竞争者

从市场竞争的角度来看，竞争者就是那些力求满足同一顾客群需求或服务于同一顾客群的一组企业。市场竞争观念开阔了企业的视野，使企业能够认识更多的实际和潜在的竞争者。

二、判定竞争者的战略和目标

在识别竞争者的基础上，企业还应进一步搜集有关竞争者的战略、目标、优势与劣势以及反应模式等方面的信息，以便在竞争实践中采取适当的战略。

（一）分析竞争者战略

企业之间营销战略越是相似，它们之间的竞争就会越激烈。企业最直接的竞争者是那些为相同的目标市场推行相同战略的人。一个战略群体就是在一个特定行业中推行相同战略的一组企业。

通过对战略群体的识别可以发现以下情况：一是各战略群体设置的进入障碍的难度不尽相同；二是如果企业成功地进入一个战略群体组别，该组别的成员就成了它的主要对手。如果希望取得成功，它在进入时就应具有某些战略优势。

不同战略群体之间也存在着竞争。一是不同战略群体所争夺的顾客可能有所交叉；二是顾客可能看不出不同战略群体的企业所提供的产品之是的差异；三是各战略群体都力图扩大自己的顾客群体和市场范围。

（二）判断竞争者的目标

在识别了主要竞争者及他们的战略后，我们必须了解竞争者的目标，即每个竞争者在市场上追求什么？每个竞争者的行为驱动力是什么？企业竞争者的目标可能是长期利润、可能是市场占有率、也可能是短期利润等。有的企业是以满足目标利润为出发点，而不是以企业利润最大化为导向，它们建立目标利润指标，只要该目标能够实现便感到满意了。

竞争者的目标是由多种因素确定的，如规模、历史、目前的经营管理和财务状况等。

（三）竞争者的优势和劣势

在分析竞争者时应分析竞争者的优势与劣势。评估竞争者的优势与劣势能够使企业更好地扬长避短，利用竞争者的弱点来取得竞争优势，避免在竞争者的优势领域与之交锋。为了正确评估竞争者优势和劣势，需要广泛地搜集竞争者近期业务情况的数据，如销量、市场份额、毛利、投资报酬率、现金流量、新投资和生产能力利用情况等。

企业还可以通过顾客对竞争者的评价来分析，一是通过市场份额，即竞争者在目标市场的市场份额；二是心理份额，这是指在回答"举出该行业中你首先想到的企业"这个问题时提名竞争企业的顾客在全部顾客中所占的百分比；三是情感份额，这是指在回答"举出你喜欢购买某产品的企业"这个问题时提名竞争者的顾客在全部顾客中所占的百分比。

（四）评估竞争者的反应模式

竞争者的目标与实力并不能最终决定其竞争策略，影响竞争策略的因素还包括竞争者的反应模式。每个竞争者都有其经营哲学、企业内部文化和某些起主导作用的信念。所以一个企业需要深入了解竞争者的思维体系，并预测竞争者可能作出的反应。常见的竞争者反应模式有以下几类：

1. 从容型竞争者。这类竞争者对某些竞争行为往往不会迅速作出反应或者反应不强烈，企业必须具体分析竞争者从容不迫的原因。主要原因有两个：一是强烈的自信心，认为自己的实力强大，顾客忠诚度高，竞争者无论如何努力也无法动摇其竞争优势；二是缺乏物质条件，无法作出及时的反应。

2. 选择型竞争者。这类竞争者对竞争对手的某些竞争策略作出强烈反应，而对其他竞争策略则没有反应。了解竞争者会在哪些方面作出反应，可为企业提供攻击对象和目标。竞争者可能对降价反应强烈，但是对增加广告费却不做反应。

3. 风暴型竞争者。这类竞争者会对所有的竞争行为作出迅速而强烈的反应。

4. 随机型竞争者。这类竞争者的反应模式是无法预知的，对竞争行为可能作出反应，也可能不作出反应，而且无论根据其经济、历史以及其他方面的情况，都无法预见他们如何行事。

三、按不同竞争地位划分的营销者类型

根据企业在目标市场所处的地位，把市场营销者分为四类：领导者、挑战者和追随者、补缺者。

1. **市场领导者**，是指在相关的产品市场中占有最大的市场份额。绝大多数的行业都有一个被公认的市场领导者，它在份额变化，新产品开发、分销渠道的宽度和促销强度上，起着领导作用，并受到同行业的承认。它是竞争者的一个导向点，是其他企业挑战、模仿或躲避的对象。如美国汽车市场的通用公司、摄影市场的柯达公司、计算机市场的 IBM 公司、日用品的宝洁公司、饮料市场的可口可乐公司，等等。这种领导者几乎各行业都有，它们的地位是在竞争中形成的，但是可以变化的。

2. **市场挑战者和追随者**。市场挑战者和市场追随者，是指那些在市场上处于次要地位、在行业中占有第二、第三和以后位次的企业。这些次要地位的企业可采取两种态度中的一种：争取市场领先者地位，向竞争者挑战，即市场挑战者；或者是安于次要地位的企业，在"共处"的状态下求得尽可能多的权益，即市场的追随者。每个处于市场次要地位的企业，都应根据自己的实力和环境提

供的机会与风险，来决定自己的竞争战略是"挑战"还是"追随"。

3. 市场补缺者。市场补缺者，是指那些在市场上选择不大可能引起大企业的兴趣的市场的某一部分从事专业化经营的小企业。由于这些企业对市场的补缺，可使许多大企业集中精力生产主要产品，也使这些小企业获得很好的生存空间。

这四种类型，既可以针对企业，又可以针对企业的某种产品。同一企业的不同产品有可能处于不同的竞争地位，需要不同的营销战略。

第二节　不同竞争者的营销战略

一、市场领导者

如果没有获得合法的垄断地位，必然会面临竞争者无情的挑战。因此，它必须时时保持警惕和采取适当的策略，否则就很可能丧失领先的地位，而降到第二位或第三位。市场领导得要保持第一位的优势，就需要在三个方面进行努力：扩大市场需求量、保持现有市场份额、扩大它的市场份额。

（一）扩大市场总需求量

当市场总需求量扩大时，处于领先地位的企业因为其市场占有率最高，所以得益最大。市场领导者可以通过以下几个方面来扩大市场总需求量。

1. 寻找新用户。每类产品总有其吸引新的购买者的潜力，他们或者根本不知道有这类产品，或者因为其价格不合理或缺少某些性能而拒购。最为成功的发展新用户的例子之一是波音公司。由于航空公司已获得足够的飞机来满足当时需要，波音公司面临着波音 747 喷气机订单锐减的局面。波音公司调研结论认为，增加波音 747 销售量的关键是要帮助各航空公司吸引更多的乘客。大多数的航空公司为争取现有的乘客在互相竞争，但它们并没有去努力吸引新的顾客坐飞机旅行。波音公司在分析了潜在乘客的细分市场后认为，虽然飞行费用已在工人阶层力所能及的范围内，但旅游包机业务给工会、妇联和一些联谊会，这个战略已经在欧洲有效，并且是扩大美国飞行市场的一个有前途的方法。

2. 开辟新用途。市场可以通过发现和推广产品的新用途而扩大，杜邦公司的尼龙提供了一个新用途扩大市场的典型案例。每当尼龙变成一个成熟阶段的产品时，某些新用途又被发现了。尼龙最初是用为降落伞的合成纤维；然后作为女丝袜的纤维；再后，它作为男女衬衣的主要原料；再后，它又用于制作汽车轮胎、沙发椅套和地毯。每一种新用途都使该产品进入新的生命周期。杜邦公司为了发现新用途而不断从事研究开发的经历，使它名声大震。

公司的任务就是监测用户对产品的使用，这对于工业产品和消费产品都是适用的。大量调查研究表明绝大多数新工业产品的最初构思都来自顾客的建议，而不是公司研究开发实验室。这一研究结果十分重要，它指出了营销调研能对公司的成长和利润作出贡献。

3. 更多地使用。第三个市场扩展战略是说服人们在各使用场合更多地使用该产品。

（二）保护市场份额

在努力扩大总市场规模的同时，处于统治地位的公司还必须时刻注意保护自己的现行业务不受对手侵犯。市场领先者保护它的市场份额最有意义的就是不断创新。领先者应拒绝满足现状，并应成为本行业新产品构思、顾客服务、分销效益和成本降低方面的先驱。领先者必须使它的成本下降，它的价格必须与顾客从品牌上所看到的价值相一致。领先者必须"堵住漏洞"，以防进攻者侵入。

近年来，在全世界范围内发生的竞争越来越激烈，一个在统治地位的公司可以采用六种防御战略。

1. 阵地防御。它是在企业的四周建造一个牢固的守卫工事，这是防御的基本形式，属于静态的防御工事。简单地防守现有地位或产品是一种营销近视的方式。例如，当年的福特关于 T 型车的例子，使一个有着 10 亿美元现金储备的公司从顶峰跌到了崩溃的边缘。所以，尽管可口可乐公司生产着全世界将近一半的软饮料，但它还是积极进入酒类市场，兼并水果饮料公司并进入脱盐设备和塑料业以使经营多样化。所以，受到攻击的领导者把他的全部资源用于建立保卫现有的产品堡垒的做法是错误的。

2. 侧翼防御。市场领导者不仅要守卫自己的阵地，而且还应建立一些侧翼或前沿阵地，作为防御阵地，必要时作为反击的基地。

3. 先发制人的防御。一个比较积极的防御策略是在对手向公司发动进攻前，实际上先向对手发动进攻。公司在对手进行攻击前挫伤它，从而进入进攻式防御的交织状况。例如，一个公司可对所占市场份额已接近某种危险水平的竞争者发起进攻。

一个公司可以在市场中开展游击活动，在这里打击一个竞争对手，在那里打击另一个竞争对手，使每一个对手惶惶不安。这种进攻式防御可以确定一个大的市场范围，例如日本精工公司在全世界分销 2300 种手表，使竞争对手很难找到其没有涉足的领域，因此该公司在手表市场的领先地位得以长久保持。

有的时候，先发制人的打击是在心理上展开的，而并不付诸实践。市场领先者发出市场信号，劝告竞争对手们不要进攻，但是这种吓唬只能用很少的几次。

4. 反击式防御。当市场领先者受到攻击时，反攻入侵者的主要市场阵地，这是一种有效的防御。面对竞争者降低价格、促销时，市场领先者可选择迎击对方的正面进攻，迂回攻击对方的侧翼。一个有效的反攻是侵入攻击者的主要地区，迫使其撤回某些部队以保卫它的领域。例如，西北航空公司最有利可图的航线中的一条是从明尼阿波立斯到阿特兰大的航线。一家小航空公司发动了一次大幅度的机票削价和大量的广告宣传活动，以扩大它在这个市场的份额。西北航空公司的反击是降低明尼阿波立斯到芝加哥的机票价格，这是这家小公司赖以得到主要收入的航线，由于主要的收入来源受到损害，这家小公司只得把其从明尼阿波立斯到阿特兰大的机票价格恢复到正常水平。

5. 运动防御。运动防御使领先者把它的范围扩展到新的领域中去，而这些领域在将来可以成为防守和进攻的中心。它扩展到这些新领域的方法，主要不是过多地依赖正常的品牌扩展，而是通过在两条战线上的创新活动进行的，即市场拓宽和市场多样化。

市场拓宽是要求一个公司将其注意焦点从现行产品转移到主要的基本需要和对该需要相关联的整套技术进行研究开发。例如，石油公司被要求改为能源公司，这个要求的内容含意是它们的研究应该染指于石油、原子能、水力发电和核能等。但是，这种市场拓宽战略不应该走得太远，否则它将犯两个基本的原则错误，目标原则和密集原则。目标原则是追求一个清楚确认和可得到的目标，密集原则是把你的力量集中在敌人的弱点上。拓宽过多会在今天的竞争战场上分散公司的兵力，为了今天的生存，公司必须优先考虑设想明天的战役。

市场多样化。要求企业进入不相关的行业，从而产生策略上的回旋余地。许多国际化公司的经营，大都采取这种经营与防御策略。例如，莫里斯公司在香烟领域之外，又进入了食品行业。

6. 收缩防御。当一些公司认识到它们已不能再防守所有的领域，它们的力量因分散太薄弱，而竞争者正在几条战线上一点一点地吞食它们。于是，最好的行动方针是有计划的收缩。有计划收缩不是放弃市场，而是放弃较弱的领域和把力量重新分配到较强的领域。例如，可口可乐公司在 20 世纪 80 年代放弃了公司曾进入的房地产和电影业，以收缩公司力量对付行业中越来越激烈的竞争。

（三）扩大市场份额

市场领先者也可以通过进一步增加它们的市场份额而成长，市场份额与投资报酬率密切相关。有关研究认为："盈利率是随着市场份额线性上升的。市场份额在 10% 以下的企业，其平均投资报酬率约在 9%，而市场份额超过 40% 的企业将得到 30% 的平均投资报酬率，或者它的投资报酬率是市场份额在 10% 以下的企业的 3 倍。"领导者企业可以根据经济规模的优势，降低成本，扩大市场占有率。例如通用电气公司摆脱掉它的计算机业务和空调业务，因为它不能在这些行业中取得领先地位。

采用这种竞争策略要注意三个问题：

第一，引起反垄断的可能性。当企业的市场占有率超过一定的限度时，就有可能受到指控和制裁，从而对企业的总体营销计划不利。

第二，为提高市场占有率所付出的成本。在获得了一个大市场份额后进一步再扩大市场份额，其费用就可能上升得很快而减少了获利率。已经拥有40%市场份额的公司必须明白："坚持不买"的顾客可能是他们不喜欢本公司，或者忠诚于其他的供应商，或者有特殊的需要，或者喜欢同较小的供应商打交道。再者，竞争者很可能为保卫其下降着的市场份额正在做着顽强的战斗。法律工作、公共关系和游说费用将随着市场份额的上升而上升。因此，领导者往往宁可集中力量于扩大总市场的规模，而不愿为进一步扩大市场份额奋斗。

第三，某些营销组合策略在建立市场份额上是较有效的，但是运用它们不一定能导致利润增长。

二、市场挑战者

在行业中第二、第三和以后位次的企业可以攻击市场领先者和其他竞争者，以夺取更多的市场份额这些企业称为市场挑战者。市场挑战者可以采用以下的竞争战略。

（一）确定战略目标和竞争对手

作为市场挑战者的企业，一般都具有相当的规模和实力，在竞争策略上有相当大的主动性，并随时可以向领导者企业或其他企业发动进攻。然而，作为挑战者的企业，盲目进攻是愚蠢甚至是有害的，要使自己挑战获得成功，必须明确企业营销目标和挑战对象，然后选择相当的进攻策略。

（二）竞争对手的选择

1. 选择市场领先者为竞争对手。这是一个既有高度风险又具有潜在的高报偿的战略。如果市场领先者并不是一个"真正的领先者"，并且也没有为市场服务好，那么攻击它就会产生非常大的意义。例如，米勒公司在啤酒市场发动的战役非常成功，因为它开始就指向了未被发现的有许多消费者的市场，即发现有许多消费者需要"较淡"的啤酒。可供选择的另一个战略是在整个细分市场中，在创新上胜过领先者。

2. 可以攻击目前未经营该项业务且与自己规模相仿的公司。需要仔细调查消费者的满足程度和创新潜力，如果发现其他公司的资源有限，可以考虑开展一个正面进攻。

3. 它可以攻击目前经营不善者，进行吞并。

选择对手和选择目标的问题是相互影响的。如果进攻的企业是市场领导者，那么目标是夺取一定的市场份额；如果进攻的是一个小企业，它的目标是把这个小企业搞掉。必须遵守一条军事上的原则："每一个军事行动必须直接指向一个明确规定的、决定性的和可达到的目标。"

（三）选择进攻策略

1. 正面进攻。进攻者发起正面进攻是指它集中兵力正面指向其对手的兵力，它向对手的强处发起攻击，而不是向它的弱点发起进攻。为了使正面进攻能够成功，进攻者需要有超过竞争者的实力优势。如果进攻者的实力小于防守者或相差不多，则正面进攻等于自杀。

正面进攻的一种选择方法是用减价来同对手竞争，如果该市场领先者没有进行相应的减价，这种做法就能奏效，而且一旦该进攻者使市场相信它的产品同竞争对手的产品相当，或价格较低，这就成为一种真正的价值。

另一种方式是进攻者大量投资于降低生产成本的研究上，然后以价格为基础攻击竞争对手，日本人就是在与成本有关的价格降低的基础上发动的正面进攻。价格进攻是建立持续的正面进攻战略的最有效的基础之一。

2. 侧翼进攻。虽然竞争的对手是强大的，但是它的侧翼和后方难免有不安全的地带。因此，它的弱点是敌方进攻的目标。现代进攻的主要原则是"集中优势兵力打击对方弱点"。进攻者往往装作将进攻最强的一面以牵制住防守者的兵力，但在其侧翼或后方发动真正的进攻，这种作战往往让竞争对手措手不及。侧翼进攻在营销上具有十分重大的意义，特别是针对那些拥有的资源少于对手的攻击者具有较大的吸引力。如果不能用实力压倒对方，就可以采用避实就虚的战术来制胜。

侧翼进攻可以从两个角度来进攻。一个是地理上进攻，进攻对手在本国或世界上绩效水平不佳的一些领域。另一个是寻找未被市场领先者服务覆盖的市场需要。

3. 包围进攻。纯粹的侧翼进攻战略是指把行动的重点指向现行市场中竞争者领域里的缺口，而包围战略则是从另一方面考虑问题，它试图深入敌人的领域中去。包围涉及在几条战线上同时发动一个大的进攻，使敌方必须同时保卫它的前方、边线和后方。进攻者可以向市场提供比对手多的各种东西，当一个进攻者比对手具有资源优势，并想足够快地击破对方抵抗意志时，这样的包围作为一个战略才有意义。

4. 绕道进攻。这是间接的进攻战略，它避开任何较直接地指向敌人现行领域的交战行动。它意味着绕过敌方和攻击较容易进入的市场，以扩大自己的市场基础。有三种推行这种战略的方法分别为：多样化地经营无关联产品；用现有产品进入新的地区市场以发展多样化；发展新技术以取代现有产品。

在高技术行业经常使用的技术发展是一个绕道战略。为了取代竞争对手的产品和从事高成本下的进攻，挑战者耐心地研究和开发下一代的技术，当对它的优良性能感到满意后，就发动进攻，这样把战场转移到它的已经占优势的领域中去。

5. 游击进攻。这是适用于市场进攻者的另一种选择，它对资本不足的小单位特别适用。游击战包括对对手的不同领域进行小的、断断续续地攻击，其目的是骚扰对方和使它士气衰落，并最终获得永久的据点。

打游击的进攻者将使用传统和非传统的方法去骚扰对方。这些方法包括：有选择的减价、供应干预，实施袭击，密集的促销和向对方发动相应的法律行动。

游击战常常是由较小的公司向较大的公司发起的。由于没有能力发动正面的、甚至有效的侧翼进攻，较小的公司便发动了一系列短期的促销和价格进攻，其目的是逐渐削弱对方的市场力量。

游击战并不仅仅是较小的公司采用的策略，因为推行一连串的游击战役的成本可能是昂贵的，虽然大家承认它比正面进攻、包围进攻和侧翼进攻花费要少。

游击进攻不可能彻底地战胜竞争对手，它必须有较强大的进攻作为后盾。所以，市场挑战者往往是在准备发动较大的进攻时，先依靠游击进攻作为全面进攻的战略准备。

三、市场追随者的竞争战略

市场追随者是指愿意维持原状，通常害怕得不偿失而在营销中使用模仿战略的企业。此类企业并不进行产品创新，而只是模仿或改进革新者所推出的新产品。有些竞争者甚至可以通过这类策略而获得比本行业领导者企业还要高的投资报酬率，因为他不必承担任何用于创新的费用。

大多数居于第二位的企业喜欢追随而不是向市场领导者挑战。市场追随者与挑战者不同，它不是向市场领导者发动进攻并力图取而代之，而是跟在市场领导者之后维持和平共处的局面。这种"自觉共处"状态在资本密集且产品同质的行业，如钢铁、化工中是很普遍的现象。在这些行业里产品差异化和服务差异化很小、价格敏感性很高、价格战随时都可能爆发，并可能造成两败俱伤。因此，大多数企业不以短期的市场份额为目标，彼此不争夺客户。大多数公司不互相拉走顾客，他们常常效仿市场领先者，为购买者提供相似的供应品，市场份额显示着一个高度的稳定性。

这不等于说市场追随者是没有战略的，一个市场追随者必须知道如何保持现有的顾客和如何争取新顾客参加的一个令人满意的市场份额。追随者是挑战者攻击的目标，因此，市场追随者必须保持它的低制造成本和高产品质量及服务。追随者必须确定一条不会引起竞争性报复的成长路线。追随战略可以分为三类：

1. 紧紧追随。追随者在尽可能多的细分市场和营销组合领域中模仿领先者。追随者往往几乎以一个市场挑战者面貌出现，但是如果它并不激进地妨碍领先者，直接冲突不会发生。

2. 保持一段距离的追随。追随者保持某些距离，但又在主要市场和产品创新、一般价格水平和分销上追随领先者。市场领先者十分欢迎这种追随者，因为领先者发现他们对它的市场很少干预，而且乐意让他们占有了一些市场份额，以便使自己免遭市场独占的指责。

3. 有选择的追随。这类公司在有些方面紧跟领先者，但有时又走自己的路。这类公司可能具有完全的创新性，但它又避免直接竞争，这些公司常能成长为未来的挑战者。

四、市场补缺者战略

在几乎每一个行业中都有许多小公司为市场的某些部分提供专门的服务，它们避免同大公司的冲突。这些较小的公司占据着市场的小角落，它们通过专业化为那些可能被大公司忽略或放弃的市场进行有效的服务。这些公司可称为市场补缺者。这些公司努力寻找一个或更多的安全和有利可图的补缺市场。

1. 补缺市场具有以下特征：

（1）该补缺市场有足够的规模和购买力，从而能获利；

（2）该补缺者有成长潜力；

（3）该补缺者被大的竞争者忽视；

（4）企业有资源和实力满足补缺市场的需要；

（5）企业能依靠已建立的顾客信誉，保卫自己，对抗大企业的进攻。

补缺战略的关键是专门化，公司必须在市场、顾客、产品或营销组合上实行专门化。

2. 市场补缺者的使命：

（1）最终使用专家。公司专门为某一类型的最终使用顾客服务。例如，一个法律公司可以专为刑事市场服务。

（2）纵向市场。企业专门在营销链的某个环节上提供产品或服务。如专业化的清洁公司。

（3）顾客规模专家。公司可集中力量，向小型、中型或大型的客户销售。许多补缺者专门为小客户服务，因为他们往往被大公司所忽视。

（4）特定顾客专家。公司把销售对象限定在一个或少数几个主要的顾客，许多公司把它们的全部产品出售给一个公司。

（5）地理区域专家。公司把销售只集中在某个地方、地区或世界的某一区域。

（6）产品或产品线专家。公司只生产一种产品线或产品，如在实验室设备行业中只生产显微镜镜片。

（7）定制专家。公司按照客户的订货单定制产品。

（8）服务专家。公司提供一种或多种其他公司所没有的服务。

3. 市场补缺者的风险。市场补缺战略所要承担的主要风险是该市场可能会枯竭或受到攻击，这就是为什么多种补缺要比单一补缺更受欢迎的原因。在两个或更多的补缺市场发展有了实力后，公司就增加了它的生存机会。在现实经济生活中，我们经常会看到小型企业往往有许多机会获取利润，它们并不愿意离开补缺市场，它们十分满足于作为市场拾遗补阙的身份和地位。一个重要的观念是在整个市场上拥有低份额的企业能通过出色的补缺战略来获取高利。

第六章　产品策略

产品策略在企业营销组合战略中占有十分重要的地位，因为企业的市场营销活动是以满足市场需求为中心，而市场需求的满足只能通过提供某种产品式服务来实现。无论企业的营销方式如何改变，无论企业的环境如何变化，也无论社会发展到什么阶段，企业都必须生产能满足市场需要的产品式服务。任何企业在制定营销战略时，首先需要回答的问题是用什么样的产品来使企业与目标市场发生联系，继而再进行营销组合中的其他策略，也就是说，没有适合市场需要和具有竞争力的产品，企业的其他营销策略就无从谈起，从这个意义上说，产品策略是整个营销组合策略的基石。所以产品策略是企业市场营销组合中最重要策略，直接关系和影响到其他营销组合要素，对企业市场营销活动的成败关系极大。

第一节　产品整体概念策略

什么是产品？这似乎是一个众所周知，再简单不过的问题。人们通常把产品理解为具有某种的物质形状，能提供某种用途的物质实体，如服装、食品、汽车等。这是传统的狭义的产品，并不只是为了得到该产品的特质实体，而是要通过购买该产品来获得某方面的利益满足。

甚至顾客花钱购买的只是某种纯粹的欲望满足而非物质形态的产品，如妇女到美容院美容，是使自己更加年轻美丽的欲望得到满足；到健身房也是为了满足自己更加健康、更富有朝气和活力的欲望。因此，从市场营销的观点来看，产品概念的内涵被大大扩展了；一切能满足消费者某种利益和欲望的物质产品的非物质形态的服务均为产品。简言之，产品＝有形物品＋无形服务。有形物品包括产品实体及其品质、特色（如色泽、味道等）、款式、品牌和包装；无形服务包括可以给买主带来附加利益和心理上的满足感及信任感的售中及售后服务、保证、产品形象、销售者声誉等，这就是"产品整体概念"，即现代营销意义上的产品。

产品整体概念由三个基本层次组成，如图6－1所示。

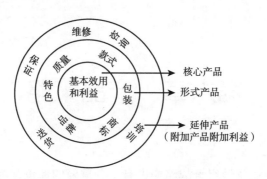

图 6-1　产品整体概念

一、核心产品

这是产品整体概念中最基本和最实质的层次，它指产品给顾客提供的基本效用和利益，是顾客需求的中心内容。顾客购买某种产品，并不为了得到产品实体本身，而是为了满足某种特定的需求。例如人们购买电冰箱，并不是为了得到内有压缩机和冷冻冷藏室的大铁箱，而是为了通过冰箱的制冷功能使食物储藏保鲜，方便日常生活。顾客之所以愿意支付一定的货币来购买产品，首先就在于产品的基本效用，拥有它能够从中获得某种利益或欲望的满足。核心产品是顾客购买产品的共性需求。

二、形式产品

这是指核心产品所展示的全部外部特征。即呈现在市场上的产品的具体形态或外在表现形式，主要包括产品的款式、质量、特色、品牌、包装等。具有相同效用的产品，其表现形态可能有较大的差别。顾客购买某种产品，除了要求该产品具备某些基本功能，能提供某种核心利益外，还要考虑产品的品质、造型、款式、颜色以及品牌声誉等多种因素。因此，不同的产品形式能够满足同类消费者的不同要求，企业进行产品设计时，除了要重视用户所追求的核心利益外，也要重视如何以独特形式将这种利益呈现给目标顾客。形式产品是顾客购买产品的个性需求。

三、附加产品（延伸产品附加利益）

这是指顾客因购买产品所得到的全部附加服务与利益，包括保证、咨询、送货、安装、维修等，这是产品的延伸或附加，它能够给顾客带来更多的利益和更大的满足。随着科学技术的日新月异以及企业生产和管理水平的提高，不同企业提供的同类产品在实质和形式产品层次上越来越接近，而延伸产品在企业市场营销中的重要性日益突出，逐步成为决定企业竞争能力高低的关键因素。大众汽车有限公司服务部高级经理奥伯尔先生曾说过："一家成功的公司除了生产优质的产品外，还必须提供良好的售后服务，这一理念是企业成功的根本。"美国市场营销学家里维特教授断言："未来竞争的关键，不在于工厂能生产什么产品，而在于其产品所提供的附加价值：包装、服务、广告、用户咨询、消费信贷、及时交货和人们以价值来衡量的一切东西。"因此，企业要赢得竞争优势，就应向顾客提供比竞争对手提供更多的附加利益。

产品整体概念的上述几个层次，十分清晰地体现了以顾客为中心的现代营销观念，它对企业的营销活动具有多方面的意义。首先，它向企业昭示，明确顾客所追求的核心利益十分重要。女性购买化妆品，并非为了有口红、粉底霜、眉笔之类的具体物品，而是体现了一种爱美的愿望。企业如果不明白这一点，顾客需求就不可能真正满足，企业也不可能获得成功。其次，企业必须特别重视产品无形方面，包括产品形象、服务等。顾客对产品利益的追求包括功能性和非功能性两个方面，前者更多地体现了顾客在物质方面的需要，后者则更多地体现了顾客在精神情感方面的需求。随着社会经济的发展和人民收入水平的提高，顾客对产品非功能性利益越来越重视，在很多情况下甚至超越了对功能性利益的关注。由此要求企业摆脱传统的产品概念，重视产品非功能性利益的开发，更好地满足顾客的需求。再次，企业在产品上的竞争可以在多个层次上展开，对于成熟产品，由于其功能、品质上极为接近，难以制造大的差异，是否意味着企业只能在价格上相互厮杀呢？产品整体概念的提出，给企业带来了新的竞争思路，那就是可以通过在款式、包装、品牌、售后服务等各个方面创造差异来确立市场地位和赢得竞争优势。例如，IBM（国际商用机器公司）是一家举世闻名的美国公司，全球雇员约40万人，其产品在世界电脑市场上占有80%的份额，在同行业中首屈一指。其成功的秘诀是：靠最佳服务占领市场。IBM并不是企业技术方面的领导者，但它几十年如一日地为顾客提供多种服务，把解决顾客提出的挑战性服务难题看成自己生存发展的活动的一部分，从而取得了举世瞩目的成就。IBM的新任总裁小托马斯·沃森曾对"服务"作了非常贴切的诠释：多年以前公司登一则广告，用一目了然的粗体字写道：IBM公司就是最佳服务的象征。我始终认为这是我们有史以来最好的广告，因为它很清楚地表达出了公司真正的经营理念——我们要提供世界最好的服务，在IBM公司所签订的合同中，不只是出售机器，不包括所有的服务项目。

第二节　产品生命周期策略

一种产品被开发出来并投入市场之后，如何使之能在较长时期给企业带来更多的利润，这是每一个企业都非常关注的问题。市场营销学中关于产品生命周期的理论，为企业有效地解决这一问题，提供了有价值的理论和方法。在不断变化着的市场上，经久耐用，货真价实的产品并不会永远畅销，每一种产品都要经历由盛到衰的稳变过程。因此，企业在经营过程中要了解产品在各生命周期特定阶段的特征及应采取哪些营销策略。

一、产品生命周期的概念

人们经过对市场活动的长期观察，逐步认识到，一种产品在市场上的销售情况和获利能力并不是固定不变的，而是随着时间的推移不断发生变化。这种变化过程与生物的生命历程一样，也要经历诞生、成长、成熟和衰老的过程。产品生命周期就是指产品从进入市场开始到被市场淘汰为止的全过程。这一过程可用一条曲线来表示，称之为产品生命周期曲线（见图6-2）。

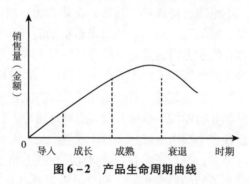

图6-2 产品生命周期曲线

产品生命周期正像人的生命要经历婴儿、儿童、少年、青壮年和老年到最后死亡的过程一样。产品在生命周期过程中主要经历了导入期、成长期、成熟期和衰退期这四个阶段。

二、研究产品生命周期时应注意的问题

产品生命周期理论的研究，对企业固然十分重要，但企业在研究和应用时，如果不注意其特点和规律性，往往又会事与愿违，得出错误的结论。我们在研究产品生命周期的过程中会注意以下几个方面的问题：

1. 产品生命周期是指产品的"经济寿命"或"市场寿命"，而不是指其"自驾驶仪然寿命"或"使用寿命"。

产品生命周期与产品的使用寿命是两个截然不同的概念。产品使用寿命是指产品实体的消耗磨损，它是具体的、有形的变化，受消费过程中使用时间、强度、维护保养以及自然力的作用的影响。产品生命周期是指产品的市场寿命，它是从产品的市场销售额和利润额的变化来进行分析判断的，反映的是产品的销售情况及获利能力在时间上的变化规律，它受国民经济、技术进步、市场竞争、政治法律、供求状况、顾客偏好等多方面因素的影响。

　　决定产品自然寿命或使用寿命的是产品本身的质量、牢固程度、作用方法、维修保养等因素，而决定产品经济寿命和市场寿命的则是科技发展水平，消费者对产品需求偏好等因素。一些产品的自然寿命还没有结束，仍可继续使用，但由于市场上出现了另一种性能更好、质量更优或款式更新的同类产品，部分消费者往往放弃对原有的、还没有消耗完的产品的使用，这样原有产品的"经济寿命"就会丧失。这种情况和固定资产的"无形损耗"有类似的性质。

　　2. 产品生命周期曲线图中所显示的销售额和利润额的变化趋势，只是一些典型产品的销售历史。应该认识到，不同产品的生命周期曲线会表现出不同的情形。这就是产品生命周期所具有的变异性的特点。

　　3. 研究产品生命周期的目的在于，企业会充分认识到任何产品都不可能永远被消费者所接受，因此企业只有不断开发新产品，替代老产品，这样才能保证企业占有市场，在竞争中立于不败之地。

　　4. 产品生命周期曲线的基本形状是（"S"型），但企业可有意识地采取各种策略，努力延长产品寿命周期，使之出现"循环再循环"的情况，使该产品的销售额和利润额从一个高峰走向另一个高峰。例如，采取更改市场策略、不断提高产品质量、发现产品新的用途等措施，均有可能达到这一目标。

　　5. 产品生命周期是现代营销管理中的一个重要概念，是营销学家以统计规律为基础进行理论推导的结果。作为一种理论抽象，"产品生命周期"同经济学中的"纯粹竞争"概念一样，是一种分析归纳现象的工具。在现实经济生活中，并不是所有产品的生命历程都完全符合这种理论形态，即销售趋向呈正态分布曲线，各阶段的周期间隔基本相同。如有些产品上市伊始就迅速成长，可能跳过销售额缓慢增加的引入阶段；另一些产品又可能持续缓慢增长，即由引入期直接进入成熟期；还有些产品经过成熟期以后，再次进入迅速增长期。

　　另须注意的是，产品生命周期泛指"产品"，而实际上在产品的种类、品种和具体品牌之间分析起来大不相同。产品种类的生命周期最长，甚至在相当长的时间内显示不出其阶段的变化，其次为产品品种，周期最短的是具体品牌的产品。例如，糖果是一种产品种类，糖果中的口香糖是其中的一个品种，而"××牌口香糖"则是具体品牌的产品。三者比较，"糖果"的周期最长，而"××牌口香糖"周期最短，在实际经营中，应用产品生命周期理论分析产品种类的情况较少，而更多的是分析产品品种或具体品牌。

三、产品生命周期各阶段的特点和营销策略

　　在产品生命周期的不同阶段，企业产品的销售额、成本水平、利润水平及价格都呈现为不同的变化趋向，具有不同的特点。这些变化特点正是企业制定营销策略的基石。

研究产品生命周期各阶段特点的主要目的就是为了使企业能够在正确认定产品所处生命周期阶段以及该阶段的特点的基础上，制定相应的营销策略。因为对于不同市场状况，竞争状况和企业自身状况下的产品，若不加考虑地采取一成不变式不适当的营销策略，不但不能达到预期的效果，而且会造成企业人力、物力和财力的极大浪费。在营销管理中，产品生命周期最重要的意义就是为处于生命周期不同阶段的产品确定，正确的营销策略。

（一）产品导入期的市场特征及营销策略

1. 导入期的市场特征。产品导入期是新产品刚进入市场的时期。其市场特点主要有：

（1）产品刚进入市场，必然遇到市场上原有消费结构和消费形态的阻力，产品性能和优点尚未被顾客所了解、信任和接受，购买者较少，产品销售有限，市场增长缓慢。

（2）购买这种产品的消费者多属好奇和冲动购买，大多数是高收入者和年轻人。

（3）产品生产批量小，生产成本高；生产上的技术问题可能还没有完全解决，设计和生产工艺还没有完全定型，生产和管理都不完善，不能大批量投产。

（4）新产品刚上市，需要进行大量的促销活动和支付巨额的促销费用。

（5）产品在市场上一般没有同行竞争或竞争很少。

（6）由于生产成本和销售成本都较高，导致产品的价格高，产品销售量少，所以利润很少，甚至亏损。

2. 导入期的营销策略。一般来说，企业在产品导入期要千方百计解决技术问题，提高产品的质量，选择适当的分销渠道，降低生产成本和促销费用，降低产品的价格，同时大力做好宣传、广告、促销工作，打开新产品的销路。这一阶段在营销策略上一般要突出一个"短"字，尽可能缩短产品导入期，以便在短期内迅速进入和占领市场，打开局面，为进入成长期打下良好的基础。

企业在导入期采用的策略应注重产品的价格和促销水平。从价格和促销两方面来看，有四种不同的方式，只要运用得当，就能打开市场，获得成功。如图 6-3 所示。

促销

	高	低
价高	快速掠取战略	慢速掠取战略
格低	快速渗透战略	慢速渗透战略

图 6-3 导入期的营销策略

（1）快速掠取。企业以高价格和高促销的方式向市场推出新产品。企业采用高价格是为了从产品销售中获得尽可能多的利润；采用高促销则是希望通过大规模的促销活动，使顾客尽快地了解产品，加速市场渗透，以迅速占领市场。这一策略的实施，应在一定的市场环境下：如产品具有特色，对顾客有较强的吸引力；顾客不了解产品，市场潜力较大；企业面临潜在竞争者的威胁和想建立品牌偏好；目标顾客求新心理强，对价格不敏感。

（2）慢速掠取。企业以高价格和低促销方式向市场推出新产品。企业采用高价格是为了尽可能获得多的利润，低促销是为了降低营销费用，两者的结合可以在市场获得尽可能多的利润。实施这一策略的市场条件是：产品的市场规格有限，竞争的威胁不大，大多数潜在顾客对产品比较了解，且对价格不敏感，愿意出高价。

（3）快速渗透。企业以较低价格和高促销的方式向市场推出某种新产品。低价格可以使市场的接受速度加快，而高促销又可加快目标顾客认识和接受产品的速度。所以，采用这种策略的目的在于先发制人，期望以最快的市场渗透，获得最高的市场占有率。实施这一策略的市场条件是：市场规格大，目标顾客不了解产品，大多数购买者对产品价格十分敏感，产品极易被仿制，潜在的竞争威胁很大，随着生产规模的扩大和经验的积累，单位产品的生产成本会下降。

（4）慢速渗透。企业以低价格和低促销的方式向市场推出某种新产品。低价格可使市场较快接受该产品；而低促销费用又可降低营销成本，使企业能实现更多的早期利润。采取此策略的市场条件是：市场的规模较大，市场上的消费者大都熟悉或知晓该产品，目标市场的绝大多数消费者都是价格敏感型的，需求弹性高，潜在的竞争较为激烈。

一个不断向市场推出新产品的企业，是市场的开拓者、领先者，它应该谨慎地选择上述的战略。

（二）产品成长期的市场特征及营销策略

1. 成长期的市场特征。产品成长期是指新产品经过促销努力，产品知名度有了很大的提高，开始为市场所接受，产品销量迅速膨胀，利润直线上升。这一时期的特征主要有：

（1）顾客对产品已经有所了解，购买人数急增；

（2）多数消费者开始追随领先者，顾客属于早期使用者；

（3）销售量迅速增长；

（4）生产工艺和设备已成熟，可以组织大批量生产，产品成本显著下降；

（5）产品知名度提高，促销费用减少，销售成本大幅度降低；

（6）价格不变或略有下降，销售量大增，企业转亏为盈，利润迅速上升；

（7）生产经营者增加，竞争开始加剧。

2. 成长期的营销策略。这一阶段应是企业产品的黄金阶段，营销策略要突出一个"快"字，以便抓住市场机会，扩大生产能力，以取得最大的经济效益。企业为了尽可能长久地维持较高的市场增长，可采取下列战略：

（1）努力提高产品的质量，增加产品的品种、款式和花色，改进产品的包装，创立自己的名牌，树立消费者偏好。不断提高和改进产品的质量，对成长期的产品尤为重要。

（2）对市场进一步细分，发现新的细分市场，不断改进和完善产品，进入新的目标市场。

（3）增加新的分销渠道，积极开拓新的市场，扩大产品的销售。

（4）改变广告的宣传方针，建立企业产品的形象，进一步提高企业产品在社会的声誉，突出品牌，劝说和诱导消费者接受和购买产品。

（5）应在适当的时候调整产品的价格，从而提高企业的竞争力，扩大企业的市场占有率。

如某一企业推行这些市场扩展战略，将会大大增强企业的竞争地位，但是也伴随着总成本的大量增加，因此，企业在成长阶段将面临如何选择企业的经营目标，是提高市场占有率，还是以获得当前的高额利润为目标。如果企业把大量的资产用在产品改进、促销和分销上，那么它能获得更加优势的市场地位，但却要放弃获得当前最大的利润。这一利润亏损可望在下一阶段得到补偿。

（三）产品成熟期的市场特征及营销策略

1. 成熟期的市场特征。产品成熟期是指产品已稳定地占领市场进入畅销的阶段。通常这个阶段是产品生命周期中持续时间最长的阶段。根据成熟期产品销量的变化情况，可把成熟期分为三个阶段：（1）成熟中的成长。在这一阶段销售增长率开始下降。尽管有新的顾客进入市场，但销售渠道已经饱和。（2）成熟中的稳定。这时市场已经饱和，大多数潜在顾客已经试用过这种产品，新的购买者主要来自于人口的增长和重复购买。（3）成熟中的衰退，这时销售量开始下降，消费者转向购买其他产品或代用品。一般来讲，企业大多数产品都处于生命周期的成熟阶段，企业大部分的营销活动都是针对这些成熟产品，所以它是企业必须面对的挑战。总的来看，成熟期的市场特点是：

① 产品已被大多数顾客所接受，产品的性质、用途广为人知，购买果断，甚至指名购买；

② 原有的购买者重复购买，新的购买者为一般大众，多属经济型和理智型；

③ 销售量达到了顶峰，市场趋于饱和，销售增长放慢，且趋于稳定；

④ 各种品牌的同类产品和仿制产品进入市场，市场竞争十分激烈，竞争的手段也复杂化，竞争引起价格下降，甚至出现激烈的"价格战"；

⑤ 生产成本降到最低点，利润达到最高点，但营销费用增加，利润稳定或开始下降。

2. 成熟期的营销策略。这一阶段企业的产品销售量很大，总利润也较大，因此，营销战略要突出一个"长"字，尽量延长产品的成熟期，保持已取得的市场占有额和尽量扩大市场份额。营销策略的主要内容是改进，相应的策略是：

（1）市场改进。市场改进策略是指企业在不改变产品的情况下努力开拓新的市场，寻找新的顾客。其目的就是努力发掘现有产品和现有市场的潜力。企业可以发现过去没有发现的市场，发现产品的新途，发掘和创造新的消费方式，或者通过市场渗透来形成新的市场，增加销售量。

企业产品的销售量主要受两个因素的影响：一是产品的使用人数；二是产品的使用率。由于销售量与使用人数和使用率成正比，因此，凡是可以增加产品使用人数和使用率的方法都可以增加企业产品的销售量。

① 转变非使用人或寻找新的用户。企业通过各种营销努力，把没有使用过本企业产品的人吸引到使用本企业的产品，从而扩大销售。

② 进入新的细分市场。企业通过对市场的进一步细分或者对现有的细分市场需求的新分析，确定产品可以进一步适应的消费对象。如"娃哈哈"口服液，过去是向儿童促销，以后增加了向老年人促销的内容，即在"吃了'娃哈哈'吃饭就是香"的电视广告中，增加老年人形象，说明老人服用后"吃饭也香"。

③ 争取竞争对手的顾客。企业可以通过分析竞争对手的顾客采用竞争者的产品的主要想法，有针对性地告诉顾客本企业的产品或者是优于竞争者的产品，或者是说明本企业的产品也具有竞争对手产品的特点，使顾客在品牌转换中，成为本企业产品的购买者。

④ 增加产品的使用次数和每次的使用量。企业可以通过各种途径向顾客宣传增加产品的使用次数和（或）每次的使用量才是正确的使用方法，或者才能更大地发挥产品的作用和效能，满足消费者需要。

⑤ 发现产品的新用途。企业应努力发现产品的各种新用途，或者努力发现一些顾客未了解或不知道的新用途，扩大产品的市场范围，增加产品的销售量。

（2）产品改进。处于成熟期的产品，可以通过发展变型或派生产品，适当地提高产品的性能，扩大产品的用途，来适应和满足各种用户的不同需要，保持和提高企业的市场份额。具体可采用对产品的质量、特点、式样的改进。

① 质量改进。质量改进主要是提高和改进产品的质量，通过增加产品的功能、特性来实现，包括产品的耐用性、可靠性、易操作性、适用性等。企业往往需要向顾客宣传产品质量改进给顾客所带来的额外好处。质量改进策略的有效范围是：质量的确有改进的可能性；并且改进质量所增加的费用，营销企业主要不是依靠提高售价而是通过增加销售量来取得资金补偿或使利润增加的。

② 特点改进。这种策略的重点在于扩大产品的使用功能，增加产品的新特点，如产品大小、重量、材料、附件、添加物等方面，以此提高产品多方面的适用性、安全性、便利性，使产品更好地满足消费者的需要和使用。

特点改进策略对企业有重要的作用。为产品不断地增加某些新的特点，往往可使企业的产品保持强大的市场吸引力，给销售人员和分销商带来热情，给顾客和消费者带来更多的刺激和消费欲望，赢得细分市场的忠诚。同时特点改进投入少，效果大，有利于树立企业进步和领先的市场形象。特点改进策略的不利之处是新特点很容易被竞争者模仿。所以，只有那些勇于进取，率先推出新特点，才有可能获利，否则，可能得不偿失。

③ 式样改进。各种策略注重产品的美学效果，通过提高产品在审美上的评价，来增强产品的市场竞争能力，通过不断改进产品外观、款式、包装和装潢，来刺激消费者的需要。如企业不断推出新轿车的模型就是式样竞争，而不是质量或特点竞争。式样改进策略有可能使企业的产品具有独特的市场个性，引起顾客的追随或忠诚。但是，式样竞争也会带来一些问题，如难以预料市场对新式样的反应；式样改变通常意味着不生产老样式，企业又可能失去某些喜爱老样式的顾客。

④ 附加产品的改进。附加产品是产品整体的重要组成部分，所以，提供新的或更多的附加产品也是产品改进策略的重要内容，附加产品的改进就是增加和改进提供给顾客的附加服务和利益，包括向顾客提供优良的服务，提高服务质量，增加服务项目，改进服务质量，提供更多的优惠、技术咨询、质量保证、消费指导等。因此，附加产品的改进有助于提高企业产品的竞争力，扩大产品的销售。

（四）产品衰退期的市场特征及营销策略

1. 衰退期的市场特征。衰退期是指产品已经不能适应市场的需要，市场已经出现了更新、性能更完善的新产品。大多数的产品形式和品牌销售最终会衰退，这种衰退也许是缓慢的，也许是迅速的，销售有可能下降为零，或者在一个低水平上持续多年。

销售衰退的原因很多，包括技术进步、消费需求的改变、国内外竞争的加剧。所有的这些都会导致生产力过剩，削价竞争增加，利润侵蚀。在这种情况下，继续经营衰退的老产品是非常不合算的。企业应该常常分析各种产品的销售额，市场占有率，成本、利润的发展变化趋势，及时发现哪种产品处于衰退期，以便采取适当的对策。这一时期的主要特征表现为：

（1）顾客数量不断下降，现有的消费者主要是年龄较大、比较保守的后期追随者；

（2）产品的弱点和不足已经暴露，出现了性能更加完善的新产品；

（3）除少数品牌的产品，大多数产品销量下降，并由缓慢下降转为急剧下降；

（4）市场竞争突出地表现为价格竞争，产品市场价格不断下降，利润减少，其至无利可图；

（5）生产经营者减少，竞争减弱。

2. 衰退期的营销策略。已经进入衰退期的产品，除非特殊的情况可维持外，通常应有计划、有步骤地主动撤退，把企业的资源转移到有前途的产品上。在衰退期，一个企业经常面临许多任务和决策。

（1）继续经营。企业寄希望于大批竞争者的退出，这种产品还可维持原有的销售量，企业还可维持和增加赢利。因此，企业继续沿用过去的营销决策，相同的目标市场，相同的销售渠道、价格和促销方式，直到这种产品完全退出市场。

（2）集中经营。企业把资源和能力集中在最有利的细分市场，以获取利润。这样有利于缩短产品退出市场的时间，同时又能产生一定的利润。

（3）收缩经营。企业大幅度降低促销水平，尽量减少营销费用的支出，以增加当前的利润水平。这样有可有导致产品衰退的速度加快。

（4）放弃决策。企业对毫无前途的产品，应当机立断，放弃经营。当企业决策放弃一个产品时，它面临进一步的决策：它可以把产品出售或转让给别人或完全地抛弃，它可以决定是迅速地放弃还是缓慢地放弃该产品。

（5）掠取决策。企业即可使用对内掠取；即企业大幅度减少产品促销费用，减少推销人员，使企业在短时间内能取得较多的利润，也可使用对外掠取。延长产品在世界市场上的生命周期。

产品生命周期各阶段的特征，企业经营目标及营销策略总结如图 6 - 4 所示。

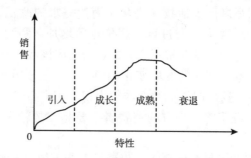

销售	低销售	销售快速上升	销售高峰	销售衰退
成本	按每一顾客计算的高成本	按每一顾客计算的平均成本	按每一顾客计算的低成本	按每一顾客计算的低成本
利润	亏损	利润上升	高利润	利润衰退
顾客	创新者	早期采用者	中间多数	落后者
竞争者	极少	逐渐增加	数量稳定开始衰退	数量衰减

营销目标

	创造产品知名度和试用	最大限度地占有市场份额	保卫市场份额获取最大利润	对该品牌削减支出和挤取收益

营销策略

产品	提供一个基本产品	提供产品的扩展品、服务、担保	品牌和样式的多样性	逐步淘汰疲软项目
价格	采用成本加成	市场渗透价格	较量或击败竞争者的价格	削价
分销	建立选择性分销	建立密集广泛的分销	建立更密集广泛的分销	进行选择：逐步淘汰无赢利的分销网点
广告	在早期采用者和经销商中建立产品的知名度	在大量市场中建立知名度和兴趣	强调品牌的区别和利益	减少到保持坚定忠诚者需求的水平
促销	大力加强销售促进以吸引试用	充分利用有大量消费者需求的有利条件，适当减少促销	增加对品牌转换的鼓励	减少到最低水平

图 6-4 产品生命周期各阶段特征及营销策略

第三节　产品组合和产品线策略

一、产品组合的有关概念

产品组合是指企业生产或经营的全部产品的有机构成方式，或者说是企业生产经营的全部产品的结构；产品组合一般是由若干条产品线组成的；每条产品线又是由若干个产品项目构成的。

产品线又叫产品品类；是指密切相关的满足同类需求的一组产品。

产品项目是指因性能、规格、商标、款式等不同而区别于企业其他产品的任何产品，也就是在企业产品目录上列出的每一个产品。

例如，某摄影公司经营照相机、摄影器材、冲洗药品等，其中照相机是一条产品线或一个产品品类，在这个品类中，海鸥 DF 相机便是产品项目。

一个企业的产品组合方式有以下几种；

（1）混合的产品组合方式：即企业拥有多条产品线，各条（或其中一部分）产品线又包括多个产品项目。

（2）单一产品线的产品组合方式：即企业只生产或经营一个大类的产品，而该类产品中包括有多个产品项目。如某一空调器专业商店，出售国内外多种牌号、规格的空调器。

（3）单一产品项目的产品组合方式：即某企业（或个体工商户）只生产或经营单一品种的产品。当然，这类企业多为小型企业，且为数很少。

企业产品组合的特点一般通过其宽度、长度、深度和关联度来表现。表 6 - 1 以宝洁公司（P&G）的产品为例来说明这些概念的含义。

1. 产品组合的宽度或广度。产品组合的宽度或广度是指一企业所拥有的产品线的数量。以宝洁公司为例，表 6 - 1 中所示为宝洁公司的产品组合广度——6 条产品线。

2. 产品组合的长度。产品组合的长度是指企业各条产品线所包含的产品项目总数。在表 6 - 1 中产品项目总数是 42，即为产品线总长度。每条产品线的平均长度，即全部产品品种数除以全部产品线所得的商（42/6 = 7），宝洁公司平均每条产品线中有 7 个品牌。

3. 产品组合的深度。产品组合的深度是指产品线中每种产品品牌有多少花色品种和规格。例如，宝洁公司的佳洁士牙膏有 3 种规格和 2 种配方，那么，它的深度为 6（3 × 2 = 6）。通过计算公司的每一品牌的种类数目，还可得到宝洁公司产品组合的平均深度。

4. 产品组合关联度。产品组合关联度是指各产品线的产品在最终用途、生产条件、销售渠道或其他方面相互联系的紧密程度。如宝洁公司的产品最终用途是消费品，又通过同一销售渠道进入市场，其关联度较大。但如果产品对不同购买者起不同的作用，则关联度较小。

表 6 - 1　　　　　　　　　　　　宝洁公司产品的宽度和长度

	产品组合宽度					
	洗涤剂	牙膏	香皂	除臭剂	果汁	润肤液
产品组合长度	象牙雪	格利	象牙	秘密	橘山	奇异
	结拂	佳洁士	佳美	确信	阳光乐	诺克西玛
	汰渍	彻底	拉瓦		雪山	奥莉油
	欢乐	登奎尔	柯克斯		得克森	佳美
	奥克雪多		舒肤佳		思碧农场	热带褐
	德洗		海岸			贝蒂丝丽
	小瀑布		奥莉油			
	象牙水					
	圭尾					
	黎明					
	碧浪					
	艾拉					
	勇敢者 3 号					
	液体汰渍					

　　分析产品组合的广度、长度、深度和关联度，有助于企业更好地制定产品组合策略。在一般情况下，扩大产品组合的广度，有利于扩展企业的经营领域，实行多角化经营，可以更好地发挥企业潜在的技术、资源优势，提高经济效益，并可以分散企业的投资风险；增加产品线的长度，使产品线丰满充裕，可以成为有更完全产品线的公司；加强产品组合的深度，可以占领同类产品的更多细分市场，满足更广泛的市场需求；而加强产品组合的相关性，则可以使企业在某一特定的市场领域内加强竞争力和赢得良好的声誉。因此，所谓产品组合策略，也就是企业根据市场需求和自身的条件，对产品组合的广度、长度、深度和关联度方面进行选择和调整的决策。

　　产品组合的四个测量尺度，为企业制定产品组合决策提供了依据和主要的决策内容：企业可以增加产品组合的广度，即增加产品组合中的产品线数，以扩大经营范围或更新旧产品线来增加赢利；企业可以延长其现有的产品组合的长度，即增加产品线中的产品项目，以更多的花色品种来满足顾客的需求差别，增加产品市场占有率；企业可以加深产品组合的深度，即增加其中一条或几条产品线的产品项目，使这些产品线适应多方面的需要；企业也可以通过改变产品组合关联性，在减小营销风险或降低管理难度上进行选择，以适应营销环境的变化。产品组合方式的不同，反映了企业经营的复杂程度。一般来讲，产品组合的广度和深度卫生越大，其经营的复杂程度就越大，关联性就越小，反之亦然。

二、产品组合策略

产品组合策略是制定其他各项决策的基础，一旦产品组合确定了，其他人财物、产供销等各方面的工作也基本确定，但是对产品进行组合不是无条件地要求越宽越深越好。产品组合越宽越深，要求企业必须拥有充足的资金，有一定水平的生产、技术和管理人才，有较高的经营管理水平。否则品种增多，生产成本将上升，若不善经营管理，经济效益反而下降。所以企业必须根据市场调查和预测资料，按照市场需要、竞争情况及企业所处外部环境，结合企业自身实力和经营目标，以有利于促进销售和提高总利润为原则，谨慎从事，对产品进行组合，做出正确的产品组合决策。

所谓产品组合决策，就是企业对其产品组合的广度、长度、深度和关联性作出的决策。

1. 产品组合的广度决策。即对企业经营多少条产品线作出决策，也就是决定企业的经营范围。增加产品组合的广度，扩大企业的经营范围，有利于企业更好地满足消费者的多种需要，扩大企业的销售额，也有利于减少因经营单一种类的产品而带来的经营风险，增加产品组合的广度要求企业增加投资，不能集中运用企业的资源，从而导致企业领导的精力分散。缩减产品组合的广度能带来的利益就是使企业集中资源去经营那些赢利高的产品线，增大企业的投资收益率，但由于经营范围缩小，一旦消费者对单一品种的产品兴趣转移或对企业产生不信任感，则会使企业陷入经营的困境。因此，企业在制定产品组合广度策略时应综合考虑企业内、外多种因素。

2. 产品组合的长度决策。即对企业所经营的产品项目的数量作出决策。企业增加产品组合的长度，充实各产品线的产品项目，能更好地满足不同消费者对同一类产品的不同需要，但同时会增加企业的产品设计、包装、广告促销等费用，并且由于增加了产品线的产品项目，使企业的生产费用增加，单位产品的生产成本增大。企业在制定产品组合的长度决策时，主要是考虑同类产品中通用零部件的供应情况，各个产品项目给企业带来的经济效益等因素，在不利情况下，可停止一些经济效益差的产品项目的生产，保证企业有足够的人力、物力、财力用于效益好的产品项目的生产。

3. 产品组合的深度决策。即对产品线中各种牌号的产品所包含的花色、款式、品种、规格的数量作出决策。增加产品组合的深度能增加消费者对产品的挑选余地，有利于满足不同需求的消费者需要，但同时也会受到企业资源的制约，企业应考虑实际可能制定合适的产品组合深度决策。

4. 产品组合的关联性决策。增加产品结合的关联性，有利于企业以名优产品带动其他产品的销售，有利于增强企业的竞争实力，提高企业的声誉和知名度。但若消费者对某几种产品不满意或一些渠道成员共同抵制企业的产品，则会使企业经营面临较大的市场风险，即会带来连锁的"负效应"，影响企业其他产品的销售。因此，一个企业若自身资源条件许可，应尽可能减少产品组合的关联性，实行产品多样化经营。

三、产品线策略

企业的产品组合由若干产品线组成，改变了企业的产品线，也就改变了企业的产品组合。

（1）产品线分析，对现有产品线中不同产品项目的销售额和利润额的分析。一条产品线可能包括多个产品项目，每个产品项目的销售额和利润贡献是有差别的。图6－5表示某企业的某条产品线中有5个产品项目：项目1的销售量占整条产品线销售量的50%，利润占该产品线的30%；项目2的销售和利润都占30%。这两个产品项目就占该产品线总销售量的80%和利润的60%。这意味着如果这两个项目或其中一个项目在市场中出现问题，就会对整个产品线的销售额和利润额产生很大的影响，所以企业必须对这两个项目给予足够的重视，确保其在市场中的地位和获利水平。项目3和项目4，利润比销售量更高，说明是很有发展潜力的，应该设法提高它们的销售量，就可增加利润。而对项目5，销售量和利润都只占5%，是整条产品线的"累赘"，可以考虑将其从产品线上除掉。

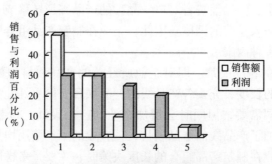

图6－5　产品项目销售量与利润贡献分析

（2）分析各产品线的产品项目与竞争者同类产品的对比状况。对现有产品项目的销售额、利润额的分析，只能说明各产品项目在产品线中的地位、贡献大小，反映不出各产品项目与竞争者同类产品的竞争状况。如某个产品可能对整个产品线的销售额和利润额贡献都很大，但在市场中处于劣势，并且有被竞争者超过的趋势。对于该产品项目企业就应该仔细分析、慎重选择。

（一）产品线的长度决策

企业营销管理人员必须决定产品线的长度。产品线的最佳长度是企业面临的主要问题之一。一般来说，如果能够通过增加产品线上的产品项目来增加销售量和利润，那就说明现有的产品线长度太短了；如果能够通过削减产品线上的产品项目来增加利润和销售量，那就说明现有的产品线长度太长了。因此，营销管理决策人员，应通过对产品线中的各产品项目的具体分析和综合分析，使得一条产品线长度能保持最佳长度。

在现代市场营销活动中，企业产品线具有不断延长的趋势。这是因为：在生产能力过剩的情况下会促使产品线经理开发新的产品项目；产品的销售人员和经销商也希望产品线更全面，即增加产品的花色品种，以满足消费者的需要，获得更多的销售量和利润；在现有产品线上增加一些花色品种，远比开发新产品来得要容易些，这也使得产品经理希望增加产品线上的项目。但是，在产品线过度增长的情况下，设计费用、工艺装备的制造费用、仓储费、转产费用、订货处理费用、运输费用，及对新项目的促销费用等会明显上升，其结果就会导致利润的下降，从而制止产品线延长的趋势。此时通过对产品线的分析，就可能发现大量的亏损产品项目，为了提高产品线的盈利能力，就会将这些项目从产品线中除掉。先是产品线随意增长，随后是大量的削减，这种模式将会出现多次。所以，企业能达到的最大产品线长度并不一定是其产品线的最佳长度。保持产品线的最佳长度，是营销管理决策人员的一项重要的、经常性的管理工作。

产品线的长度受到公司经营目标的影响。企业可以采用两种方法来增加其产品线的长度，一种是产品线的延伸，另一种是产品线的充实。

产品线的延伸是指企业超出现有经营范围来增加产品线的长度。每一企业的产品都有特定的市场范围或市场定位，企业只要超过了原有的市场范围或改变了产品原有的市场定位，这就是产品延伸，具体方法有：

1. 向下延伸。指企业原来生产高档产品，后来决定增加低档产品。企业采取这种战略的主要原因是：①企业发现其高档产品的销售增长缓慢，因此不得不将其产品大类向下延伸。②企业的高档产品受到激烈的竞争，必须用侵入低档产品市场的方式来反击竞争者。③企业当初进入高档产品市场是为了建立其质量形象，然后再向下延伸。④企业增加低档产品是为了填补空隙，不让竞争者有隙可乘。

企业在采取向下延伸战略时，会遇到一些风险。例如，①企业原来生产高档产品，后来增加低档产品，有可能使名牌产品的形象受到损害，所以，低档产品最好用新的商标，不要用原先高档产品的商标。②企业原来生产高档产品，后来增加低档产品，有可能会激怒生产低档产品的企业，导致其向高档产品市场发起反攻。③企业的经销商可能不愿意经营低档产品，因为经营低档产品所得利润较少。通用电气公司医疗系统部是 CT 扫描仪的市场领导者，这些昂贵的诊断仪器主要在医院中使用。通用公司了解到一家日本公司打算进攻其市场。该公司猜测的日本公司的产品更小，电子化程度更高，而且更便宜。因此该公司最好的防御战略是日本公司进入市场前就推出一种相似的机器。公司有些经理认为这种低价的产品会损害大型 CT 扫描仪的销售量和利润。但公司的一位经理通过提出一个问题就打消了其他人的担心："究竟是我们自己去损害好呢，还是让日本公司来做？"

2. 向上延伸。指企业原来生产低档产品，后来决定增加高档产品。主要理由是：高档产品畅销，销售增长较快，利润率高；企业估计高档产品市场上的竞争者较弱，容易被击败；企业想使自己成为生产种类全面的企业。

采取向上延伸战略也要承担一定风险。例如，①可能引起生产高档产品的竞争者进入低档产品市场，进行反攻。②未来的顾客可能不相信企业能生产高档产品。③企业的销售代理商和经销商可能没有能力经营高档产品。

3. 双向延伸。即原定位于中档产品市场的企业掌握了市场优势以后，决定向产品大类的上下两个方向延伸，一方面增加高档产品，另一方面增加低档产品，扩大市场阵地。

产品线的充实是指在现有产品线范围内增加一些产品项目，以此来增加产品线的长度的策略。采取产品线扩充策略有以下几个动机：①获取额外的利润；②满足因产品线不足而引起的销售额下降；③充分利用企业的剩余生产能力；④争取成为产品线全面的企业；⑤填补市场空隙，防止竞争者的侵入。

如果企业产品线的充实导致新旧产品之间的自相残杀，以及在消费者中造成混乱的话，那就说明产品线的扩充过头了。企业一定要使产品线上增加的新产品项目与现有产品具有明显的差异，必须使消费者能区分企业产品线上的每一个项目，并能识别各品牌之间的差别。

在某些情况下，企业的产品线的长度也许是适宜的，但是企业仍面临产品线现代化的问题，如企业产品线的设备已经过时了，各产品项目在功能、结构、样式、技术等方面可能比竞争对手差，这就会使企业败在产品线更为现代化的竞争者手中。例如，20 世纪 90 年代我国纺织行业主要机械设备还停留在三四十年代的水平，无论是技术性能还是操作方式都比较落后，这必然使产品缺乏竞争能力。如果企业决定对现有产品线进行改造，产品线现代化决策首先面临这样的问题：逐步实现技术改造，还是以最快的速度、用全新设备更换原有产品线。逐步实现现代化可以节省资金耗费，但是竞争者很快就会察觉，并有充足的时间采取措施与之抗衡，而快速现代化策略虽然在短期内耗费资金较多，却可以减少竞争者。

问题是产品线是逐渐现代化，还是一步到位。逐渐现代化可以使企业在改进整个产品线之前，观察顾客和经销商是否喜欢新样式的产品，也可使企业的资金耗费较少。但是，由于更新的速度较慢，可能被竞争对手抢占市场机会。一步到位，需要企业在短时间内筹备较多的资金，但企业却获得了抢占有利的市场机会的条件，或者加速技术的进步。

（二）产品线的削减政变

市场繁荣时，较长、较宽的产品组合会为企业带来更多的盈利机会，但有时候，特别是市场不景气或原料、能源供应紧张时，缩减产品线反而能使总利润上升，这是因为从产品组合中剔除了那些获利很小的甚至不获利的产品线或产品项目，使企业可集中资源发展获利多的产品线和产品项目。有时，产品线有不断延长的趋势：如生产能力过剩促使产品经理开发新的产品项目；经销商和销售人员要求增加产品项目，以适应顾客的需要；产品线经理为了扩大销售和提高利润增加产品项目。但是，随着产品线的加长，调研、设计、促销、运输、仓储等营销费用也随之增加，最终也许减少了利润。在这种情况下，需要对产品线的发展进行相应的遏制，剔除那些得不偿失的产品项目，使产品线缩短，提高获利水平。

企业的营销管理人员必须定期检查企业产品项目，以保证企业产品线的合理性及产品线的适应性。通常有以下两种情况要考虑产品线的削减：

（1）产品线中含有会使利润减少的项目，可以通过销售额分析和成本分析来发现这些产品项目，并削减这些项目，使利润增加。

（2）企业缺乏使所有的产品项目都达到预期产量，企业的经理必须检查各产品项目的获利能力，集中生产利润较高的产品，削减那些利润低或亏损的产品。一般来讲，当需求紧迫时，企业通常缩短产品线，而在需求松缓时，则拉长产品线。

第四节　产品品牌策略

一、产品品牌的含义、特征及功能

产品品牌即卖主（主要是生产企业）为自己的产品所确定的商业名称。在西方市场营销理论中品牌是指一个名称、术语、标记、符合或图案，或所有这些因素的组合，它用于识别一个卖主或一群卖主的产品或服务，使自己的产品有别于竞争者的产品。因此，产品品牌的含义是极其丰富的。其中品牌名称是生产经营者给自己的产品所起的一个能够用语言表达的名字，它是品牌的组成部分，如

"凤凰"、"小天鹅"、"日立"、"奔驰"等都是具体的品牌名称；品牌标志是品牌中能够被识别的但不能用语言表达的部分，即符号、图案、与众不同的色彩或字母等，如大众汽车公司生产的汽车的标志，W 就是品牌标志；商标是指受法律保护的一种品牌，它为特定的企业依《商标法》规定注册后所持有，它受到法律的保护，任何单位或个人均不得仿冒。

1. 品牌的整体含义。品牌实质上代表着卖者对交付给买者的产品特征、利益和服务的一贯性的承诺。最佳品牌就是质量的保证，但品牌还是一个更复杂的象征。品牌的整体含义可分成六个层次：

（1）属性。品牌首先使人们想到某种属性。因此"奔驰牌"意味着昂贵、工艺精湛、马力强大、高贵、转卖价值高、速度快等。公司可以采用一种或几种属性为汽车做广告。多年来"奔驰"的广告一直强调它是"世界上工艺最佳的汽车"。

（2）利益。品牌不止意味着一整套属性。顾客不是在买属性，他们买的是利益。属性需要转化成功能性或情感性的利益。耐久的属性可转化成功能性的利益："多年内我不需要买一辆新车。"昂贵的属性可转化成情感性利益："这辆车让我感觉自己很重要并受人尊重。"制作精良的属性可转化成功能性和情感性利益："一旦出事时我很安全。"

（3）价值。品牌也说明一些生产者价值。因此，"奔驰牌"代表着高绩效、安全、声望及其他东西。品牌的营销人员必须分辨出对这些价值感兴趣的消费者群体。

（4）文化。品牌也可能代表着一种文化。"奔驰"汽车代表着德国文化：组织严密、高效率和高质量。

（5）个性。品牌也反映一定的个性。如果品牌是一个人、动物或物体的名字，会使人们想到什么呢？"奔驰"（Benz）可能会让人想到严谨的老板、凶猛的狮子或庄严的建筑。

（6）用户。品牌暗示着购买或使用产品的消费者类型。如果我们看到一位20 来岁的秘书开着一辆"奔驰"时会感到吃惊。我们愿意看到开车的是一位55岁的高级经理。

所有这些都说明品牌是一个复杂的符号。如果公司只把品牌当成一个名字，那就错过了品牌化的要点，品牌化的挑战在于制定一整套品牌含义，当受众可以识别品牌的六个方面时，我们称之为深度品牌；否则只是一个肤浅品牌。"奔驰"就是一个深度品牌，因为我们能从六个方面理解它；"奥迪"的品牌深度差一些，因为我们不太容易了解它的独特利益、个性和用户特征。

了解了六个层次的品牌含义，营销人员必须决定品牌特性的深度层次。人们常犯的错误是只注重品牌属性。但是购买者更重视品牌利益而不是属性；而且竞争者很容易模仿这些属性。另外，现有属性会变得没有价值，品牌与特定属性联系得太紧密反而会伤害品牌。

但是，只强调品牌的一项或几项利益也是有风险的。假如"奔驰"汽车只强调其"性能优良"，那么竞争者可能推出性能更优秀的汽车，或者顾客可以认为性能优良的重要性比其他利益要差一些，此时"奔驰"需要调整到一种新的利益定位。

品牌最持久的含义是其价值、文化和个性。它们构成了品牌的实质。"奔驰"代表着"高技术、杰出表现和成功"等。奔驰公司必须在其品牌战略中反映出这些东西。如果奔驰公司以"奔驰"的名称推出一种新的廉价小汽车，那将是一个错误，因为这将会严重削弱奔驰公司多年来苦心经营的品牌价值和个性。

2. 品牌资产。品牌是一种资产，企业应重视品牌投资的思想可以追溯到 20 世纪 60 年代。例如，迪安（J. Dean）早在 1966 年就曾提出广告是一种品牌投资，应该纳入长期资本预算。但是直到 80 年代，品牌资产问题才开始引起西方学术界和企业界的重视。1988 年，美国市场营销科学学会（MSI）将品牌资产问题列为其研究重点，进一步推动了市场营销学界在该领域的研究活动。目前，在西方，品牌资产问题的研究方兴未艾，成为市场营销领域的热门课题之一。

3. 产品品牌应具备的特征。一个好的品牌应具备的特征有：

（1）能体现有关产品的用途、特性和品质等特殊的优点；

（2）便于消费者识别、辨认、记忆和拼读，不会带来由于谐音等因素造成的不必要的麻烦和产生不良印象；

（3）牌号应具有一定的延伸性，即要有利于企业的其他产品使用统一的牌号，以提高企业的声誉；

（4）要符合销售地区的法律规定、风俗习惯和传统的价值观念，易于被市场所接受；

（5）要能体现与竞争企业牌号的显著区别。

（6）产品品牌与企业名称应保持一致性。

如今，谁家喜得贵子，年轻的父母都要绞尽脑汁为孩子起一个好名字，对一个企业来说也是一样，给自己企业的产品起一个响亮的名字，对企业参与市场竞争，尤其是打开国际市场大有好处。然而，要起好名字却大有学问。在这一点上，一些世界著名的大公司的做法很值得我们借鉴。

（1）"索尼"的范例。索尼公司的原名叫"东京电讯工程公司"，因为它读起来太拗口，在日本常被缩写与"东电公司"。公司创始人盛田昭夫在一次对美国的访问中发现，无论原名还是缩写名，美国人都不会读。译成英文长达 40 个字母，过于累赘。于是，盛田昭夫决定为公司改名。其原则是：新名字的字母要少，最多不能超过 5 个；新名字要响亮，要在世界各国都易辨认，公司名称和商标用同一个名称；除此之外，公司不要任何标志。

按照既定的原则，盛田昭夫等人查了好几部词典，最后初步选出了一个拉丁词"Sonus"，意思是声音。他们又发现，当时日本人很喜欢借用英语中的俚语给人起绰号，有人把机灵的年轻人和聪明的小孩称为"Sonny"（索尼）。"Sonny"的读声清晰、响亮，寓意又非常深，而且又与拉丁词"Sonus"相似。遗憾的是，"Sonny"一词往往被日本人读作"Sohnnee"，意思是"丢钱"。为此，他们巧妙地去掉了一个中间字母，成为现在的"Sony"。

经过改造后的"Sony"字母少，易读、易记；因为没有实际词义，不会引起误解；从词的演变过程来说，又有深刻的含义；再加上世界大多数国家都是拼音文字，所以能够讲不同语言的人们接受。就这样，"Sony"带着它的产品大步走向了世界。

（2）"金利来"的范例。近几年在国内市场上很有名气的"金利来"产品及商标，最初的名字叫"金狮"。一次，金利来（远东）有限公司的董事长曾宪梓先生，将两条上等的"金狮"领带送给一个亲戚，结果人家不高兴地说："我才不戴你的领带呢，尽输、尽输，什么都输掉了。原来，香港话的"狮"与"输"读音相同，于是，曾先生彻夜未眠，绞尽脑汁想出一个万全之策：将"金狮"的英文"Cold lion"用音译与意译相结合的方法，演变成新的名字，即把"Cold"意译为"金"，"Lion"音译为"利来"，合称为"金利来"。这样"尽输"变成了"利来"既符合中国人的文化心理，又保持了名称的稳定性，曾先生以"金利来"这个吉祥的名字创造了一个"男人的世界"。

（3）"宏基"的范例。"宏基"的产品品牌原来叫"Multitech"（意为"多科技"）。由于这个品牌名称叫不响，不好记忆，而且与其他商标雷同，于是，施振荣董事长于 1987 年毅然用"Acer"取代已经用了 6 年、价值 2000 万美元的老品牌。对此，施振荣说："考虑到企业的长远发展，虽然换品牌会造成一时的损失，但后来的效益将会远远超过付出的代价。"他还说："自创品牌，有个好名字至关重要。""Acer"一词源于拉丁文，有"积极"，"活力"之意。在英文中，"Acer"的词根是"Ace"（王牌），代表顶尖、极品。"Acer"作为品牌，简明响亮，好记易拼，再加上 A 字打头，在各种名录、表册中通常被名列首位，能给顾客以最深刻的印象。据美国泛美评价公司 1998 年评估，"Acer"（宏基）的品牌价值为 1.8 亿美元。

反观国内一些企业，由于不注意自己的名字和商标，结果给企业参与市场竞争尤其是走向国际埋下了"祸根"。如南京长江机器厂生产的"蝙蝠"牌电扇，虽然在国内叫得很响，但是，只因蝙蝠在许多国家被视为邪恶和不洁的同义词，所以在进入国际市场时，不得不改为"美佳乐"。在国内著名的"大象"牌电池，在欧美国家却受到了冷落，其原因并不在于产品本身的质量，而仅仅是因为欧美人常把大象看做是蠢笨的化身。即使像"狗不理"这样的北方久负盛名的老字号，也因为习俗不同而未能被港澳同胞所接受——狗都不理，人还能理吗？所以只得忍痛将"狗不理"改为了"喜盈门"。这样的例子不胜枚举。所以，作为一个企业家，不但要懂得生产经营，也要好好研究一下起名字的学问。

4. 品牌的营销功能。品牌决策是产品决策的重要部分，品牌对于产品的营销至关重要，是因为品牌本身有一不定期的营销功能。品牌内在的功能主要表现在以下方面：

（1）识别功能。品牌可减少消费者在选购商品时所花费的时间和精力。在市场营销中，消费者对品牌产生一种整体感觉，这就是品牌认知。营销专家约翰墨菲（John Murphy）（美国）在其著作《品牌策略》（*Brand Stat-egy*）中写道："不管是'形体'或'形状'所谓整体的概念就是任何整体都不只是部分的总和。在心理学上，这个过程被引进观念形成的过程……婴儿在一开始时并不知道围绕在他身边的物体就叫'人'。一旦他知道以后，就可凭借片段的信息来辨认（例如手的形态或特殊的香水味），然后在脑中形成物的整体，而品牌正是这种'整体'的概念，而不只是所有部位的总和。"因此，品牌就是一种无形的识别器，它的主要功能是减少顾客在选购买商品时所花费的精力和时间。品牌的识别功能主要体现在以下方面：

① 品牌是产品的标志。当消费者购买具有某种使用价值的商品时，面对琳琅满目的商品，他们的购买行为首先表现为选择、比较。而品牌在消费者心目中是产品的标志，它代表着产品的品质、特色。因此，品牌缩短了消费者的购买过程。

② 品牌是企业的代号。不同的产品具有不同的品牌，这些品牌通过注册后，受到法律的保护。企业在设计品牌时，要求品牌能充分体现企业的经营特色，有利于塑造良好的企业形象。因此，品牌在消费者的心目中代表着企业的经营特色、质量管理要求等，从而在一定程度上就迎合了消费者的兴趣偏好，节省了消费者购买商品时所花费的精力。

（2）控制市场的功能。市场竞争的这一手段是取得有效的市场占有率。在大规模的生产营销中，厂商为扩大销售、提高效率，往往要在某种程度上依赖中间商进行分层销售，但这会削弱厂商对市场的控制能力。厂商如果有了自己的品牌，就可以与市场直接沟通，形成自己的市场形象，市场控制力又会回到厂商手里。

（3）促销的功能。品牌的促销功能主要表现在两方面：

第一，由于品牌是产品品质的标志，消费者常常按照品牌选择产品，因此品牌有利于引起消费者的注意，满足他们的欲求，实现扩大产品销售的目的。

第二，由于消费者往往依照品牌选择产品，这就促使生产经营者更加关心品牌的声誉，不断开发新产品，加强质量管理，树立良好的企业形象，使品牌经营走上良性循环的轨道。

（4）增值的功能。品牌是一种无形资产，它可以作为商品被买卖。谁拥有了著名品牌，谁就等于掌握了"点金术"。品牌不仅仅是资产，而且是一个取之不尽、用之不竭的宝藏。

二、产品品牌策略

（一）品牌有无策略

一般来讲，现代企业都建立有自己的品牌的商标。虽然这会使企业增加成本费用，但也可以使卖主得到以下好处：

1. 便于管理订货；

2. 有助于企业细分市场；

3. 有助于树立良好的企业形象；

4. 有利于吸引更多的品牌忠诚者；

5. 注册商标可使企业的产品特色得到法律保护，防止别人模仿、抄袭。

例如，花王公司不是推销单一品种的香波，而是提供至少五种不同品牌的香波（诗芬、魅力、爱诗、菲乐和泼洱）。每一种配方略有不同，分别推向特定用途的子市场。大多数购买者也需要品牌和商标，因为这是购买者获得商品信息的一个重要来源，即购买者通过品牌和商标可以了解各种产品质量的好坏，从而有助于购买者提高购物效率。

在古往今来的市场竞争中，品牌还是一个强有力的工具和手段。例如，1930年，华商上海华成烟草公司的"美丽"牌香烟畅销，南洋兄弟烟草公司随之创制"梅兰芳"牌与之竞争；1932年，华成烟草公司的"槟榔"牌香烟畅销，南洋兄弟烟草公司又创制"喜鹊"牌进行打击；1933年，华成烟草公司创制"美丽"、"金鼠"牌火柴，作为两种同名香烟的广告，效果十分明显，南洋兄弟烟草公司当即与大中华火柴公司协作，依照华成图案，创制"大联珠"火柴，"以图抵制"。

20世纪70年代以来，西方国家的许多企业对某些消费品和某些药品不规定品牌名称和品牌标志，也不向政府注册登记，实行非品牌化。这种产品牌叫无牌产品。所谓无牌产品是指在超级市场上出售的无品牌、包装简易且价格便宜的普通产品，企业推出无牌产品的主要目的是节省包装、广告等费用，降低价格，扩大销售。一般来讲，无牌产品使用质量较低的原料，而且其包装、广告、标签的费用都较低。

一般认为，在下列几种情况下可以考虑不使用品牌：

（1）大多数未经加工的原料产品，如棉花、大豆、矿砂等；

（2）不会因生产商不同而形成不同特色的商品，如钢材、大米等；

（3）某些生产比较简单、选择性不大的小商品；

（4）临时性或一次性生产的商品。

无品牌营销是为了节省广告和包装费用，以降低成本和售价，加强竞争力，扩大销售，近年来美国的一些的日用消费品和药品又出现了"无品牌"的倾向，据估计其超市中提供的无品牌商品的售价大约低于同类品牌产品的30%～50%，很受低收入消费者的欢迎，但无品牌商品一般质量不高。

（二）品牌使用者策略

企业有三种可供选择的策略，即：企业可以决定使用自己的品牌，这种品牌叫做企业品牌、生产者品牌、全国性品牌；企业也可以决定将其产品大批量地卖给中间商，中间商再用自己的品牌将物品转卖出去，这种品牌叫做中间商品牌。

1. 使有中间商品牌的利弊。目前，中间商品牌已经变成品牌竞争的一个重要因素。中间商使用自己的私人品牌，会带来一些问题，例如：（1）中间商必须花很多钱做广告，大力宣传其品牌；（2）中间商必须大批量订货，因而须将大量资金占压在商品库存上，并且须承担一些风险。但是，中间商使用自己的品牌又可带来种种利益。诸如：（1）可以更好地控制价格，并且可以在某种程度上控制供应商（因为中间商可以用更换供应商来威胁企业）；（2）进货成本较低，因而销售价格较低，竞争力较强，可以得到较高利润。因此，越来越多的中间商特别是大批发商、大零售商都使用自己的品牌。

2. 品牌战。在现代市场经济条件下，企业品牌和中间商品牌之间经常展开激烈竞争，这就是所谓的品牌战。在这种对抗中，中间商有许多优势。诸如：（1）零售商业的营业面积有限，因此，许多企业特别是新企业和小企业难以用其品牌打入零售市场；（2）虽然消费者都知道，以私人品牌出售的商品通常都是大企业的产品，但是，由于中间商特别注意保持其私人品牌的质量，仍能赢得消费者的信任；（3）中间商品牌的价格通常定得比企业品牌低，因此，能迎合许多计较价格的顾客，特别是在通货膨胀时期更是如此；（4）大零售商把自己的品牌陈列在商店醒目的地方，而且妥善储备。由于这些原因，企业品牌昔日的优势正在削弱。有些市场营销评论家预言：中间商品牌终将击败所有企业品牌。

3. 品牌阶梯与品牌均势。十几年来，在消费者心目中，一直存在着品牌阶梯（brand ladder）的观念，即自己最偏好的品牌位于阶梯的最高层，随着偏好程度的递减，各个品牌的阶层依次降低。而近来人们的阶梯观念越来越趋于淡化，取而代之的是品牌均势（brand parity）观念，即在消费者看来，所有品牌都是一样的。他们愿意购买本周正在出售的任何可接受的品牌。消费者可能看不出高露洁牙膏与达丽牙膏、飘柔香波与花王诗芬香波等有什么差异。消费者越来越感受到明智消费的压力，对产品质量、价格、价值等非常敏感。无休止的品牌扩展和产品线扩展，混淆了不同品牌的差异。降价券和特价造就了一代关注价格的新型消费者。商店品牌不断改进质量，并通过其连锁店系统增强了消费者的信任度，从而构成了对制造商品牌的一个重大挑战。

（三）品牌统分策略

如果企业决定其大部分或全部产品都使用自己的品牌，那么还要进一步决定其产品是分别使用不同的品牌，还是统一使用一个或几个品牌。这就是说，在这个问题上有四种可供选择的战略。

1. 个别品牌。个别品牌是指企业各种不同的产品分别使用不同的品牌。其好处主要是：（1）企业的整个声誉不致受其某种商品的声誉的影响，例如，如果某企业的某种产品失败了，不致给这家企业的脸上抹黑（因为这种产品用自己的品牌名称）；（2）某企业原来一向生产某种高档产品，后来推出较低档的产品，如果这种新产品使用自己的品牌，也不会影响这家企业的名牌产品的声誉。

2. 统一品牌。统一品牌是指企业所有的产品都统一使用一个品牌名称。例如，美国通用电器公司的所有产品都统一使用"GE"这个品牌名称。企业采取统一品牌名称战略的好处主要是：（1）企业宣传介绍新产品的费用开支较低；（2）如果企业的名声好，其产品必然畅销。

3. 分类品牌。分类品牌是指企业的各类产品分别命名，一类产品使用一个牌子。西尔斯·罗巴克公司就曾采取这种战略，它所经营的器具类产品、妇女服装类产品、主要家庭设备类产品分别使用不同的品牌名称。这主要是因为：（1）企业生产或销售许多不同类型的产品，如果都统一使用一个品牌，这些不同类型的产品就容易互相混淆。例如，美国斯维夫特公司同时生产火腿和化肥，这是两种截然不同的产品，需要使用不同的品牌名称，以免互相混淆。（2）有些企业虽然生产或销售同一类型的产品，但是，为了区别不同质量水平的产品，往往也分别使用不同的品牌名称。例如，青岛美达实业股份有限公司在其所经营的各种香皂中，将销往北京、广东等高档市场的定名为"得其利是"；销往东北、华北等中档市场的定名为"雁牌"；销往沂蒙山等低档市场的定名为"蝴蝶"。

4. 企业名称加个别品牌。这种策略是指企业对其不同的产品分别使用不同的品牌，而且各种产品的品牌前面还冠以企业名称。例如，美国凯洛格公司就采取这种战略，推出"凯洛格米饼"、"凯洛格葡萄干"。企业采取这种战略的好处主要是：在各种不同新产品的品牌名称前冠以企业名称，可以使新产品合法化，能够享受企业的信誉，而各种不同的新产品分别使用不同的品牌名称，又可以使各种不同的新产品各有不同的特色。

（四）品牌扩展策略

品牌扩展也称品牌延伸，是指企业利用已具有市场影响力的成功品牌来推出改良产品或新产品。例如，以雀巢咖啡成名的"雀巢"商标，被扩展使用到奶粉、巧克力、饼干等产品上；索尼也把它的品牌扩展到其大多数新的电子产品中等。

采用品牌扩展策略具有的显著优点是，一个受人注意的好品牌能使新产品立刻被市场认识和较容易地被接受，如果品牌扩展获得成功，还可进一步扩大原品牌的影响和企业声誉。

但是品牌扩展也有风险，首先，如果将著名品牌扩展使用到与其形象、特征不相吻合、不相接近的产品领域，则可能有损原品牌形象。其次，如果原产品与品牌扩展产品之间在资源、技术等方面不存在关联性或不具有互补性，则推出的新产品可能难以被消费者接受。最后，如果将高品质形象的品牌扩展使用到某些价值不大、制造很容易的产品上，可能会使消费者产生反感，如海尔番茄酱或者波音香水。品牌名称滥用会失去它在消费者心目中的特殊定位，当消费者不再把品牌名与一个特定产品或类似产品联系起来时，就产生了品牌稀释。总之，采用品牌扩展策略有利也有弊，且有较大的风险，企业应根据条件谨慎行事。

（五）多品牌策略

多品牌策略是指企业在同一种产品上同时使用两个或两个以上相互竞争的品牌。首创这种策略的是美国的宝洁公司，如该公司与我国广东合资生产的洗发液就有"海飞丝"、"飘柔"、"潘婷"、"沙宣"几个品牌。虽然多个品牌会影响原有单一品牌的销售量、但多个品牌的销量之和又会超过单一品牌的市场销量，增强企业在这一市场领域的竞争力。

采用多品牌策略的优点主要是：

（1）多种不同的品牌可以在零售商的货架上占用更大的陈列面积，即吸引了消费者更多的注意，同时也增加了零售商对生产企业产品的依赖性。

（2）提供几种品牌不同的同类产品，可以吸引那些求新好奇的品牌转换者。

（3）多种品牌可使产品深入多个不同的细分市场，占领更广大的市场。

（4）有助于企业内部多个产品部门之间的竞争，提高效率，增加总销售额。

采用多品牌策略的主要风险就是使用的品牌数量过多，以致每种品牌产品只有一个较小的市场份额，而且没有一个品牌特别有利可图，这使企业资源分散消耗于众多的品牌，而不能集中到少数几个获利水平较高的品牌上，这是非常不利的得不偿失的局面。解决的办法就是对品牌进行筛选，剔除那些比较疲软的品牌。理想的情况应该是企业的品牌能吞并竞争对手的品牌，而不是本企业的多重品牌之间自相竞争；或者即使自相竞争，采用多重品牌策略后的净利润，也能达到较大的数量。因此企业如果采用多重品牌策略，则在每推出一个新品牌之前应该考虑：该品牌是否具有新的构想；这种新构想是否具有说服力；该品牌的出现，可能夺走的本企业其他品牌及竞争对手品牌的销售量各有多少；新品牌的销售额能否补偿产品开发和产品促销的费用；等等。如果这几方面的估测的结果是得不偿失，则不宜增加这种新品牌。

第五节 产品包装策略

大多数物质产品在从生产领域流转到消费领域的过程中，都需要有适当的包装。包装工作是整个商品生产的一个重要组成部分。

产品包装是整体的一个组成部分，是实现产品价值与使用价值并提高产品价值的一种重要的手段。包装的优劣往往影响到企业经营的成败，因此，包装策略已成为市场策略的一个重要组成部分。

一、包装的概念

包装最初是指赋予产品实体一种外在保护层，使产品在运输、储存及销售过程中避免遭受损毁或减少，在现代经济生活中，"包装"一词被人们越来越广泛地运用，从而也就具有了多种含义。它既可用来指盛装商品的容器，也可指把产品装入包装物中的行为，还可指对产品的包装物进行设计的管理活动。

产品的包装，可分为三个层次：

（1）首要包装。首要包装是指紧贴于产品的那层包装，是从产品出厂至使用终结，一直与产品紧密结合的包装，如牙膏皮、酒瓶、照相胶卷的暗盒等。没有这类包装，产品是根本无法使用或消费。所以，设计首要包装时，要根据产品的物理、化学性质和用途、卫生要求，选用适当的材料和方式，并且包装的质量要与产品的价值相一致。

（2）次要包装。次要包装是指方便陈列、携带和使用的产品外部包扎物件，次要包装起两个作用：①保护初始包装，使之在营销过程中不会损坏；②美化产品外观，或便于品牌化。这种包装的设计要美观大方、图案生动形象，不落俗套，使人耳目一新，而且要突出厂牌、商标、品名、规格和容量。

（3）运输包装。运输包装是产品在运输、储存、交易中所需要的包装。其特点是包装物的容积较大，材质结实，具有耐碰撞，防潮，便于搬运作业等特点。

二、包装的作用

大多数产品都需要不同程度的包装，良好的包装不仅能保护内装商品的使用价值，而且能创造价值，从市场营销学角度看，包装具有以下几方面的作用。

1. 促进销售。"包装是无声的推销员"，良好的包装能够以其独特的处型，丰富的色彩和图案吸引消费者，引起消费者的注意，充分显示内装商品的特色，给消费者一个良好的第一印象，激起消费者的购买欲望，从而起到促进销售的作用。

2. 美化产品。随着人们生活水平的不断提高，消费者购买商品已不只是为了满足其生理的需要，而越来越追求心理上的满足，一件设计精美的包装就可以给人们带来心理上的享受。比较一下现在市场上出售的糖果、糕点等商品和十年前的同类产品，就会认识到，科学合理，装潢优美的产品包装在无形中已大大提高了内装产品的档次。

3. 保护产品。产品生产出来以后，要经过多道流通环节才能到达消费者手中，其间不可避免地要受到各种自然的（如风吹，日晒、雨淋等）和人为的（如挤压、撞碰等）损害，而选用了材料适宜、外形设计合理且具有一定强度的包装，就像内装产品的忠实保护神，保证内装产品顺利地经过流通环节，完整无损地到达消费者手中。

4. 创造利润。良好的包装除能减少内装商品的损耗而给企业带来更多的利润之外还能以其合理的设计、优美的外观、便于携带和使用等优点，使买者愿意出高价购买，从而增加企业的利润。如果包装落后，则会带来相反的结果，这就是我们常说的"一等产品、二等包装、三等价格"。

5. 创名牌和提高产品的知名度。精美的包装能在消费者心中留下深刻的印象，便于消费者辨认并购买本企业的产品。如美国的柯达彩色胶卷、日本的富士彩色胶卷、美国的可口可乐等一些世界名牌产品，它们之所以能在世界市场上长久保持旺盛的销售势头，不能否认这些产品的包装是起到一定作用的。

6. 方便使用。有些产品的包装，其本身就是产品使用价值的组成部分。如胶卷的暗盒、盛装饮料的各种容器；有些包装，虽不是消费产品所必需的，但可以使产品便于消费，如铁制饼干筒，可防止产品受潮和污染，有利于延长饼干的食用期。将药品按服用剂量包装，便于顾客正确使用。

三、包装设计及包装技术

1. 包装设计。企业在设计包装时，应考虑以下几点：

（1）包装应与商品的价值或质量相适应。"一等产品，三等包装"或"三等产品，一等包装"都不利于产品的销售。

（2）包装应能显示商品的特点或独特风格。对于以外形和色彩表现其特点的商品，如服装、装饰品、食品等，包装应向购买者直接显示商品本身，以便于选购。

（3）包装应方便消费者购买、携带和使用。这就要求包装有不同的规格的分量，适应不同消费者的需要。

（4）包装上的文字说明应实事求是。如产品成分、性能、使用方法、数量、有效期限等要符合实际，以增强顾客对商品的信任。

（5）包装装潢应给人以美感。设计时要考虑消费者的审美习惯，使消费者能从包装中获得美的享受，并产生购买欲望。

（6）包装装潢上的文字、图案、色彩等不能和目标市场的风俗习惯、宗教信仰发生抵触。

2. 包装技术。常用的包装技术主要有以下几种：

（1）收缩包装。就是用收缩薄膜裹包物品（或内包装件），然后对薄膜进行适当加热处理，使薄膜收缩而紧贴于物品（或内包装件）的包装技术。

（2）充分包装。是采用二氧化碳或氮气等不活泼气体置换包装容器内空气的一种包装技术。

（3）真空包装。是将物品装入气密性容器后，在容器封口之前抽真空，使密封后的容器内基本没有空气的一种包装技术。

（4）脱氧包装。是继真空包装和充气包装之后出现的一种新型除氧包装方法。它是在密封的包装容器中，使用能与氧气起化学作用的脱氧剂与之反应，从而除去包装容器中的氧气，以达到保护内装物的目的。

（5）高温短时间灭菌包装。就是将食品充填并密封于复合材料制成的包装袋后，使其在短时间内保持135℃左右的高温，以杀灭包装容器内细菌的方法。

（6）缓冲包装。这是一种将缓冲材料适当地安放在内包装和包装容器之间，用以减轻冲击和振动，保护内包装物免受损坏的防震包装技术。

除以上方法之外，贴体包装、喷罐包装、泡罩包装、拉伸包装等技术也在一些情况下有所使用。

四、包装策略

为了充分发挥包装在营销方面的作用，除了要对包装进行精心的设计外，还要正确决策和灵活运用以下包装策略。

1. 类似包装策略。这是指企业所生产的各种产品，在包装上都采用相同的图案、色彩，体现出共同的特色，使顾客很容易就能觉出是来自同一厂商的产品。类似包装具有和采用统一品牌策略相同的好处，即节省包装设计费用。树立企业形象，易推出新产品。但类似包装策略只适用于相同或相近质量水平的不同产品，一旦质量水平相差悬殊则优质产品将蒙受不利影响。

2. 配套包装策略。这是指企业根据消费者的购买和消费习惯，将多种使用上相互关联的产品纳入同一包装容器内，如女士化妆盒、家用工具箱、餐具等。这种包装不仅可以方便消费者的购买和使用，而且有利于带动多种产品销售，特别有利于新产品的推销。但在实践中，须防止不顾市场需求的具体特点，消费者的购买力水平和产品本身关联程度大小任意组合搭配的错误做法，以免消费者产生抵触情绪。

3. 再使用包装策略。这种策略又称为双重用途包装策略，是指所使用的包装物在被包装的产品消费完毕之后并未作废，还能改作其他用途。如糖果、饼干的包装盒可改作工具盒、针线盒。这种策略可刺激消费者的购买欲望，扩大产品销售，同时使带有企业标记的包装物在被使用过程中起到延期广告宣传的作用。

4. 等级包装策略。这是指企业为不同质量等级的产品分别设计和使用不同的包装，显然这种策略的实施成本较高，但它可以适应不同的购买力水平或不同顾客的购买心理，从而扩大产品销售。

5. 附赠品包装策略。这是指在包装容器内除目标产品外另附有赠品，以吸引消费者的购买。该策略对儿童和青少年及低收入者较为有效，如儿童食品在包装中附赠玩具或卡通图片。若赠品采用累积获奖方式，效果会更明显。

6. 更新包装策略。这是指企业要采用新的包装技术、包装材料、包装设计等，对原有产品包装加以改进，以改变产品的原有形象。例如，把饮料的瓶式包装改为易拉罐式包装，粉剂药的袋式包装改为锡箔片加胶囊包装等。更新落后的包装材料技术和形式，使之更加便于顾客使用，对提高产品形象，扩大销售，提高经济效益有一定的促进作用。

第七章 新产品开发策略

产品生命周期理论为我们提供了一个重要启示：在当代科学技术水平迅速发展、消费需求变化加快、市场竞争激烈的情况下，企业得以生存和成长的关键就在于不断地创造新产品和改进旧产品。创造可以说是使企业永葆青春的唯一途径。为了使企业的总销售量和总利润始终保持上升的势头，或者至少保持平稳，避免大起大落，每一个企业都必须把开发新产品作为关系企业生死存亡的战略重点。企业只有依靠科技进步，不断地根据顾客的需要开发出新产品，才能在激烈的市场竞争中求得生存和发展，新产品的开发对企业具有十分重要的意义，原因就在于企业的不断创新能给企业带来新的营销机会，同时也会带来风险，但企业不创新就会面临巨大的风险。创新本身就是一种巨大的风险，关键在于企业要根据市场的需要和自身的实力，开发研制满足消费者需要的新产品。

第一节 新产品的含义及开发新产品的意义

一、新产品的含义和分类

从产品整体概念来理解新产品，可以看出，新产品的含义是相对的。如一百多年前出现的汽车、六十多年前出现的黑白电视机等，确实都是以崭新的面貌出现在市场上，无疑它们都是当时的新产品。但若千年以后，随之出现的各种式样、各种型号的汽车，如赛车、高级轿车、集装箱专用车、油罐车，冷藏车等，也都以崭新的姿态进入市场继黑白电视机后出现了彩色电视机，随后平面直角、防爆玻璃以及带遥控等各种功能逐渐完备的彩色电视机相继问世，又有谁能说他们不是新产品。再如，有些产品在国外早已出现，但在我国却是首次生产；有些产品在别的地区早已出现，但在某个地区还是首次出现；其他企业已生产了某种牌号的产品，而某企业才开发出以自己的牌号命名的同类产品；这些也都可以称为新产品。

什么是新产品，从不同的角度去理解，可以得出不同的概念，市场营销学中所说的新产品可以从市场和企业两个角度来认识。对市场而言，第一次出现的产品就是新产品；对企业而言，第一次生产销售的产品也是新产品；所以，市场营销学中的新产品与科技上的新产品是不同的，作为企业的新产品的定义是，企业向市场提供的较原产品在使用价值、性能、特征等方面具有显著差别的产品。因此，那些在科技发展上已可能不是新的产品，在市场上可能是已存在多年的产品，对企业来说可能仍然是新产品。企业的新产品可分为四类。

（一）全新产品

全新产品是指应用新原理、新结构、新技术、新材料、新工艺等制造的前所未有的具有全新功能的产品，它是科学技术的发明在生产上的新应用，无论是对企业还是对市场都是新产品。如电灯、电话、汽车、飞机、电视机、计算机等第一次出现时都属于全新产品，没有其他任何产品可以替代。由于开发这一产品的难度很大，需要大量的资金和先进的技术，产品开发的风险十分巨大，所以绝大多数企业都很难问津全新产品，有调查表明，全新产品在新产品中所占的比例为10% 左右。因此，对绝大多数企业来说，是很能难研制和生产出全新产品的，但如一旦开发成功，就会给企业带来巨大的利益。

（二）换代新产品

它是指在原有产品的基础上，部分采用新材料、新技术面制成的性能有显著提高的新产品，也称为革新产品。如将黑白电视机革新为彩色电视机，将普通电熨斗改为自动调温，蒸气电熨斗。将普通缝纫机改为电动缝纫机等。这类新产品与原有产品相比，由于性能有显著改善，因此具有较好的市场潜力，但消费者对这类产品的接受通常需要有一个过程。

（三）改进产品

改进性新产品是指对现有产品在性能、结构、功能、款式、花色、品种、使用材料等方面做出改进的产品，主要包括质量的提高，式样的更新，花色增加，用途的增加等等。改进性新产品受技术限制较小，开发成本相对较低。如普通牙膏到药物牙膏、普通酒到药酒和人参酒，以及服装款式的更新等。这类产品与原有产品差别不大，容易为市场迅速接受，但竞争者易模仿，因此，此类新产品的竞争要比上述两类产品更为激烈。

（四）仿制新产品

是指市场上已有其他牌号的同类产品，企业只是生产出以自己牌号命名的新产品。子如市场上大最出现的各种牌号的电视机、电风扇、洗衣机、自行车等。这类产品，由于生产技术已公开，有能力的企业均可生产。因此，仿制品的竞争是全方位的，不仅限于产品的质量、价格而且在售后服务方面的竞争也同样激烈。生产仿制品的企业应综合分析市场供求状况，分析竞争企业的实力，以尽可能减少或避免盲目仿制所带来的市场风险。

二、企业开发新产品的原因分析

企业之所以要大力开发新产品，主要是由于：

（1）产品生命周期理论要求企业不断开发新产品。企业同产品一样，也存在着生命周期。如果企业不开发新产品，则当产品走向衰落时，企业也同样走到了生命周期的终点；相反，企业如能不断开发新产品，就可以在原有产品退出市场舞台时利用新产品占领市场。一般而言，当一种产品投放市场时，企业就应当着手设计新产品，使企业在任何时期都有不同的产品处在周期的各个阶段，从而保证企业利润的稳定增长。

（2）消费需求的变化需要不断开发新产品。随着生产的发展和人们生活水平的提高，消费需求也发生了很大变化，方便、健康、轻巧、快捷的产品越来越受到消费者的欢迎。消费结构的变化加快，消费选择更加多样化，产品生命周期日益缩短。一方面给企业带来了威胁，使之不得不淘汰难以适应消费需求的老产品；另一方面也给企业提供了开发新产品，适应市场变化的机会。

（3）科学技术的发展推动企业不断开发新产品。科学技术的迅速发展导致许多高科技新型产品的出现，并加快了产品更新换代的速度。如光导纤维的出现，对电报、电话等信息处理设备的更新换代起了巨大的推动作用。科技的进步有利于企业淘汰旧有的产品，生产性能更优越的产品，并把新产品推向市场，企业只有不断运用新的科学技术改造自己的产品，开发新产品，才不致被挤出市场的大门。随着国家"技术创新工程"的深入实施，一批国家级、省级、市级企业技术开发中心不断涌现，并正在向更高层次发展，已成为企业拓展生存发展空间的有力"发动机"。截止到 1998 年年底，经国家经贸委、税务总局、海关总署联合认定的国家级技术中心已有 203 家。

（4）市场竞争的加剧迫使企业不断开发新产品。现代市场上企业间的竞争日趋激烈，企业要想在市场上保持竞争优势，只有不断创新，开发新产品。另外，企业定期推出新产品，可以提高企业在市场上的信誉和地位，并促进新产品的市场销售。正如清华大学傅家骥教授所言："研究开发是企业生存的保障和竞争力的源泉。在市场竞争中，永无疲软的市场，只有疲软的产品。没有任何一种技术能够保证企业长期处于优势地位，更没有任何一种产品能保证企业有永久的优势，使一个企业永久繁荣。"[①]

因此，在科学技术飞速发展的今天，在瞬息万变的国内、国际市场中，在竞争日益激烈的环境下，开发新产品对企业而言，是应付各种突发事件，维护企业生存与长期发展的重要保证。

三、开发新产品的意义

随着科学技术的迅猛发展，市场竞争日益激烈，产品寿命周期越来越短。如果不及时地开发新产品，企业就会有被淘汰的危险。开发新产品的重要意义主要在于：

1. 只有不断地开发新产品，逐步替代老产品，才能适应不断变化的市场需求，更好地满足现实和潜在的消费需要。

2. 积极开发新产品是提高企业市场竞争能力的重要保证，在现代市场经营中，企业只有不断地提高产品质量、增加新品种，才能在满足市场消费需求的同时，增加企业盈利，从而增强企业的经济实力。否则，就会被竞争者挤出市场，遭到失败或淘汰的命运。

3. 开发新产品，及时采用新技术、新材料、新设备、不断推陈出新，才能尽快促进社会生产力的发展，提高国家的综合国力，推动社会进步。

4. 开发新产品，有利于充分利用企业的资源和生产能力，提高劳动生产率，增加产量，降低成本，取得更好的经济效益。

5. 开发新产品，不断地开拓新市场，满足更为广泛的消费者的需要，也有利于分散企业的经营风险。

第二节　新产品的发展趋势及消费者购买新产品的一般规律

一、新产品的发展趋势

随着时代的发展，消费者的需求也随着科学技术和经济的发展而不断地发展，为了适应这种发展的需要，企业新产品开发必须跟上时代的要求。不同的时代，有不同的主旋律，新的世纪为新产品的发展方向提出了更高的标准和要求。从总的趋势来看，新产品的发展方向主要表现在以下几个方面：

（1）保健型。产品除了有使用价值和功能外，还要有益于人类的身体健康的保健作用。

（2）功能型。一种产品具有多种功能，能同时给消费者带来多种使用价值和利益。一种产品有多种用途，就等于打开了几个市场。产品除了具有好的使用或实用功能外；还应具有保健、娱乐、环保、开发智力、科普、防护、教育等各种功能。

产品功能的多样化，使一件产品能给人们带来更多的便利，这个趋势同人们日常消费方式的变化相吻合。如多功能食品处理机，能同时具有水果榨汁、粉碎、搅拌等功能，满足了人们多方面的需求；彩色电视机的运红外遥控功能，能为人们在观赏电视节目时带来更大的方便和乐趣；货物装卸搬运用的叉车，除其本身具有的能进行短距离搬运、装卸和堆码作业等功能外，配备不同的索具可以完成不同类型货物的装卸搬运；等等。

（3）欢心型。产品除了有良好的使用性能外，还要使消费者在使用或消费时感到欢心愉快，即产品具有美的东西、式样新颖、结构合理、美观大方，这是符合当前消费发展趋势的。

（4）组合型。产品都向组合化发展，包括从原材料组合到结构，造型的组合。组合产品由基本件和组合件构成，特点是节约材料、占地面积、式样新颖，用途多样化。

（5）立体型。产品的结构、造型、装潢、图案都向立体化发展，以便有效利用各种资源，使产品造型新颖美观。

由于消费者素质的不断提高，使其在购买商品时对产品的外观，艺术价值等方面的要求也越来越高。因此，企业就必须时刻研究社会时尚的变化，研究消费者的心理需求，从而在设计产品时尽可能地运用美学知识，使消费者在购买使用产品的同时也能感到美的享受。

（6）便捷型。产品在保证其功能和性能的前提下，向微型化、轻巧玲珑方向发展，即开发轻、薄、短、小的产品。产品在满足使用的前提下，尽量做到轻、薄、短、小。

（7）仿质感型。这是为了适应消费者回归自然的需要，即使使用人工化学合成制造的产品、材料，外观和手感的感觉都与天然物质一样，而使用性能一般又优于天然物质。

（8）资源型。新开发的产品要节约资源。工业的迅猛发展，既促进了社会经济的进步，同时也对社会生态环境带来了相当的影响。人类已愈来愈深刻地认识到了自身生存的空间提出的严峻的挑战，各种官方的、民间的环境保护组织对企业生产的影响社会生态平衡的产品已制定了越来越严格的规定。如1989年发达国家就签署了蒙特利尔公约，我国1991年加入该公约。公约规定，发达国家要在2000年前停止生产使用氟利昂制冷的电冰箱，而发展中国家可延长到2010年。顺应这一形式的企业才有可能得到发展。

（9）独特型。新产品要有一定的特色、与众不同、具有个性。

（10）标准化和配套化。新开发的产品应是标准的和配套的。随着国内外市场的不断开拓，产品流通范围的不断扩大，特别对于机电产品，若能采用统一的国际或国家标准，发展系列化产品，尽量扩大同一产品或零件的使用范围，将为企业产品的国内外市场开拓提供更为广阔的领域。

此外，随着人们生活水平的提高，产品向个性化和高档化发展的趋势也越来越明显。

二、消费者购买新产品的一般规律

（一）消费者接受新产品的过程：即新产品采用过程

所谓新产品采用过程，是指消费者个人由接受创新产品到成为重复购买者的各个心理阶段。迄今为止，有关采用过程的研究当首推美国著名学者埃弗雷特·罗杰斯，他在 1962 年出版的《创新扩散》一书中，把采用过程看做是创新决策过程，并据此建立了创新决策过程模型。他认为，创新决策过程包括五个阶段，即认识阶段、说服阶段、决策阶段、实施阶段和证实阶段。这五个阶段又受到一系列变量的影响，它们不同程度地促进或延缓了创新决策过程。下面具体分析一下这五个阶段的特点。

1. 认识阶段。在认识阶段，消费者要受个人因素（如个人的性格特征、社会地位、经济收入、性别、年龄、文化水平等）、社会因素（如文化、经济、社会、政治、科技等）和沟通行为因素的影响。他们逐步认识到创新产品，并学会使用这种产品，掌握其新的功能，研究表明，较早意识到创新的消费者同较晚意识到创新的消费者有着明显的区别。一般地，前者较后者有着较高的文化水平和社会地位，他们广泛地参与社交活动，能及时、迅速地收集到有关新产品的信息资料。

2. 说服阶段。有时，消费者尽管认识到了创新产品并知道如何使用，但一直没有产生喜爱和占有该种产品的愿望。而一旦产生这种愿望，决策行为就进入了说服阶段。在认识阶段，消费者的心理活动尚停留在感性认识上，而在说服阶段，其心理活动就具备影响力了。消费者常常要亲自操作新产品，以避免购买风险。不过，即使如此也并不能促使消费者立即购买，除非市场营销部门能让消费者充分认识到新产品的特性。这包括：

（1）相对优越性，即创新产品被认为比原有产品好，创新产品的相对优越性越多，如在功能性、可靠性、便利性、新颖性等方面比原有产品的优势就越大，越容易让消费者采用。应该着重指出的是，相对优越性是指消费者个人对创新产品的认识程度，而不是产品的实际状况，在某些情况下，一个确实属于创新的产品若不被消费者所认识，便失去了其相对优越性。

（2）适用性，即创新产品与消费者行为及观念的吻合程度。当创新产品与消费者的需求结构、价值观、信仰和经验相适应或较为接近时，就较容易被迅速采用。

（3）复杂性，即认识创新产品的困难程度。创新产品越是难以理解和使用，其采用率就越低。这就要求企业在新产品设计、整体结构、使用维修和保养方法等方面与目标市场的认知程度相接近，尽可能设计出简单易懂、方便使用的产品。

（4）可试性，即创新产品在一定条件下可以试用。汽车的测试、免费赠送样品等都是为了方便消费者对新产品的试用，减少购买风险，提高采用率。

（5）明确性，指创新产品在使用时，是否容易被人们观察和描述，是否容易被说明和示范。创新产品的消费行为越容易被感知，其明确性就越强，采用率也就越高。总之，在说服阶段，消费者对创新产品将有确定性认识，他会多次在脑海里"尝试"着使用创新产品，看看它究竟是否适合自己的情况。而企业的广告和人员推销将会使消费者提高对产品的认知程度。

3. 决策阶段。通过对产品特性的分析和认识，消费者开始决策，即决定采用还是拒绝采用该种创新产品。他可能决定拒绝采用，此时又有两种可能：

① 以后改变了态度，接受了这种创新产品；

② 继续拒绝采用这种产品。

他也许决定采用创新产品，此时也有两种可能：

① 在使用之后觉得效果不错，继续使用下去；

② 使用之后发现令人失望，便中断使用，可能改用别的品牌，也可能干脆不使用这类产品。

4. 实施阶段。当消费者开始使用创新产品时，就进入了实施阶段，在决策阶段，消费者只是在心里盘算究竟是使用该产品还是仅仅试用一下，并没有完全确定。到了实施阶段，消费者就考虑以下问题了："我怎样使用该产品？"和"我如何解决操作难题？"这时，企业市场营销人员就要积极主动地向消费者进行介绍和示范，并提出自己的建议。

5. 证实阶段。人类行为的一个显著特征是，人们在作出某项重要决策之后总是要寻找额外的信息，来证明自己决策的正确。消费者购买决策也不例外。为了说明问题，这是借用一下不和谐理论中的"认识不和谐"概念。

认识不和谐是指两种或两种以上的认识互不一致或者其中某种认识与一个人的行为相抵触所产生的紧张不安的心理状态。这些认识包括人们对周围事物所持的观念、情感和价值取向等。只要这些认识相互不一致，或者某种认识与一个人的行为不相吻合，不和谐就产生了。不和谐是一种心理不平衡状态，它会造成心理紧张，而心理紧张又促使人们去努力消除这种紧张，从而使心理状态由不平衡（或不和谐）转向平衡（或和谐）。

在创新决策之后存在的不和谐，称为决策后不和谐。由于消费者面临多种选择方案，而每一种方案又都有其优点和缺点，所以只要消费者选择其中的一个方案，不和谐就会发生。在决策之后，消费者总是要评价其选择行为的正确与否。在决策后的最初一段时间内，消费者常常觉得有些后悔，他或她会发现所选方案存在很多缺陷，而认为未选方案有不少优点。事实上，如果再给一次机会，他或她会选择其他方案。不过，后悔阶段持续时间不长便被不和谐减弱阶段所代替。

此时，消费者认为已选方案仍然较为适宜。

在整个创新决策过程中，证实阶段包括了决策后不和谐、后悔和不和谐减弱三种情况。消费者往往会告诉朋友们自己采用创新产品的明智之处，倘若他或她无法说明采用决策是正确的，那么就可能中断采用。

消费者采用新产品的模式，如图 7－1 所示。

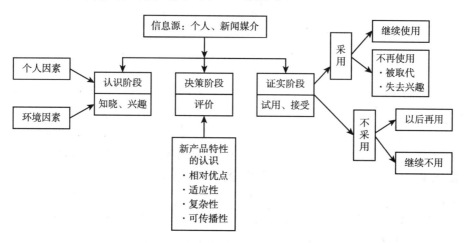

图 7－1　消费者采用新产品的模式

（二）消费者对新产品接受的类型分型：

当新产品问世后，企业应认识到不同的消费者对新产品的反映和接受程度是不同的。有的消费者对新生事物接受很快，乐于首先使用，而大多数消费者在对新产品尚未充分认识之前一般不会轻易购买，以免蒙受不必要的损失。据有关研究资料分析表明，消费者对新产品的接受程度大致可分为五个类型：创新采用者（简称为"创用者"）、早期采用者、早期大众、晚期大众和落后采用者（见图 7－2）。同时，从新产品上市算起，采用者的采用时间大体服从统计学中的正态分布，约有 68% 的采用者（早期大众和晚期大众）落入平均采用时间加减一个标准差的区域内，其他采用者的情况类推。尽管这种划分并非精确，但它对于研究扩散过程有着重要意义。

1. 创新采用者。该类采用者处于距离平均采用时间两个标准差以左的区域内，占全部潜在采用者的 2.5%。任何新产品都是由少数创新采用者率先使用，因此，他们具备如下特征：（1）极富冒险精神；（2）收入水平、社会地位和受教育程度较高；（3）一般是年轻人，交际广泛且信息灵通。

企业市场营销人员在向市场推出新产品时，应把促销手段和传播工具集中于创新采用者身上。如果他们采用的效果较好，就会大力宣传，影响到后面的使用者。不过，找出创新采用者并非易事，因为很多创新采用者在某些方面倾向于创新，而在其他方面可能是落后采用者。

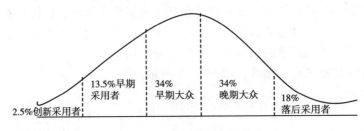

图7－2　新产品采用者的类型

2. 早期采用者。早期采用者是第二类采用创新的群体，占全部潜在采用者的13.5%。他们大多是某个群体中具有很高威信的人，受到周围朋友的拥护和爱戴。正因如此，他们常常去收集有关新产品的各种信息资料，成为某些领域的舆论领袖。这类采用者多在产品的介绍期和成长期采用新产品，并对后面的采用者影响较大。所以，他们对创新扩散有着决定性影响。

3. 早期大众。这类采用者的采用时间较平均采用时间要早，占全部潜在采用者的34%。其特征是：（1）深思熟虑，态度谨慎；（2）决策时间较长；（3）受过一定教育；（4）有较好的工作环境和固定收入；（5）对舆论领袖的消费行为有较强的模仿心理。他们虽然也希望在一般人之前接受新产品，但却是在经过早期采用者认可后才购买，从而成为赶时髦者。由于该类采用者和晚期大众占全部潜在采用者的68%，因而，研究其消费心理和消费习惯对于加速创新产品扩散有着重要意义。

4. 晚期大众。这类采用者的采用时间较平均采用时间稍晚，占全部潜在采用者的34%。其基本特征是多疑。他们的信息多来自周围的同事或朋友，很少借助宣传媒体收集所需要的信息，其受教育程度和收入状况相对较差，所以，他们从不主动采用或接受新产品，直到多数人都采用且反映良好时才行动。显然，对这类采用者进行市场扩散是极为困难的。

5. 落后采用者。这类采用者是采用创新的落伍者，占全部潜在采用者的18%。他们思想保守，拘泥于传统的消费行为模式。他们与其他的落后采用者关系密切，极少借助宣传媒体，其社会地位和收入水平最低。因此，他们在产品进入成熟期后期乃至进入衰退期时才会采用。

根据对各类消费者就新产品接受程度问题的研究，企业在推出新产品时，应特别注意"最早购买者"和"早期购买者"的生活方式和心理特征，使企业制定的市场营销策略能首先吸引这类消费者采取购买行为，进而通过"相关群体"的作用去影响大多数目标消费者，这里需要指出的是，不同产品的"最早购买者"和"早期购买者"可能是有很大差别的，如新潮服装的最早消费者通常是经济已经独立的单身未婚青年，而儿童用品的最早购买者通常是"三口之家"的年轻父母，这两类人的生活方式和心理特征是有一定区别的。

（三）新产品开发的风险

新产品研制对一个企业具有十分重要的意义，企业应有充分的信心及足够的勇气去开发新产品，这也是一企业生存和发展所必需的，但新产品开发工作又具有相当大的风险，即新产品上市后是否会获得成功，能否在其寿命周期过程中给企业带来满意的利润，这也是企业所十分关心的问题。据美国一个工业设计公司统计，近几年来，有相当部分的产品在市场上遭到失败，其中开发消费品新产品的失败率为40%，开发工业用品失败率为20%，开发服务业新产品的失败率为18%。例如，美国福特汽车公司曾研制和出售一种名为"爱德赛"牌的小汽车，不幸遭到失败，损失达3.5美元。

在现代市场条件下，激烈的市场竞争意味着，如果企业不开发新产品，那么企业将要冒很大的风险，甚至是死路一条。这些企业将会发现，消费者需求和口味不断变化，技术日新月异，产品生命周期日益缩短，竞争日趋激烈，企业的产品和企业本身将面临淘汰。

企业也必须认识到，进行新产品开发同样也具有很大的风险。国外的研究表明新产品的开发失败率是相当高的。实践中也是如此。较高的失败率使许多企业止步不前，惶惶不安。究其原因主要有：

（1）市场分析失误。目标市场选择不准，或者对目标市场的需求估计过高，前期的市场调查和预测不准确，造成信息失真，没有把握消费需求的变化趋势。

（2）产品本身的缺陷。新产品没有达到设计要求，或者没有特色，性能和质量不能满足要求。

（3）开发成本太高，新产品开发成本超过预算成本，产品投产后不能给企业带来满意的利润。

（4）营销策略失败。在新产品投入市场的过程中，营销组合策略严重失误，造成产品定位偏移，产品价格过高，上市时机不合适，销售渠道不畅，销售力量薄弱，促销不力，等等。

（5）竞争激烈。竞争对手的实力太强，竞争十分激烈，超出企业的预计。企业在竞争中处于劣势，导致新产品投放市场失败。

一方面，新产品的开发风险是越来越大了，对任何企业都是一种巨大的挑战；另一方面，企业为了使新产品开发成功，所需解决的问题和面临的困难也越来越多。

（1）缺乏新的思想、构思和灵感，好的创意越来越少。

（2）市场过于细分，激烈的竞争导致市场更加细分化，企业不得不把新产品对准较小的细分市场，这意味着每种产品只能得到较小的销售量和较少的利润。

（3）新产品开发的限制、标准越来越多，如消费者安全、节省资源、加强环保和生态平衡等。

（4）新产品开发的高投入、高成本和高代价，企业不能提供或筹集真正创新研究所需的资金。所以热衷于产品的改型和仿制，而不愿从事真正的创新工作。

（5）产品的成熟期缩短，当一种新产品成功后，竞争者会很快地进行模仿，从而缩短了新产品的成长阶段，使企业不能获得预期的收益。

对于新产品开发中的风险，企业不能回避，必须重视，这将有助于新产品开发工作的顺利进行，提高新产品开发的成功率。

第三节　新产品开发程序及营销策略

新产品的开发是一项艰苦而又复杂的工作，它不仅要投入大量的资金，冒很大的风险，而且直接关系到企业的经营成败。为此，为了减少新产品的开发成本，取得良好的经济效益，必须按照科学的程序来进行。开发新产品的程序因企业的性质、产品的复杂程度、技术要求及企业的研究与开发能力的差别而有所不同。

科学合理的安排新产品开发的程序，是取得成功的必要条件。开发新产品是一个从寻求新产品构思开始，一直到把某个构思转变为商业上取得成功的新产品为止的前后连续的过程。一般企业研制新产品的管理程序大致如图 7 - 3 所示。

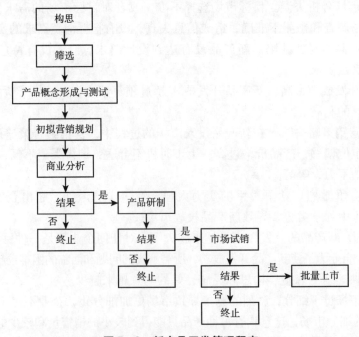

图 7 - 3　新产品开发管理程序

在新产品开发研制过程流程图中，需注意以下两个问题：

1. 新产品开发研制过程的各个阶段并不是一个固定的模式，即企业在开发新产品时并不一定要按顺序经过各个阶段。如对某些新产品来说，由于其特殊的性质或企业对新产品的市场销售有相当的把握，就可不经过市场试销而直接大批量投放市场。

2. 从新产品开发研制过程的第二个阶段开始，每个阶段都有"Y"（是）和"N"（否）两种可能，对经过详细分析和论证认为是不好的，应及早终止，这样可以将新产品开发工作失败的风险消灭在萌芽状态，从而尽可能减少新产品开发的损失。

一、新产品构思

1. 新产品构思的来源。开发新产品首先需要有充沛的创造性构思（也称创意、设想，俗称点子），搜集的新产品构思越多，则从中选出最合适、最有发展希望的构思的可能性也越大。

这是企业新产品开发工作的第一步，它是根据市场需求状况、市场竞争态势、企业自身条件等因素综合考虑所提出的大量的可能开发的新产品。企业为征集到有价值的产品构思，就必须在其日常工作中注意各种新构思的收集工作。这项工作包括了新产品构思的来源、新产品构思的传递以及必要的新产品构思的反馈。

企业能否搜集到丰富的新产品构思，不在于意外的发现和偶然的机会，关键在于企业必须有鼓励人们提建议、出点子的制度以及建立一种系统化的程序，使寻求来的任何新产品构思都能被产品开发部门所了解。

新产品构思的来源是多方面的，主要包括：

（1）顾客。企业营销人员可以通过观察和倾听顾客的需求，分析顾客对现有产品提出的批评和建议，形成新产品构思。

（2）竞争者。竞争产品、竞争者的成败可以为新产品构思提供借鉴，企业应博采众长，为我所用。

（3）企业营销人员。他们密切接触市场，了解顾客需求，熟悉竞争情况，最有发言权，往往成为新产品构思的最好来源之一。

（4）企业高级管理人员。他们所处的地位使他们最明确公司的发展方向及所需要的产品构思。

（5）经销商。经销商掌握顾客要求和市场竞争等方面的第一手资料，也能提供市场上有关新技术、新工艺、新材料等信息，对帮助企业构思新产品往往会有很大启发。

2. 新产品构思的方法。一个真正好的构思来自于灵感、勤奋和必要的技巧。

在许多情况下，能够灵活运用各种产生新构思的技巧，往往会得出满意的构思。产生新构思的技巧通常有以下几种：

（1）产品属性列举法。通过列举现有产品之所以能够满足消费者需求所具有的各种主要属性，然后对每一种属性进行分析，看是否有可能加以改进，从而找到一个改进后的新产品设想。如一把普通的螺丝刀，它的属性是一个圆的、钢制的杆，一个木头的柄，操作时为了提供转力矩。为了更好地体现螺丝刀的功效，我们可以考虑以下改进：将圆的、钢制的杆的一端由"－"改成"＋"，以提供更大的转力矩；将木头圆手柄改为便于手握紧的形状；将手工动力改为电动力的电动螺丝刀；等等。在使用这种技巧时，我们主要是考虑有没有改进的可能、是否有替代物品，将其微型化、大型化、自动化、节能化的可能性等方面。

（2）强行联系法。有些产品的特征，表面看似乎无任何联系，但只要进一步考虑，将两种或两种以上产品的全部或部分特征联系在一起，就有可能产生新的设想。例如，市场上大量出现的二合一、三合一洗发护发香波。再如，有一个比利时商人就将地毯和指南针联系在一起，生产出一种供阿拉伯国家外出人员携带使用的产品，他在一块精美的小地毯上镶嵌了一个"指南针"，当然这个指南针并不是总指向南方，而是总指向麦加，满足了外出的伊斯兰教徒对圣灵虔诚的需要，从而获得了可观的利润。

（3）消费者问题分析法。许多企业都设有消费者信箱，以征求消费者的意见，对企业来说，在广泛收集消费者意见的基础上，有目的地加以分析、从中找出具有共性的问题，这很可能就是新产品设想的来源。

（4）头脑风暴法。它是通过召开专家座谈会，集中专家意见，帮助人们产生产品构思的方法。一般来说，参加讨论的专家人数以6～10人为宜，会议时间在1小时左右，会议主持人提供有关的背景材料和主要议题，激发与会者提出一个又一个构思，构思越多越好，思路越广越好，在会议上不作任何评价。这种方法有利于专家之间相互启发，提出更多的构思。

（5）提喻法。这也是一种召开专家会议进行讨论的方法，所不同的是，这种方法是循序渐进，由表及里，首先启发与会者的联想，逐渐接近并最终提出所要解决的问题的答案。

二、筛选新构思

企业在广泛征询新产品设想的基础上，必须对各种新产品构思进行筛选，也就是根据企业的资源和长期目标决定取舍。对新产品构思进行筛选时，应当努力避免两种偏差：一是对某些好的构思的潜在价值估计不足，以致漏选，失去盈利机会；二是误选了没有很大发展前途的新产品，仓促投产，造成失败。

进行有效的筛选，必须综合考虑很多因素，这些因素有企业自身的内部因素，也有企业外部的环境因素，对于企业内部因素比较好把握，而对于企业外部因素就很难预计。下面我们介绍一种西方企业采用较多的对产品设想进行评价和筛选的方法——新产品构思评分法。这种方法主要是针对企业内部的情况对企业实力进行恰当的分析，并结合一些评价项目，用加权法算出该评价产品构思的得分。

表7-1第一栏列出了新产品成功地进入市场必须具备的因素；第二栏是企业的管理部门给这些因素规定的不同权数，以反映各因素的相对重要性；第三栏是对企业本身的能力所做的从0.1~1.0的评价，如认为企业的营销能力很强，则给予很高的评分（0.9），而地理位置与设备能力较差，给予较低的评分（0.3）；最后的第四栏是将企业能力水平乘以成功因素的重要性权数，相加后就得到该构思的得分总数（本例为0.72）。然后再根据一定的标准（如0~0.40为差；0.41~0.75为较好；0.76~1.00为好）将该构思划分等级，并根据得分的高低进行取舍。值得注意的是该评分表设定的最低合格定值为0.70，即能通过筛选的构思的最低得分应为0.70，否则就应放弃，以减少风险。

表7-1　　　　　　　　　　　　新产品构思评分表

产品成功的必要因素	相对权数（A）	企业的能力水平（B）											评分（A×B）
		0	0.1	0.2	0.3	0.4	0.5	0.6	0.7	0.8	0.9	1.0	
企业信誉	0.2							√					0.120
营销能力	0.2										√		0.180
研究开发	0.2								√				0.140
人　　员	0.15							√					0.090
财　　力	0.10										√		0.090
生产能力	0.05									√			0.040
位置和设备	0.05				√								0.015
原材料供应	0.05										√		0.045
合　　计	1.00												0.720

注：评分等级：0.00~0.40为差；0.41~0.75为较好；0.76~1.00为好，目前最低合格定值为0.70。

企业在对各个新产品设想进行评分后，再结合考虑一些无法量化的、但对新产品开发工作又有较大影响的其他一些因素，从较高分值的新产品构思中选择一个或几个进入新产品开发研制过程的下一个阶段。

三、新产品概念的形成与测试

构思经过了筛选后，需要将其发展成产品概念。因为产品的构思仅仅是一种可能的产品设想，企业在产品开发时必须将这种设想发展成为更明确的新产品概念。产品概念是指企业从消费者的角度对这种构思所做的相似描述，即用对消费者有意义的术语表达产品的构思。然后再将产品概念发展成产品形象，即消费者能得到的实际产品或潜在产品的特定形象。

新产品构思经过筛选后，需进一步发展形成更具体、明确的产品概念，这是开发新产品过程中最关键的阶段。产品概念是指已经成型的产品构思，即用文字、图像、模型等予以清晰阐述，具有确定特性的产品形象。一个产品构思可以转化为若干产品概念。

如一家食品公司获得一个新产品构思，欲生产一种具有特殊口味的营养奶制品，该产品具有高营养价值，特殊美味，食用简单方便（只需开水冲饮）的特点。为把这个产品构思转化为鲜明的产品形象、公司从三个方面加以具体化：

（1）该产品的使用者是谁？即目标市场是婴儿、儿童、成年人还是老年人？

（2）使用者从产品中得到的主要利益是什么？（营养、美味、提神或健身等）

（3）该产品最宜在什么环境下饮用？（早餐、中餐、晚餐、饭后或临睡前等）

这样就可以形成多个不同的产品概念，如：

概念1：为"营养早晚饮品"，供想快速得到营养早餐而不必自行烹制的成年人饮用。

概念2：为"美味佐餐饮品"，供儿童作午餐点心饮用。

概念3："健身滋补饮品"，供老年人夜间临睡前饮用。

企业每一个新产品概念都要进行市场定位，以便具体分析该产品与市场上哪些现有产品发生竞争，并据此制定产品或品牌定位策略。

企业要从众多新产品概念中选择出最具竞争力的最佳产品概念，这就需要了解顾客意见，进行产品概念测试。

概念测试一般采用概念说明书的方式，说明新产品的功能、特性、规格、包装、售价等，印发给部分可能的顾客，有时说明书还可附有图片或模型。要求顾客就类似如下的一些问题提出意见：

（1）你认为本饮品与一般奶制品相比有哪些特殊优点？

（2）与同类竞争产品比较，你是否偏好本产品？

（3）你认为价格多少比较合理？

（4）产品投入市场后，你是否会购买（肯定买，可能买，可能不买，肯定不买）？

（5）你是否有改良本产品的建议？

概念测试所获得的信息将使企业进一步充实产品概念，使之更适合顾客需要。概念测试视需要也可分项进行以期获得更明确的信息。概念测试的结果一方面形成新产品的市场营销计划，包括产品的质量特性、特色款式、包装、商标、定价、销售渠道、促销措施等；另一方面可作为下一步新产品设计、研制的根据。

四、初拟营销规划

新产品主管部门在新产品概念形成和通过测试之后，必须拟定一个把这种产品引入市场的初步市场营销规划，并在未来的发展阶段中不断完善。初拟的营销规划包括三个部分：

第一部分是描述目标市场的规模、结构、消费者的购买行为、产品的市场定位以及短期的销售量、市场占有率、利润率预期等；

第二部分是概述产品预期价格，分配渠道及第一年的营销预算；

第三部分是阐述较长期（如 5 年）的销售额和投资收益率，以及不同时期的市场营销组合策略。

五、商业分析

商业分析是根据所需投资、预期销售额、成本、价格、利润、预期投资收益等，对新产品构思进行更加详细的实质性的经济分析。除此之外，商业分析还必须估计现有的潜在竞争，从研究现在的竞争状况开始，评价主要竞争者的长处和短处，进而分析主要竞争者和潜在竞争者的状态，以此作为对产品长期销售趋势预测的基础。

商业分析实际上是经济效益分析。其任务是在初步拟定营销规划的基础上，对新产品概念从财务上进一步判断它是否符合企业目标。这包括两个具体步骤：预测销售额和推算成本与利润。

预测新产品销售额可参照市场上类似产品的销售发展历史，并考虑各种竞争因素，分析新产品的市场地位、市场占有率，以此来推测可能的销售额。在推算销售额时，应将几种风险系数都考虑进去。可采用新产品系数法，其公式为

$$R = A \cdot B \frac{C \cdot (D - V) \cdot E}{F}$$

式中：R——新产品系数；

A——技术上成功的概率；

B——商业上成功的概率；

C——预期的年销售量；

D——预期价格；

V——变动成本；

E——产品生命周期；

F——固定成本总额。

上式中 C×(D-V)×E 的积是收入总额，然后除以 F，其商就是该产品生命周期内得到的收入为预付初始投资的倍数，这个数值就是产品系数。A 和 B 两个概率，一般由企业主管人员加以确定，其数值在 0~1 之间，它们的变动影响产品系数，反映着新产品开发的风险。由于风险大小与产品系数成反比，所以新产品系数越大，则盈利可能性越大。

预测销售额除了产品系数分析法，还应考虑不同产品的再购率，即新产品是一定时期内顾客只购买一次的耐用品，还是购买频率不高的产品，或是购买频率很高的产品。不同的购买率，会使产品销售在时间上呈不同的销售曲线。

在完成一定时期内新产品销售额预测后，就可以推算出该时期的产品成本和利润收益。成本预算主要指通过市场营销部门和财务部门综合预测各个时期的营销费用及各项开支，如新产品研制开发费用、销售推广费用、市场调研费用，等等。根据成本预测和销售额预测，企业即可以预测出各年度的销售额和净利润。审核分析该项产品的财务收益，可以采用盈亏平衡分析法、投资回收率分析法、资金利润率分析法，等等。

六、新产品的研制

企业慎重地选定最佳产品概念后，送交研制部门或生产制造部门，制成产品模型或样品。产品研制过程是企业新产品开发过程中的一个非常重要的阶段，因为只有通过产品研制，才能使文字上的产品概念描述变成产品实体；才能正式判断由产品概念转化为产品实体在技术上是否可行；才能真正估计产品的生产成本，以及企业是否能够得到满意的销售量和利润。由于产品研制通常需要花费大量的人力、物力和财力，所以企业应十分重视这一阶段的管理。

企业产品研制工作的主要内容包括以下三个方面：

（1）制作产品模型或样品并交由消费者试用。产品模型或样品应具有产品概念描述中所规定的所有特征，同时在经济上、技术上是可行的。此后，将研制成功的产品模型或样品交由消费者试用，企业详细收集消费者在使用过程中所遇到和各种问题，这些问题往往是在研制过程中未曾出现的，据此对产品设计进行改进。

（2）设计牌名。产品的牌名，并不是产品的一种可有可无的附属物，而应该是产品整体的不可缺少的部分。产品的牌名设计必须具备自己的特点，要在能充分表达产品特殊优点的基础上，力求简洁、容易辨认、容易记忆，并要尽可能与众不同，体现自身独特的风格。

（3）包装设计。包装同样是产品整体的重要组成部分，它不仅是保护产品、美化产品和便于使用所必需的，而且被称作"无声的推销员"。包装设计也要体现产品的独特个性。

应当强调，新产品研制必须使模型或样品具有产品概念所规定的特征，应进行严格的测试与检查，包括专业人员进行的功能测试和消费者测试。功能测试主要在实验室进行，测试新产品是否安全可靠；性能质量是否达到规定的标准；制造工艺是否先进合理等。消费者测试是请消费者加以试用，征集他们对产品的意见。这两种测试的目的都在于对样品做进一步的改进。

七、市场试销

新产品经过消费者试用满意后，企业通常要制造少量正式产品，投入一定范围的市场进行试销。当然有些产品需要试销，有些产品不需要试销；有些产品益于试销，有些产品不益于试销。通常情况下，对产品的成功有相当的把握的，可不必试销，若对新产品的成功与否可能性各占一半时，就应该进行试销，试销所花费的费用从全局来看是合算的。

经过测试合格的样品即为正式产品，应投放到有代表性的小范围市场上进行试销，以检验新产品的市场效率，作为是否大批量生产的依据。当产品的成本很低，对新产品非常有信心，由比较简单的产品线扩展或模仿竞争者的产品时，企业可以不进行或进行很少量的试销。但是，投资很大的产品或企业对产品或营销方案信心并非很足时，就必须进行为时较长的试销。如美国利华（Lever USA）公司把它的产品"利华2000"条形肥皂向全世界推广之前，在亚特兰大试销了两年。

新产品试销前，必须对以下问题做出决策：

（1）试销地点的选择。选择试销的范围宽度，一般来说，应选择收入居于中等水平、具有代表性的地区。如果选择城市，选择三四个比较合适。

（2）试销时间的长短。从产品特征、竞争者情况和试销费用来考虑，如果是重复购买的产品，至少要试销一两个购买周期。

（3）试销所需要的费用开支。

（4）试销的营销策略及试销成功后进一步采取的行动等。

在试销过程中，企业要注意收集有关资料：（1）在有竞争的情况下，新产品试销情况及销售趋势如何，同时与原定目标相比较，调整决策；（2）哪一类顾客购买新产品，重购反映如何；（3）对产品质量、品牌、包装还有哪些不满意；（4）新产品的试用率和重购率为多少，这两项指标是试销成功与否的判断值，也是新产品正式上市的依据（见图7-4）；（5）如果采用几种试销方案，选择比较适合的方案。

试用率	再购率
高	高
高	低
低	高
低	低

图 7 - 4　新产品试用率/再购率矩阵

对以上四种情况，企业的营销策略可依次考虑从以下四个方面加以制定：第一种情况，为产品试销成功，应抓紧有利时机迅速大批量投放市场；第二种情况，产品确能满足消费者的潜在需求，但尚有需改进之外，应采取相应措施，改进后迅速投放市场；第三种情况，产品也是消费者所需要的，但广告促销策略制定不当，没有树立起该新产品良好的市场形象，可考虑重新制定促销策略，以大规模的促销为前提，投放市场；第四种情况，说明这一新产品没有多大发展前途，应尽早放弃，并以此为鉴作为今后开发新产品的教训。

八、正式投放市场

新产品在市场试销中成功后，企业可以正式投入批量生产，把新产品全面推向市场。一旦企业决定把新产品正式投入市场，企业就必须再次投入大量的资金，用于建设或租用全面投产所需的设备和投入大量的市场营销费用。在新产品投放市场阶段企业要对下列重大问题进行决策：

（一）投放时机

企业要选择什么时间将新产品投入市场是最适宜的。投放时机的把握，对新产品最初的销售量影响很大。一般来说，对季节性较强的新产品，投入时机应选择在旺季，以便尽快提高销售量，如新产品投放市场是为了填补一个需求很强的市场空白，就应尽早投放市场，以便在其他产品进入前形成优势。换代新产品的投放时机更应注意，一般在老产品处在成熟期的中期时，便应开始开发、投入新产品，这样一方面可以利用老产品的收益补偿新产品投入时期的亏损，另一方面在老产品进入衰退期时，新产品已进入成长期，保证了企业的整体效益。

（二）投放地区

企业一般要制订市场投放计划，特别是中小企业。企业应该选择最有引力的市场首先投放。在选择投放地区时，要考察市场潜力、企业在该地区的声誉、投放成本、该地区对其他市场的影响等。通常，企业应集中在某一地区市场上投放新产品，然后再向其他地区辐射。如果企业资金雄厚，销售网络广阔，对新产品的成功有较大的把握，也可以直接在全国或更大范围的市场上同时投放。

（三）向谁投放

在新产品投放市场时，企业必须将其分销和促销目标对准最有希望的购买群体。其目的是利用这些顾客来带动一般顾客。以最快的速度，最少的费用，扩大新产品市场占有率，企业可以根据市场试验的结果，来发现最有希望的顾客。对新产品来讲，最有希望的顾客群体一般具备以下的特征：（1）早期采用者；（2）大量使用者；（3）新观念倡导者或舆论领袖。当然，完全符合这些条件的顾客往往很少，但是企业可以根据这些特点去寻找相对最好的目标顾客群体，以使新产品在投入市场的初期发展得比较顺利。

（四）投放方式

企业要制定新产品开始投放时的市场营销战略。企业首先要对各项市场营销活动分配预算，其次规定各种营销活动的组合顺序，从而有计划地开展市场营销管理。

第八章　价格策略

产品的价格是整个营销组合的基本组成部分，因为它是产品之间可以进行快速比较的一个因素。消费者通常广泛地把它用来判断商品和服务，尽管价格策略只是营销组合的一个组成部分，并不是影响消费者选择的唯一因素，但价格策略的确非常重要。影响价格的因素及企业如何给产品定价、如何调整价格很大程度上左右着营销的成败。

价格是市场营销组合的重要因素，价格在很大程度上决定着产品能否畅销，以及产品销售的数量与利润。价格对买主来说，是决定一种产品是否具有吸引力的重要因素；对卖主来说，是竞争的重要手段。企业应时常关注价格问题，因为在价格上的决策失误，往往会削弱一个企业，甚至会使企业陷入困境。

价格策略是市场营销组合中非常重要并且独具特色的组成部分。价格通常是影响商品交易成败的关键因素，同时又是市场营销组合中最难以确定的因素，这是因为，企业定价是为了促进销售，获取利润，这就要求企业既要考虑成本的补偿，又要考虑消费者对价格的接受能力，因而使价格策略具有买卖双方双向决策的特征；同时，企业定价还要考虑主要竞争对手的价格策略，价格还是营销组合中交活跃的一个因素。市场营销学对价格的规定突出了价格的"灵活性"，认为价格要对市场变化做出灵敏的反应。当然，作为企业整体营销策略的组成部分，价格策略需要与其他策略及产品定位相协调。企业价格的确定，以消费需求为前提，以成本费用为基础，以竞争价格为参照。价格策略的形成过程，体现了科学与艺术的统一。

第一节　影响企业定价的因素分析

价格是一种价值的考察——通常是指以金钱作衡量——也就是顾客愿意花多少钱来获得一项产品。价格与市场需求、竞争力以及包括制造、开发、营销在内的生产成本均有很大关联。决定价格前，生产可能会先设定最低和最高价钱的范围，最低售价由生产者决定，最高售价则取决于消费者的需求。企业内部和周围环境是影响产品价格的最直接的因素。

一般来讲，当企业要将其新产品投入市场时，或者将某些产品通过新的途径投入市场或新的市场时，或者竞争投标时，都必须给其产品制定适当的价格。为了有效地开展市场营销活动，促进销售收入的增加和利润的提高，还需对已经制定的基本价格进行修改。价格是市场营销组合因素中十分敏感而又难以控制的因素，它直接关系着市场对产品的接受程度，影响着市场需求和企业利润的多少，涉及生产者、经营者、消费者等各方面的利益。

影响定价的因素是多方面的，包括定价目标、成本、其他市场营销组合因素等。在此，我们对每一个主要因素进行分析研究。

一、影响定价的内在因素

1. 营销目标。在定价之前，公司必须决定推出产品的目标是什么？假如公司已谨慎地选定目标市场及确定产品的市场定位，则营销组合政策（包括价格在内），可以说已相当明确了。例如，假定通用汽车公司决定针对富有的顾客群推出新的跑车与欧洲制造的跑车一较高下，就必须选择高价位；红屋顶客栈（Red Roof Inn）将自己定位成为重视预算的旅客提供经济客房的汽车旅馆，这种定位需收费低廉才行得通。所以在决定市场定位过程中，定价策略已大致决定了。

概括起来，企业的定价目标大致有以下几种：

（1）追求盈利最大化。即企业追求一定时期内可能获得的最高盈利额。盈利最大化取决于合理价格所推动的销售规模，因而追求盈利最大化的定价目标并不意味着企业要制定最高单价。

在此目标下，企业经理决定商品售价时主要考虑按何种价格出售可以获得最大的利润，而对市场竞争的效果，在社会上、顾客中产生的影响等考虑较少。因此，当企业及产品在市场上享有较高的声誉，在竞争中处于有利地位时，追求最大盈利的定价是可行的。然而市场供求和竞争状况总会变化，产品也不断更新，任何企业都不能永远保持其绝对的垄断优势。在更多的情况下，企业把追求盈利最大化作为一个长期定价目标，同时选择一个适应特定环境的短期目标来制定价格。

（2）短期利润最大化。某些具有独创性，技术先进的新产品，刚刚投入市场时，通过制定较高的市场价格可以快速获取市场利润，在短期内取得尽可能多的利润。在此目标下的定价策略被称为"撇脂定价"。除了产品本身的特点以外，撇脂定价还需要预测市场需求和竞争情况，即存在一个可以以较高价格接受该产品的顾客群，同时由于技术障碍等原因在短期内高价格不会吸引更多的竞争对手。

（3）实现预期的投资回报率。投资回报率反映企业的投资效益。企业对所投入的资金，都期望在预期时间内分批收回。为此，定价时一般在总成本费用之外加上一定比例的预期盈利。在产品成本费用不变的条件下价格高低即取决于企业确定的投资回报率的大小。因此，在这种定价目标下，投资回报率的确定与价格水平直接相关。投资回报率的确定根据企业的具体情况会有所不同。通常，确定投资回报率需要考虑以下几个因素：企业的资本成本、行业平均的投资回报率和投资回收期等。

（4）提高市场占有率。市场占有率是企业经营状况和产品竞争力状况的综合反映。较高的市场占有率可以保证企业产品的销路，便于企业掌握消费需求变化，易于形成企业长期控制市场和价格的垄断能力，并为提高企业盈利率提供了可靠保证。事实证明，紧随着高市场占有率的往往是高盈利率。提高企业市场占有率比短期高盈利意义更为深远，正因为如此，提高市场占有率通常是企业普遍采用的定价目的。以提高市场占有率为定价目标，在短期内会影响企业利润，因为在此目标下，企业或以低价打入市场，开拓销路，逐步占领市场；或以高价进入市场但辅以高强度的促销宣传。

（5）实现销售增长率。在其他条件不变的情况下，销售增长率的提高与市场份额的扩大是一致的。因此，追求一定的销售增长率也是企业的重要目标之一，特别是在新产品进入市场以后的一段时期内。但由于竞争激烈的市场经常变化，市场份额的高低更多地取决于本企业与竞争对手的销售额对比状况，而且，销售增长率的提高也不必然带来利润的增加。因此，企业应结合市场竞争状况，有选择地实现有利可图的销售增长率。企业还可以通过降低某种商品价格的做法来实现总销售额增长的目标。这是零售商店经常采用的做法。

（6）适应价格竞争。价格竞争是市场竞争的重要方面。因此，处在激烈市场竞争环境中的企业经常根据竞争对手的价格策略，以适应价格竞争作为定价目标。实力雄厚的大企业利用价格竞争排挤竞争者，借以提高其市场占有率；经济实力弱小的企业则追随主导的竞争者价格或以此为基础做出抉择。在低价冲击上，一些企业被迫退避三舍，另辟蹊径开拓市场。

（7）保持营业。以保持企业能够继续营业为定价目标，通常是企业处于不利环境中实行的一种缓兵之计，当企业受到原材料价格上涨、供应不足、新产品加速替代等方面的猛烈冲击时，产品难以按正常价格出售。为避免倒闭，企业往往推行大幅度折扣，以保本价格，甚至以亏本价格出售产品以求收回资金，维持营业，以争取到研制新产品的时间，重新问鼎市场。这种定价目标只能作为特定时期内的过渡性目标，一旦出现转机，将很快被其他目标所代替。

（8）稳定价格，维护企业形象。良好的企业形象是企业无形的资源与财富，是企业成功运用市场营销组合取得的消费者信赖，是长期累积的结果。有些行业的市场供求变化频繁，但行业中的大企业为维护企业信誉，往往采取稳定价格的做法，不随波逐流，给顾客以财力雄厚、靠得住的感觉。

2. 营销组合策略。价格是企业为了达到营销目标的营销组合策略中的一环而已。价格决策必须与产品设计、分销和促销决策互相协调，以组合成一套一致而有效的营销方案，其他营销组合的决策也会影响价格决策。公司常常先决定工其定价决策，然后再以此产品的价格决定其他的营销组合决策。例如，现代公司、本田公司和其他的低价车制造者发现市场上有一个廉价车的细分市场，于是便设计模型并根据此细分市场愿付的价格范围来销售。在这个例子当中，价格是一项重要的产品定位因素，它决定了产品的市场、竞争及设计，以及产品的功能特色和生产的成本。

因此，营销人员在定价时应考虑整个营销组合，如果产品是根据非价格因素来定位，则有关质量、促销和分销的决策将深深地影响价格。如果价格是一项关键性的定位因素，则价格将影响其他营销组合要素的决策。通常公司在制订营销方案时，多半会一起考虑所有的营销组合决策。

3. 成本。成本是公司为产品定价所设的下限，公司希望此价格能收回制造、分销、出售此产品所需的成本，包括努力与风险的正常报酬率。成本可能是公司定价策略上的重要因素，很多公司努力成为其行业的"低成本制造者"，由此可制定较低的价格以获取更多的销售额和利润。

提供产品或服务的成本也必然影响到定价决策，因为，除了为吸引顾客而亏本出售的商品以外，低于成本的定价将会给企业带来无法挽回的损失。在同一行业中的企业可能会有非常不同的成本结构，这会在其价格中反映出来。效率更高的企业就有可能将价格定得较低，所获得的市场份额也更大，或者产生的利润更高，使其能比高成本企业更快增加投资。

4. 组织的考虑。经营决策者必须决定企业中的哪些人要负责定价。定价的方式很多：在小公司里，价格通常是由高层主管而非营销或销售部门所决定的；在大公司里，定价则由部门经理或产品线经理来负责；在工业品市场，销售人员在特定的价格范围内有和顾客讨价还价的权力。即使如此，还是由高层主管来负责决定定价目标和政策，而较低层的管理者或销售人员所建议的售价也要由其核准。在定价成为关键因素的行业里（太空科技、铁路、石油公司），公司通常设有定价部门来决定售价或帮助他人来决定适当的价格，此部门隶属于营销部门或最高管理层；其他对定价具有影响力的经理人员包括销售经理、生产经理、财务经理和会计人员。

二、影响定价的外在因素

1. 市场需求因素。价格的高低关系到需求量从而销售量的高低，市场需求是影响定价的一个重要因素。不同商品的需求特点不同，消费者对价格会有不同的反应。

（1）需求的价格弹性。简称需求弹性，是指因价格变动而引起的需求相应的变动率，反映需求变动对价格变动的敏感程度。用 E_p 表示需求价格弹性，则：

$$E_p = \frac{需求量变动的百分比}{价格变动的百分比}$$

为比较需求价格弹性的大小，这里仅考虑 E_p 的绝对值。事实上，需求与价格的变动有方向问题，因而 E_p 有正负之分，并且大多数产品的正常 $E_p < 0$。

定价时考虑需求价格弹性的意义在于，不同产品具有不同的需求价格弹性。从其弹性的强弱的角度决定企业的价格决策。

图 8 − 1 分别表示不同弹性状态下需求的变化。

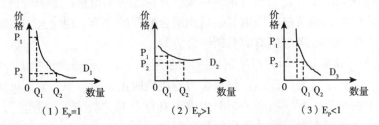

图 8 − 1　不同需求价格弹性状态下的需求变化

需求价格弹性的强性主要取决于以下影响因素：

① 商品的需要程度。需求价格弹性与商品需要程度成反比，生活必需品的需要程度高于一般商品，因而价格变化对其需求数量的影响小；反之，一般商品需求量与价格的相关程度则较大。

② 商品的替代性。需求价格弹性与商品替代性成正比。如果一种商品替代性强，其价格增高会引起消费需求向其他替代商品转移，反之亦然。这种需求转移加强了价格变动对该种商品需求量的影响。如果一种商品难以被替代，消费者只能提高对价格变动的承受能力，使需求量对价格的敏感程度下降。

（2）需求的收入弹性。简称收入弹改性，指因收入变动而引起的需求量的相应变动率。反映需求量的变动对收入变动的敏感程度，可用 E 表示。

$$E_y = \frac{需求量变动百分比}{收入变动百分比}$$

收入弹性也有强弱之分，主要有四种类型：（1）$E_y > 1$；（2）$E_y = 1$；（3）$E_y < 1$；（4）$E_y < 0$。需求量与收入二者一般成正比关系。前三种类型分别表示随收入变化，需求量较大幅度变化、等比例变化或较小幅度变化的情况。第四种类型是即将淘汰的商品或低档商品的需求特征，即随收入增加需求量绝对减少，呈反向变化。

不同商品有不同的收入弹性，其强弱程度主要取决于各项商品支出在既定收入水平当中的重要性及其构成。支出结构可分为三类：

① 固定支出，指消费者维持正常生理需要的开支。

② 可支配支出，指用于改善日常生活的经常性开支。

③ 可自由支配支出，指用于享受或满足更高层次消费需要的计划开支。从重要性角度看，三种支出依次递减。而重要性越强，其收入弹性越弱；反之，则收入弹性较强。

定位时考虑商品的需求收入弹性有着重要的意义。一方面，对于随收入变化而相应发生的不同商品需求量，企业应选择不同水平的价格，力求使价格变化与收入变化对需求量的影响相适应，达到销售量随收入增加而扩大的目的；另一方面，企业利用价格对实际收入的反向影响，适时调整价格，刺激高收入弹性商品的需求，实现更多的利润，在收入水平既定的条件下，降低高收入弹性商品的价格，意味着消费者用于这类商品的实际收入增加，需求量大幅度增长，企业可获薄利多销之利。而当收入水平增长较快时，用于高收入弹性商品的支出必定会大大增加，此时适当提高这类商品价格对需求量并无影响，企业可厚利与多销双收。例如，20 世纪 90 年代中期前，北京市由于居民收入水平相对较低，加上福利分房的政策尚未取消，造成大量商品房滞销。在 90 年代末，随着福利分房政策的取消和居民购买力水平的快速增长，尽管北京市商品房的价格不断上涨，需求依然十分旺盛，销售增长连续居全国首位。

（3）需求的交叉弹性。简称交叉弹性，指因一种商品价格变动引起其他相关商品需求量的相应变动率。交叉弹性用 $E_B P_A$ 表示；A 商品价格变动使 B 商品需求量相应变动的比率，即：

$$E_B P_A = \frac{B \text{ 商品需求量变动百分比}}{A \text{ 商品价格百分比}}$$

许多商品彼此在使用价值上相互关联，一种情况是互替相关，称为互替商品；另一种情况是互补相关，称为互补商品。

互替商品是消费中使用价值可以相互替代的商品，如纯棉服装与化纤服装。比价关系既定，不同的消费水平、偏好和习惯决定着对这些商品的不同需求量。然而当其中一种商品价格变化（如纯棉服装价格上升）时，一部分消费者会限于收入水平转而消费另一种商品（如化纤服装），从而导致纯棉服装需求下降，化纤服装需求上升。这种伴随一种商品价格变化，另一种商品需求量呈同方向变化的规律，使互替商品的交叉弹性为正值。

互补商品是消费中使用价值必须相互补充的商品，如照相机与胶卷。当其中一种商品价格变化（如照相机价格下降）时，不仅该种商品需求量变化（如照相机需求上升），而且另一种商品需求量也会发生相应变化（如胶卷需求上升）。这种伴随一种商品价格变化，另一种商品需求量呈反方向变化的规律使互补商品的交叉弹性为负值。

不同商品的交叉弹性各异，企业定价时就不仅要考虑价格对其自身产品需求量的影响，也要考虑市场上相关商品价格对其产品需求的影响。这些商品价格变化对企业产品需求在客观上起着增强或抑制的作用。特别是企业本身的产品线多，且相关程度高时，定价更要重视交叉弹性的影响，区别对待。互替商品的定价要同时兼顾各品种间需求量的影响，选择恰当的比价；互补商品定价则应错落有致，高低分明，以一种商品需求的扩大带动另一种商品需求的增加，从而兼获销售量增长与盈利水平不减之利。西方国家的一些厂家廉价供应灌装生产线、高价供应浓缩液，低价倾销汽车、高价供应零配件等均是采取此类定价策略。

2. 竞争者因素。一个企业在其经营活动中，常常受到竞争者的强有力的挑战。因此，竞争者的价格必然对企业的价格产生巨大的影响。

在不同的情况下，企业的竞争者的数量多寡不同，当企业处于完全垄断地位时，其竞争者个数为零；当企业处于完全竞争中时，其竞争者个数为无穷多。但这两种情况很少见，特别是后者，几乎是纯理论的，在大多数情况下，企业处于寡头垄断或垄断竞争的市场结构中，其竞争者的个数，介于完全垄断和完全部分之间，如图 8 - 2 所示。

完全垄断	寡头垄断	垄断竞争	完全竞争
0		竞争才个数增加	∞

图 8 - 2　竞争因素

竞争因素对定价的影响主要表现为竞争价格对产品价格水平的约束，可以这样说，在竞争激烈的市场上，价格的最低受成本约束，最高限受需求约束，介于两者之间的价格水平确定则以竞争价格为依据。

竞争对手也影响价格水平，因为他们给消费者提供了一个对自己用钱购买的商品进行比较的环境。对于竞争力强的产品来说，单个企业无法控制产品的定价，因为定价比竞争对手的高。销售就会受损；如果定价太低就会减少利润，除非已经形成规格经济。

3. 政府因素。企业制定价格的自由度受政府的限制。如在美国，拥有 25% 市场份额的企业要接受垄断委员会的调查，超额利润会受到处罚，企业可能会被勒令消减价格或改变政府认为是违反国家利润的那些营销策略。

各个国家都制定了一些有关物价的政策法规。这些政策法规，有的明确规定了商品的具体价格，有的规定了商品价格的上下限，还有的只规定了定价的原则，因家不设立专门的机构来执行，解释这些政策法规。国家政策法规及其招待机构无疑对企业的定价有着重大的直接影响。当然，随着我国社会主义市场经济的进一步发展，绝大部分物价将放开，上述影响将越来越小。

第二节 定价方法

公司所定的价格，必定是介于两个极端（一端为低到没有利润的价格，另一端为高到无人问津的价格）之间。图 8 − 3 综合说明定价的主要考虑因素：产品成本、竞争者价格与夫代品价格和消费者感受的产品价值。产品成本是定价的下限，消费者对产品价值的感受是定价的上限。公司必须考虑竞争者的价格及其他内在和外在因素，在两个极端间找到最适当的价格。

| 低价格
此价格下
无利可图 | 产品
成本 | 竞争者价格与
替代品价格 | 消费者感受
的产品价值 | 高价格
此价格下
无人问津 |

图 8 − 3 定价的三个主要考虑因素

定价方法是企业为实现其定价目标所采用的具体方法。鉴于价格的高低主要受成本费用、市场需求和竞争状况等三方面因素的影响，从对此三方面的不同侧重出发，各种定价方法可以归纳为成本导向、需求导向和竞争导向三类。

一、成本导向定价法

成本导师向定价以产品成本为定价基本依据，主要包括以下几种具体方法：

1. 加成定价法。加成定价法包括完全成本加成定价和进价加成定价。关者为蔬菜、水果商店普遍采用，方法是首先确定单位变动成本，再加上平均分摊的固定成本组成单位完全成本，在此基础上加上一定的加成率（毛利率）形成销售价格。计算公式为：

$$产品售价 = 单位完全成本 \times (1 + 成本加成率)$$

式中：$成本加成率 = \dfrac{售价 - 进价}{进货成本} \times 100\%$

进价加成定价是零售业（百货商店、杂货店等）流行一种做法。其计算公司为：

$$产品售价 = \dfrac{进货价格}{1 - 加成率}$$

式中：$加成率 = \dfrac{售价 - 进价}{售价} \times 100\%$

在这两种定价方法中，加成率的确定是定价的关键。一般来说，加成率的大小与商品的需求弹性和企业的预期盈利有关。需求弹性大的商品，加成率宜低，以求薄利多销；需求弹性小的商品，加成率可以稍高。在实践中，同行业往往形成一个为大多数商店所接受的加成率，例如美国香烟的加成率为20%，照相机为28%，等等。

加成定价法具有计算简单、简便易行的优点，在正常情况下，按此方法定价可使企业获取预期盈利。缺点是忽视市场竞争和供求状况的影响，缺乏灵活性，难以适应市场竞争的变化形势。特别是成本加成定价，加成率的确定仅从企业角度考虑，因而难以准确得知对应该价格水平的市场销售量，使固定成本费用的分摊难保其合理性。因此，加成定价法主要用于那些一次性生产，事先难以确定成本的产品。

2. 损益平衡定价法。损益平衡分析旨在在既定的固定成本、单位变动成本和价格条件下，确定能够保证企业收支平衡的产（销）量。收入平衡点也称损益平衡（或盈亏分界）点，如图8-4所示。图中，E 为盈亏分界点，Q 为保本销售量（称损益平衡时的销售量）。

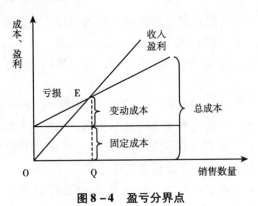

图8-4　盈亏分界点

根据图8-4，我们得出 Q 的计算公式：

$$损益平衡点销售 = \frac{固定成本}{价格 - 单位变动成本}$$

在此价格下实现的销售量，使企业刚好保本，因此该价格实际是保本价格。即：

$$保本价格 = \frac{固定成本}{损益平衡点销售量} + 单位变动成本$$

在企业定价实务中，可利用此方法进行定价方案的比较与选择。对于任一给定的价格，都可以计算出一个保本销售量。如果企业要在几个价格方案中进行选择，只要给出每个价格对应的预计销售量，将其与此价格下的保本销售量进行对比，低于保本销售量，则被淘汰。而在保留的定价方案中，具体的选择取决于企业的定价目标。利用盈亏分析，实际价格的计算公式如下：

$$实际价格 = \frac{固定成本 + 预期盈利总额(目标利润) + 单位变动成本费用}{预计销售量}$$

损益平衡定价法侧重于总成本费用的补偿，这一点对于经营多条产品线和多种产品项目的企业极为重要。因为，一种产品盈利伴随其他产品亏损的现象时有发生，经销某种产品时所获取的高盈利与企业总盈利的增加并无必然联系，因此，定价从保本入手而不是单纯考虑某种产品的盈利状况无疑是必要的。在某种产品预期销售量难以实现时，可相应提高其他产品产量或价格，逐步在整体上实现企业产品结构及产量的优化组合。

3. 目标贡献定价法。又称为可变成本定价法，即以单位变动成本为定价基本依据，加入单位产品贡献，形成产品售价。即：

$$价格 = 单位可变成本 + 单位产品贡献额$$

在这里，产品售价超出可变成本的部分被视为贡献。贡献的意义在于单位产品的销售收入在补偿其变动成本之后，首先用来补偿固定成本费用，在盈亏分界点之前，所有产品的累积贡献均体现为对固定成本费用的补偿，企业无盈利可言。到达盈亏分界点之后，产品销售收入中的累积贡献才是现实的盈利。由于补偿全部固定成本费用是企业获取盈利的前提，因此，所有产品销售收入中扣除其变动成本后的余额，不论能否真正成为企业盈利，都是对企业的贡献。在实践中，由于以可变成本为基础的低价有可能刺激产品销量大幅度提高，因此，贡献额有可能弥补固定成本甚至带来盈利。

目标贡献定价的关键在于贡献的确定。其步骤如下：

（1）确定一定时期内企业目标贡献。

$$年目标贡献 = 年预计固定成本费用 + 年目标盈利额$$

（2）确定单位限制因素贡献量。

$$单位限制因素贡献量 = \frac{年目标贡献}{限制因素单位总量}$$

其中，限制因素指企业所有产品在其市场营销过程中必须经过的关键环节，如劳动时数、资金占用等，也可根据企业产品自身特性加以确定。各种限制因素单位加总即为限制因素单位总量。

（3）根据各种产品营销时间的长短及难易程度等指标，确定各种产品在营销过程中对各种限制因素的占用数量（或比例）。

（4）形成价格。

$$价格 = \frac{单位可变}{成本费用} + \frac{单位限制因素}{贡献量} \times \frac{单位产品所含}{限制因素数量}$$

目标贡献定价法有以下优点：

（1）易于在各种产品之间合理分摊固定成本费用。限制因素占用多，其价格中所包含的贡献量就大，表明该种产品固定成本分摊额较多。

（2）有利于企业选择和接受市场价格。在竞争作用下，市场价格可能接近甚至低于企业的平均成本，但只要这一价格高于平均变动成本，企业就可接受，从而大大提高企业的竞争能力。

（3）根据各种产品贡献的多少安排企业的产品线，易于实现最佳产品组合。

［例］某企业一定时期内发生固定成本费用10000元，企业生产和销售两种产品，预计总量为10000件以上，平均变动成本与平均固定成本均为1元，预期目标成本盈利率为20%。如按成本加成定价：价格 = （1 + 1）× （1 + 20%）= 2.4（元）。按此价格，两种产品供销7000件，收入16800元，扣除变动成本7000元，所剩9800元不能全部补偿固定成本，亏损200元，若按可变成本定价，以50%的单位贡献率计入单位可变成本，价格 = 1 + 0.5 = 1.5（元），在低价刺激下，两种产品各销11000件，收入33000元。扣除变动成本22000元，所剩11000元除补偿固定成本10000元之外，获盈利1000元。

二、需求导向定价法

需求导向定价法是一种以市场需求强度及消费者感受为主要依据的定价方法，包括感受价值定价法、反向定价法和需求差异定价法三种，其中需求差异定价法将专门论述。

1. 感受价值定价法。当企业采取需求导向定价法时，通常可以采取感受价值定价法。所谓感受价值定价法，就是企业根据购买者对产品的感受价值来制定价格的一种方法。感受价值定价与现代市场定位观念相一致。企业在为其目标市场开发新产品时，在质量、价格、服务等各方面都需要体现特定的市场定位观念。因此，首先要决定所提供的价值及价格；其次，企业要估计在此价格下所能销售的数量，再根据这一销售量决定所需要的产能、投资及单位成本；最后，管理人员还要计算在此价格和成本下能否获得满意的利润。如能获得满意的利润，则继续开发这一新产品；否则，就要放弃这一产品概念。

感受价值定价的关键，在于准确地计算产品所提供的全部市场感受价值。企业如果过高地估计感受价值，便会定出偏高的价格；如果过低地估计感受价值，则会定出偏低的价格。为准确把握市场感受价值，必须进行市场营销研究。

　　[例] 假设有 A、B、C 三家企业均生产同一种开关，现抽一组产业用户作样本，需求它们分别就三家企业的产品予以评比，有三种方法可供使用。

　　(1) 直接价格评比法。运用直接价格评比法，要求产业用户为三家企业的产品确定能代表其价值的价格。例如，它们可能将 A、B、C 三家企业的产品分别定价为 2.55、2 元和 1.52 元。

　　(2) 直接感受价值评比法。运用直接感受价值评比法，要求产业用户根据它们对三家企业所生产开关的价值的认知，将 100 分在三者之间进行分配，假设分配结果为 42，33，25。如果这种开关的平均市场价格为 2 元，则我们可得到三个反映其感受价值的价格：2.55 元、2 元和 1.52 元。

　　(3) 诊断法。运用诊断法，要求产业用户就三种产品的属性（假定有产品耐用性、产品可靠性、交货可靠性、服务质量四种属性）分别予以评分。对每一种属性，将 100 分分配给三家企业，同时根据四种属性重要程度的不同，也将 100 分配给四种属性，假设结果如表 8-1 所示。把每个企业的评分乘以重要性权数，我们发现：A 企业提供的产品的感受价值高于平均数（42）；B 企业提供的产品的感受价值相当于平均数（33）；C 企业提供的产品的感受价值低于平均数（25）。A 企业能为其开关制定一个较高的价格，因为它被认知能提供较多的价值。如果企业想根据其产品的感受价值的比例定价，则可以将价格定为 2.55 元左右，因为平均质量的开关价格为 $2 \times 42/33 = 2.55$ 元。

表 8-1　　　　　　　　　　　　　诊断法定价

重要性权数	属性	产品 A	产品 B	产品 C
25	产品耐用性	40	40	20
30	产品可靠性	33	33	33
30	交货可靠性	50	25	25
15	服务质量	45	35	20
100	认知价值	41.65	32.65	24.90

　　假如三家企业都按期感受价值的比例定价，则每家企业都可享受到一定的市场占有率，因为它们提供的价值与价格之比均相等。

　　如果某一家企业的定价低于其感受价值，则它将得到一个高于平均数的市场占有率，因为当购买者与该企业打交道时，其支付的货币可换回更多的价值。

　　由图 8-5 可知，A、B、C 三家企业最初位于相同的感受价值/价格线上，其各自的市场占有率将取决于围绕着这三个定点的理想点（未标出）的相对密集度。现在，假设 A 企业将其价格由 A（2.55，41.65）降至 A'（2.0，41.65），其感受价值/价格将是一条较高的线段（以虚线表示），它将冲击 B、C 两家企业的市场占有率，尤其是 B 企业，因为 A 企业以与 B 企业相同的价格提供更多的感受价值。B 企业将被迫降价或提高其感受价值。提高感受价值的主要措施，包括增加服务项目、提高服务质量和产品质量、进行更有效的沟通传播等。如果这样做的成本低于因降价而引起的收入损失，则 B 企业很可能会增加投资来提高其感受价值。

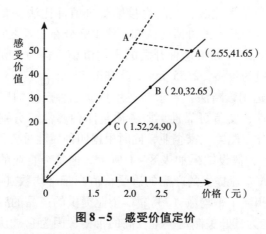

图 8-5 感受价值定价

2. 反向定价法。所谓反向定价法，是指企业依据消费者能够接受的最终销售价格，计算自己从事经营的成本和利润后，逆向推算出产品的批发价和零售价。这种定价方法不以实际成本为主要依据，而是以市场需求为定价出发点，力求使价格为消费者所接受。分销渠道中的批发商和零售商多采取这种定价方法。

3. 拍卖定价法。拍卖定价法一般用于文物、古董、旧货等物品，因为这些物品的成本与价值都难以确定。在拍卖时，顾客根据自己对被拍卖的物品的爱好和需求程度报出自己原付的价格，大家互相竞争，价格可能越抬越高，到最后无人愿意再提高价格时，该物品即按已报出的最高价格卖出。

用拍卖的方法确定价格，实际上不是由卖方定价，而是由买方在互相竞争中确定物品的价格。

在某些教科书上，拍卖定价法被归入竞争导向定价法的范畴。[①]但是，竞争导向定价法是指卖方在向顾客推销产品时，必须考虑竞争者的产品价格。而在拍卖中，竞争的是买方，而卖方则利用买方的互相竞争和他们对被拍卖物品的需求程度来定出一个最高价。因此，拍卖定价应归入需求导向定价法的范畴。

现在，拍卖定价法已被应用于一些权利和配额的拍卖。例如，美国政府曾经把一些商品的进出口配额加以拍卖，结果是最有效率的企业获得了这些配额（因为这些企业经济效益高，故敢于出高价竞争），同时，政府也获得了一笔收入，一举两得，这比先前由政府官员分配配额的方法要有效得多，同时也避免了企业为得到配额而向政府官员行贿的问题。

三、竞争导向定价法

1. 随行就市定价法。又称为流行水准定价，这是竞争导向定价法中被企业广泛接受的最简单的一种定价方法。企业把自己产品的价格保持在同行业平均价格水平上，实际上，这是按竞争产品现行价或类似价来定价。这种定价方法容易与同行业和平相处，保持友好关系，避免激烈的竞争。如果一个企业另行定价，它很难对顾客和竞争者的反应作出准确的估计和判断，这就是随行就市定价法流行的原因。

随行就市定价法，并不是说在任何情况下，产品的价格都和竞争者一致。由于生产同一产品的不同企业，内部诸多因素的差异，产品质量、服务水平等不可能完全相同，因此，在产品定价上还是有差别的。有的可以把价格定得高于竞争者，但要使顾客相信这种产品虽然价格高，而产品质量好、服务好、顾客满意，愿意购买。有的产品也可以将价格定得低于竞争对手，这主要是中小企业，目的是薄利多销，在大企业的竞争夹缝中求生存和发展。

有些产品，由于在市场上运行时间较长，在顾客心目中形成一种难以变动的惰性价格，卖主也一般不轻易改变其价格。有些产品的成本难以测算，企业往往比照目前市场上的通行价格水平，若市场上需求增大，价格略高于通行价格水平；若市场上需求降低，价格则略低于通行价格水平。

在完全竞争或垄断的市场上，销售与其他企业同种产品时，企业对产品定价已无多大选择余地，一般采用尾随价格的定价方式。

综上所述，现今市场，企业一般采用随行就市定价，这样企业风险小，和其他企业好相处，容易被顾客接受，便于促销，稳定获利。

2. 密封投标定价法。密封投标定价法主要用于投标交易方式：投标价格是投标企业根据对竞争者的报价估计确定的，而不是按企业自己的成本费用或市场需求来制定的。企业参加投标的目的是希望中标，所以它的报价应低于竞争对手的报价，一般来说，报价高、利润大，但中标机会小，如果因价高而招致败标，则利润为零；反之，报价低，虽中标机会大，但利润低，其机会成本可能大于其他投资方向，因此，报价时，既要考虑实现企业目标利润，也要结合竞争状况考虑中标概率。最佳报价应是使预期利润达到最高水平的价格。此处，预期利润是指企业目标利润与中标概率的乘积，显然，最佳报价即为目标利润与中标概率两者之间的最佳组合（见表8-2）。

表 8 – 2　　　　　　　　　　　　　　最佳报价分析　　　　　　　　　　　　　　单位：元

报价	成本	目标利润	中标概念%	预期利润
①	②	③ = ① – ②	④	⑤ = ③ × ④
9700	9500	200	80	160
11000	9500	1500	35	525
12000	9500	2500	10	250
13000	9500	3500	1	35

由表 8 – 2 可知，报价 11000 元时，预期利润最高，为最佳报价。报价 9700 元时，虽中标概率高，但实现利润较低。其余两种报价中标概率均过低，极有可能招致败标而使实际利润为零，显然不可取。

运用这种方法，最大的困难在于估计中标概率。这涉及对竞争者投标情报的掌握。只能通过市场调查及对过去投标资料的分析大致估计。

第三节　定价策略

定价策略与定价方法是有区别的，一般来说，定价方法用于具体地确定产品的价格，而定价策略则是提供了一种思想，或者是一种技巧。例如，当某企业欲以低价把产品打入某国市场时，这种低价渗透的思想就是一种定价策略。但具体计价则还是要考虑产品的成本及竞争者的产品价格等多种因素才行。这是先有定价策略，再有定价方法的例子。但也可以是先有定价方法，再用定价策略。例如，先用某种方法确定了产品价格为每个 10 元，为了吸引顾客，再用零数定价策略把价格调整为每个 9.95 元，就属于这种情况。

下面我们来讨论各种定价策略。

一、心理定价策略

1. "取脂定价"——利用顾客的求新心理。各种消费者由于收入不同，消费心理不同，因而对产品有不同的需求，特别是对新产品，有求新心理的消费者总是愿意先试一试新产品，而其他消费者则宁愿等一等，看一看。因此，当生产厂家把新产品推向市场时，利用一部分消费者的求新心理，定一个高价，像撇取牛奶中的脂肪层那样先从他们那里取得一部分高额利润，然后再把价格降下来，以适应大众的需求水平，这不能不说是一种聪明的定价策略，这就是"取脂定价"策略。取脂定价还有一个优点：高价小批量的逐步推进战略能使企业随时了解市场反应，采取对策，避免新产品大批量生产带来的风险。"取脂定价"策略若应用得当，可以为企业带来丰厚的利润。但"取脂定价"策略应用的前提是产品必须能吸引消费者，也就是产品要有新意。

"取脂定价"只是一种定价策略，它没有指出价格究竟定多高为好，要定出一个合适的价格，还要是使用某种定价方法（如感知价值定价法）。但是"取脂定价"策略的有用之处是它向我们提供了一种思路，即价格先高后低的思路。因此，"取脂定价"的策略也就是价格递降的策略。但每次降价前，企业都已从具有不同层次的求新心理的顾客身上取得了超额利润，价格递降时必须注意：一是递降次数不能太频繁，否则顾客会产生对降价的"合理预期"，影响产品销售；二是递降的间隔也不能过长，理想的状况是每当竞争者正在筹划进入市场时就降一次价，以使他们的进入计划受挫。

2. 渗透定价——利用顾客的求廉心理。所谓渗透定价，就是利用消费者的求廉心理，以较低价格出售产品，其目的是为了扩大本企业产品的市场份额。渗透定价的可能的优点有两个：一是薄利多销，取得利润；二是能逐步渗入竞争者的市场，扩大企业的影响，反过来说，这两点能否达到或达到其中之一，是判断能否使用渗透定价策略的条件。

使用渗透定价策略必须注意，对消费者难以辨认内在质量的商品，偏低的价格会使消费者误认为产品的质量也偏低，从而不愿购买。因此，对于顾客有较高质量要求的耐用消费品，不如用加强售后服务的方法来扩大市场份额更为有效。例如，我国江苏省的盐城无线电总厂提出对该厂生产的收录机采用"终生保修"的策略来扩大市场份额，这一招十分有效。因为"终生保修"的口号使消费者对其产品质量十分放心，其扩大市场份额的效果远非降价可比。

关于"取脂定价"和"渗透定价"，有一个问题必须加以讨论。在很多市场学著作中，"取脂定价"与"渗透定价"是作为新产品定价的两种对称策略出现的，也即渗透法定低价，取脂法定高价；企业生产能力大时用渗透法，反之则用取脂法，竞争者易进入时用渗透法……我们认为，取脂法与渗透法作为新产品定价的两种策略，其使用条件并非如上所述的那样对称。例如，复印机是美国一个小公司发明的，当时采用的是"取脂定价"策略；化学合成物尼龙是由美国十大公司之一的杜邦公司发明的，但当时采用的也是"取脂定价"策略；复印机的生产技术比较复杂，竞争者难以进入，当时采用的是"取脂定价"策略；圆珠笔（"原子笔"）的生产技术非常简单，竞争者得容易进入，但当时采用的也是"取脂定价"策略，由此可见，决定一种新产品应当采用"渗透定价"策略还是"取脂定价"策略，主要并不取决于企业生产能力的大小，或是竞争者进入的难易，而是取决于定价策略能为企业带来的利润的多寡。一般来说，先定高价，用"取脂定价"策略从具有求新心理的消费者那里获得较多的利润，然后再把价格逐步降低，这样得到的总利润要多于一开始就用低价渗透所得的总利润。但是，这样做的一个重要条件是产品必须有较浓的新意。要是企业推出的产品与市场上已有产品相比特色不明显，高价就会导致无人问津产品。

3. 声望定价——利用顾客的求名心理。声望定价策略主要适用于以下两种情况：

（1）产品本身价值较高。任何商品都有使用价值，但是，有些商品如金项链、钻石戒指等，其使用价值主要是为了表明使用者和身份。这种商品若按生产成本定价，往往价格偏低，反而使使用者感到有失身份。因此，对这些商品应使用声望定价策略，把价格定高一些。

（2）企业和产品声誉较高。若企业经过多年经营，其产品在消费者心目中已有了声望，那么，企业推出的新产品，价格可定得高些，这样，高价格和名商标交相辉映，使企业及其产品在消费者心目中形象更加完美。

（3）价格线定价——利用顾客的求便心理。价格线定价策略主要为零售商店所采用。我们知道，随着商品经济的发展，竞争的开展，社会产品越来越丰富，不同厂家生产的各种不同规格、不同质量、不同价格的商品陈列在商店里，琳琅满目，令人目不暇接。这一现象当然是好事，但也给消费者的挑选造成了困难。顾客到了商店，对商品又要比式样，还要比质量，比价格，作出购买决策往往很费时费力，针对这种情况，人们设计了价格线定价策略。所谓价格线定价策略，就是把不同价格的同类商品，归并为几个等级（如上、中、下三等），并为每个等级分别确定一个价格。例如，设某零售商场从不同厂家购进的男衬衫按进价分共有 10 元、15 元、20 元、30 元、40 元、60 元、80 元 7 个等级。如果按成本加成法定价，加成率为 20%，则销价应分别为 12 元、18 元、24 元、36 元、48 元、72 元和 96 元。根据价格线定价策略，可以把前三种衬衫归入三等衬衫，并统一定价为 22 元；把中间两种衬衫归入二元。三个等级衬衫，并统一定价为 45 元；把最后两种衬衫归入上等衬衫，并统一定价为 90 元。三个等级的衬衫分别对应了愿出低价、中价、高价来购买衬衫的顾客。例如，当具有节俭习惯的顾客来到商场时，他们只需在 22 元这一档衬衫中挑选就行了。由于这一档共有 3 种衬衫供他挑选，这使他们感到一种满足。可以设想，如果不采用价格线定价策略，就可能出现这样的情况：具有节俭习惯的顾客想买最便宜的衬衫（每件 12 元），但又对其式样不满意；想改买次便宜的衬衫（每件 18 元），又不舍得多花 6 元钱。他们举棋不定，难以决策，甚至会离店而去。

在上面的例子中。进价为 10 元、15 元、20 元的衬衫（不采用价格线定价策略时，其销价分别为 12 元、18 元、24 元）混在一起以 22 元的价格出售，可能会出现这样的情况；消费者对三种衬衫虽然各有所爱，但其中的大部分人都购买了进价为 20 元的那种衬衫。乍一看，这似乎对商场不利，因为每出售一件衬衫，商场只赚了 2 元。实际上，这是一个薄利多销的问题。当然，采用价格线定价策略是否一定能增加利润，并无定论。它和其他定价策略一样，要因时因地因商品不同而加以活用。运用之妙，存乎一心。

4. 零数定价——利用顾客的求准心理。零数定价的对立面是整数定价，整数定价的优点是计算方便。但是，在商品的销售中，计算方便在绝大多数情况下都不是一个显著的优点（只有在特殊场合，如向中途停车站的列车上的顾客出售物品时，整数定价才有明显优点）。相反，整数定价往往会给顾客造成计价不精确的印象。计价既然不精确，必定会有上偏差（价格偏高）或下偏差（价格偏低），二者必居其一。那么，情况到底是何者呢？对此，消费者无疑会一致认为，存在的是上偏差，也即整数定价的商品价格偏高。这样就会对商品的销售产生不利影响。因此，大多数商店现在都采用零数定价策略，而且，在可能的情况下，应尽量把价格定得小于整数。例如，99.95 元的价格就比 100 元或 100.10 元的价格好得多。这是因为，价格信息在大众的口头传播中，往往是不精确的。99.95 元通常被说成"90 多元"而 100.10 元则被说成"100 元出头""甚至 100 多元"。这样，给人的印象是前者要比后者便宜许多，虽然实际上两者的价格差只有 0.15 元。显然，前一种价格信息的传播有利于企业产品的推销。

二、地区定价策略

一般来说，一个企业的产品，不仅卖给当地顾客，而且同时卖给外地顾客。而卖给外地顾客，把产品从产地运到顾客所在地，需要花一些装运费。所谓地区性定价战略，就是企业要决定：对于卖给不同地区（包括当地和外地不同地区）顾客的某种产品，是分别制定不同的价格，还是制定相同的价格。也就是说，企业要决定是否制定地区差价。地区性定价的形式有：

（一）FOB 原产地定价。所谓 FOB 原产地定价，就是顾客（买方）按照厂价购买某种产品，企业（卖方）只负责将这种产品运到产地某种运输工具（如卡车、火车、船舶、飞机等）上交货。交货后，从产地到目的地的一切风险和费用概由顾客承担。如果按产地某种运输工具上交货定价，那么每一个顾客都各自负担从产地到目的地的运费，这是很合理的。但是这样定价对企业也有不利之处，即远地的顾客有可能不愿购买这个企业的产品，而购买其附近企业的产品。

（二）统一交货定价。这种形式和前者正好相反。所谓统一交货定价，就是企业对于卖给不同地区顾客的某种产品，都按照相同的出厂价加相同的运费（按平均运费计算）定价。也就是说，对全国不同地区的顾客，不论远近，都实行一个价。因此，这种定价又叫邮资定价。

（三）分区定价。这种形式介于前二者之间，所谓分区定价，就是企业把全国（或某些地区）分为若干价格区，对于卖给不同价格区顾客的某种产品，分别制定不同的地区价格。距离企业远的价格区，价格定得较高；距离企业近的价格区，价格定得较低。在各个价格区范围内实行一个价。企业采用分区定价也存在问题：

1. 在同一价格区内，有些顾客距离企业较近，有些顾客距离企业较远，前者就不合算。

2. 处在两个相邻价格区界两边的顾客，他们相距不远，但是要按高低不同的价格购买同一种产品。

（四）基点定价。所谓基点定价，是指企业选定某些城市作为基点，然后按一定的出厂价加从基点城市到顾客所在地的运费来定价，而不管货实际上是从哪个城市起运的。有些公司为了提高灵活性，选定许多个基点城市，按照顾客最近的基点计算运费。

（五）运费免收定价。有些企业因为急于和某些地区做生意，负担全部或部分实际运费。这些卖主认为，如果生意扩大，其平均成本就会降低，因此足以抵偿这些费用开支。采取运费免收定价，可以使企业加深市场渗透，并且能在竞争日益激烈的市场上站住脚。

三、折扣定价策略

企业为了鼓励顾客及早付清货款、大量购买、淡季购买，还可以酌情降低其基本价格。这种价格调整叫做价格折扣。

（一）价格折扣的主要类型

价格折扣有五种类型：

1. 现金折扣。这是企业给那些当场付清货款的顾客的一种减价。例如，顾客在 30 天内必须付清货款，如果 10 天内付清货款，则给予 2% 的折扣。

2. 数量折扣。这种折扣是企业给那些大量购买某种产品的顾客的一种减价，以鼓励顾客购买更多的物品。因为大量购买能使企业降低生产、销售、储运、记账等环节的成本费用。例如，顾客购买某种商品 100 单位以下，每单位 10 元；购买 100 单位以上，每单位 9 元。这就是数量折扣。

3. 功能折扣。这种价格折扣又叫贸易折扣。功能折扣是制造商给某些批发商或零售商的一种额外折扣，促使它们执行某种市场营销功能（如推销、储存、服务）。

4. 季节折扣。这种价格折扣是企业给那些购买过季商品或服务的顾客的一种减价，使企业的生产和销售在一年四季保持相对稳定。例如，滑雪橇制造商在春夏季给零售商以季节折扣，以鼓励零售商提前订货；旅馆、航空公司等在营业下降时给旅客以季节折扣。

5. 价格折让。这是另一种类型的价目表价格的减价。例如，一辆小汽车标价为 4000 元，顾客以旧车折价 500 元购买，只需付给 3500 元。这叫做以旧换新折让。如果经销商同意参加制造商的促销活动，则制造商卖给经销商的物品可以打折扣。这叫做促销折让。

（二）影响折扣战略的主要因素

折扣被用在战术上和战略发展上会表现出不同特点，其原因主要有以下三个；

1. 竞争对手以及联合竞争的实力。市场中同行业竞争对手的实力强弱会威胁到折扣的成效，一旦竞相折价，要么两败俱伤，要么被迫退出竞争市场。

2. 折扣的成本均衡性。销售中的折价并不是简单地遵循单位价格随订购数量的上升而下降这一规律。对生产厂家来说有两种情况是例外的。一种是订单量大、很难看出连续订购的必然性，企业扩大再生产后，一旦下季度或来年订单陡减，投资难以收回；另一种是订单达不到企业的开机指标，开工运转与分批送货的总成本有可能无法用增加的订单补偿。

3. 市场总体价格水平下降。由于折扣战略有较稳定的长期性，当消费者利用折扣超需购买后，再转手将超需的那部分商品转卖给第三者，这样即会扰乱市场，导致市场总体价格水平下降，给采用折价战略的企业带来损失。

企业实行折扣战略时，除考虑以上因素外，还应该考虑企业流动资金的成本，金融市场汇率变化、消费者对折扣的疑虑等因素。目前在我国商界，总代理、总经销方式越来越普遍。折扣在经销方式中的运用也非常普遍。一种现象极为突出，即厂家和大的经销商注意在地区影响范围内消除折扣的差异性，市场内同一厂商的同种商品折扣标准混乱，消费者或用户难以确定应该选择哪一种价格，结果折扣差异性在自己市场内形成了冲抵，影响了经销总目标的实现。

四、促销定价策略

促销定价策略就是以各种形式把商品的价格暂时降低，以吸引顾客前来商店购买商品。常用的有如下几种：

（一）招徕定价

国外一些商店为了招徕顾客，往往先确定几种商品临时降价，然后通过广告等手段予以渲染，吸引顾客前来商场。其目的主要不在于向顾客出售那几种降价的商品，而寄希望于顾客连带购买其他商品。这种策略称为招徕定价策略。

（二）特殊事件定价

有些商店喜欢利用一些特殊的事件，如建店几十周年或门面装修后的重新开张等日子，把全部或部分商品临时降价以吸引顾客前来。这里，其主要目的是通过这些特殊事件招徕顾客以宣传本店，但有时也有以降价招徕顾客推销商品的意味，因为临时性的降价不会导致其与竞争者之间的价格战。

（三）还本销售定价

还本销售即把顾客购买商品的付款在一定时间后退还给顾客，它可以分为两种，一种是全额还本，另一种是部分还本。

1. 全额还本销售。全额还本销售，就是消费者先付清购买某一商品的款项，而商店将在未来某一时刻将消费者所付款项全部退还给消费者本人。由于货币具有时间价值，因此，店方答应在未来某一时期退还的那一笔款子若折成现值，要远小于消费者购买商品时所付的金额。也就是说，全额还本销售主要是在货币的未来值与现值的差距上做文章。

我们知道，货币的现值与未来值之间有如下关系：

$$未来值 = 现值 \times (1 + 银行年利率 \times 年数)$$

例如，若很行 8 年期存款的年利率为 10%，则现值为 100 元的货币 8 年后的未来值为：

100（1 + 10% × 8）= 180 元

从式（10 - 1）可以得到：

$$现值 = 未来值 \times \frac{1}{1 + 银行年利率 \times 年数}$$
$$= 未来值 \times 折现率$$

上式给出了折现率的定义。

现设有一商店出售录像机，价格为每台 3000 元。并允许 10 年后退还给顾客全部金额 3000 元。那么，可以算出，现在的 3000 元与未来的 3000 元的差额是（假定同期银行年利率为 14%）：

$$现值 - 未来值 = 3000 - \frac{3000}{1 + 14\% \times 10}$$
$$= 3000 - 1250$$
$$= 1750（元）$$

这 1750 元中再扣除商品销售的成本（包括商品的购进价及各种经营费用）就是商品经营的净利润。

商店进行全额还本销售，一般是由于库存积压或资金短缺现象严重时的权宜之计，因此，欲采用需慎重。否则，待数年后还本期到来时，企业将背上沉重的包袱。但是，还本销售若经营得法，不仅现时可立得一笔现金，而且从长远来看，也可能有利可图。这里，关键是要能做到使还本销售达到一定的目标利润率。下面我们来进行分析。

还本销售要有利可图，必须使商品的现销价在大于还本销售的总成本。而还本销售的总成本又由商品的进价、未来还本额的折现值以及少量的销售费用三部分组成。因此：

$$还本销售利润率 = \frac{现销价 - \dfrac{未来还本}{额折现值} - 进价 - 销售费用}{现销价}$$

$$= \frac{现销价 - 现销价 \times 折现率 - 进价 - 销售费用}{现销价}$$

从上式可以推出：

$$（还本销售）现销价 = \frac{进价 + 销售费用}{1 - 还本销售利润率 - 折现率}$$

例如，设还本期为 10 年，同期的银行年利率为 15%，则可算出：

$$折现率 = \frac{1}{1 + 银行年利率 \times 年数}$$
$$= \frac{1}{1 + 15\% \times 10}$$
$$= 0.4 = 40\%$$

即未来的一元钱折成现值为 0.4 元。又设某彩电的进价为 1570 元，销售费用分摊为 26 元，还本销售目标利润率为 3%，代入式（10-3），得：

$$（还本销售）现销价 = \frac{1570 + 26}{1 - 3\% - 40\%} = 2800（元）$$

也就是说，若把进价为 1570 元的彩电以 2800 元的销价作 10 年期的还本销售，除可立得 2800 元资金用于投资之需外，还可获得 3% 的利润率。

从上述分析可以看到，还本销售能赢得利润的主要条件是银行利率应较高。例如，1989 年，我国银行存款的最高年利率曾高达 17.64%（八年期定期存款）。因此，当时一些城市中出现了还本销售的方式。到 1992 年，我国的八年期定期存款年利率已降至 10.08%，还本销售方式也就偃旗息鼓了。

总而言之，当银行存款利率较高时，还本销售是一种可以采用的方式。而且，当存款利率高时，贷款利率也高。这时，企业从银行获得贷款的成本较高，而还本销售不失为是一种可行的销售兼筹资方式。

2. 部分还本销售。部分还本销售与全额还本销售虽然同为还本销售，但两者差别甚大。我们用一个例子来说明什么是部分还本销售。

设 A、B 两厂都生产电池。A 厂的电池价格是每对 0.60 元；B 厂的电池是每对 0.75 元，但若购买者把购物发票和电池包装上的还本销售说明一起寄到 B 厂，数周后便可得到 0.40 元的退款。也就是说，B 厂的电池实际上是 0.35 一对，对于购买者来说，即使再加上两角钱的邮费，一对电池也只有 0.55 元，仍低于 A 厂的电池价格 0.60 元。因此，消费者在商场购买电池时，一般将选择 B 厂产品。但是，一旦消费者买了 B 厂电池后，便会因种种原因忘了要求退款。因为，毕竟退款的净收入只有两角钱（厂方退还的 4 角钱减去 2 角钱邮资）。对 B 厂来说，若所有购买者都忘了要求退款，则其电池的售价仍为 0.75 元一对，这是一种理想的状况；若所有购买者都要求退款，由电池实际价格为 0.35 元一对，这是一种最不利的情况。一般的情况处于上述两者之间。假定有一半购买者忘了要求退款，则 B 厂电池的平均实际售价为 0.55 元，略低于 A 厂，但其市场份额却由于采用部分还本销售的方法大大地扩展了。

五、组合定价策略

在某种产品成为产品组合中的一部分时，定价就不能仅孤立地考虑该产品，必须与产品组合联系起来考虑。很显然，如果在产品线中，低档产品的价格过低，将使高档产品的价格显得过高，尽管这时可能高档产品盈利率已经比较低了；也有可能当一个产品的价格受其关联产品的价格影响时，也需要将本产品与关联产品的价格结合起来考虑。例如，为了与针式打印机争夺市场，性能更好的喷墨打印机采用了与针式打印机相同甚至还要低些的销售价格，生产厂家想通过提高喷墨打印机使用的墨水售价来获利，因此将墨水的价定得较高。消费者自己如果进行计算，一旦发现墨水的价格难以承受，也会拒绝购买喷墨打印机的。因此，只有当厂家将墨水的价格定在一个适当位置，喷墨打印机才真正具有替代针式打印机的市场竞争力。

所以，产品组合的定价，在理想情况下，应该是能使整产品组合获利而不是单一产品获利最大。

（一）选购产品定价

这里所谓的选购产品，是指顾客在购买一种产品后需要再购买与之有一定关联的产品。如汽车上使用的音响设备、电脑需要使用的如打印机、扫描仪等外部设备，或者是录像机、录音机等使用的磁带，等等。所以，选购产品的定价，要分两种情况加以区别：①完全互补产品（消费一种产品必需消费另一种产品）的定价；②关联消费产品（消费一种产品可以消费另一种产品）的定价。

完全互补产品的定价，有两种策略可以考虑：①将主产品的价格定得较低，而将互补产品的价格定高。这种策略是一种通过互补产品获取高利的方法。当互补产品需要经常购买，且用量很大时；或主产品在市场前期需要打开市场销路的时候，往往可以采取。②主产品的价格定得较高，而互补产品的价格定得较低。如果因为互补产品高价策略吸引来了更多竞争者时，企业可采取降低互补产品价格的策略，以求稳定整个产品的市场份额和防止竞争者的侵入。

关联消费产品的定价主要策略有：①选购件如果作为促销项目时，可以定低价。如绝大多数电脑整机制造商都将一些常用的电脑软件，如操作系统、字处理软件和多媒体软件，作为附赠项目。②对于能够提高产品档次当前又没有更多顾客会购买的产品，可以定较高的价格，如现在与电脑相连使用的数字照相机。

（二）俘虏产品定价

所谓俘虏产品定价，就是把相关产品中的一种商品的价格订得较低以吸引顾客（这种商品称为"引诱品"），而把另一种商品的价格订得较高以赚取利润（这种商品称为"俘虏品"）。当顾客以低价买了引诱品后，就不得不出高价来买俘虏品。一般，引诱品应当是使用寿命较长的商品，而俘虏品则应当是易耗品。例如，可以把一分钟照相机的价格订得较低，而把胶卷的价格订得较高；把剃须刀的价格订得较低，而把配套的刀片的价格订得较高，等等。当然，这里的一个前提条件是产品的不可替代性，例如，一分钟照相机的胶卷是"柯达"、"富士"胶卷所不能替代的；某种型号的剃须刀片是其他刀片所不能替代的，等等。有时，引诱品与俘虏品都是易耗的（或一次性的），这时，可以在消费者购买俘虏品时，把引诱品"无偿"赠送（实际上其成本已打入俘虏品价格），而以俘虏品不断"俘虏"消费者。

第九章　营销渠道策略

商品和劳务只有到达消费者或用户手中才是现实的产品，才能实现其价值和使用价值。在现代商品经济条件下，产品在流通领域内的这种运动由位于生产者和最终用户之间的众多执行不同职能、具有不同名称的流通中介机构承担。换言之，正是通过这些流通中介机构的经营活动，生产企业才得以实现在适当的时间、按适当的价格与数量，将产品送达适当地点的目标顾客。而这一系列营销中介机构就形成了一条条分销渠道。企业生产出来的产品，只有通过一定的市场营销渠道，才能在适当的时间、地点，以适当的价格供应给广大消费者或用户，从而克服生产者与消费者之间的差异和矛盾，满足市场需要，实现企业的市场营销目标。

第一节　营销渠道策略概述

一、营销渠道的含义及存在的价值

产品营销渠道亦称分销渠道，它是指产品的所有权和实体从生产领域流转到消费领域所经过的通道。它由所有参与使产品从生产领域向消费领域运动的组织和个人所组成，主要包括生产者、批发商、零售商、代理商和储运企业等，甚至还包括消费者，它们都是渠道成员，其中批发商、零售商和代理商通常被称为中间商。

产品营销渠道是使产品或服务能被使用或消费而配合起来的一系列独立组织的集合。

在生产者与消费者之间，任何有营销能力的机构，若与生产者达成一份合约，我们就可以说某一营销渠道已经存在。虽然不同行业及公司所采用的营销渠道，在名称形态上有所不同，但为彼此利益而努力的本质相同，所以合作是渠道存在的最重要因素。

在今日的经济社会里，大多数的制造者并不直接将商品卖到最终消费者的手中。在制造商和最终使用者之间，常存在着一大群营销"中介机构"，它们以不同的名义执行多方面的功能。在现代营销体系中扮演着重要的角色。营销渠道是市场营销的血管。透过它，厂商的产品才能送达目标市场的消费者手中，营销才能完成。企业界最高管理当局之所以重视营销渠道决策，是基于以下两个理由：①公司产品营销渠道选定后，将经常地影响其他营销决策，譬如公司的定价决策常取决于是选择少数但能赚得较高利润的大经销商，或是选择大量而普遍的经销网；公司的广告决策也常视渠道中各成员的合作程度而深受影响；公司的人力推销决策也决定于是否直接卖给零售商，或是运用销售代表。当然，这并不意味营销渠道决策必先于其他决策，然而，它对其他营销决策深具影响力是不可否认的。②公司将因有它的存在而与其他公司建立一份相当长期的约束。譬如当一个汽车制造商与一独立的特约经销商签约销售其汽车，如是情况有所变更时，公司也不轻易地以自己的销售店取代。一般而言，在渠道安排上，常有趋向于维持"现状"的特性。因此，管理当局在开始设计时，就应着眼于未来的发展，而非今日的现况。

生产者一般都将一部分的销售工作授权给中间商执行，这种"授权"意味着放弃对产品的销售方法和销售对象的部分控制。如此，生产者似乎把自己的命运系于中间商之手。

就原则上来说，制造商有充分的自由把产品直接销售给最后顾客，然而中间商却能至今依然存在，其必然有不可否认的优势及必要性。中间商的存在对制造商来说非常重要。主要有几个方面：

1. 弥补制造商财力的不足。大部分的生产者都没有足够财力资源从事直接经销，就以美国通用汽车来说，其生产的新汽车，几乎通过了 18000 家以上的独立经销商才得以顺利上市，而无法以公司本身的财力建立庞大的分销网，从事直接经销活动。

2. 获取大规模分销的经济性。若真要实行"直接"营销，并达到大规模的营销效率，则有许多制造商必须变成经营互补产品的中间商，同时经营其他制造商所生产的产品。一个口香糖制造商会发现，去建立自己的零售网，或用推销员登门推销，或用邮购订货等方式来销售口香糖都是不切实际的方法。事实上，最实效的方法是把口香糖和其他零售类产品都摆在一起，由既存的独立杂货或食品商店销售。

3. 使制造商获得更丰厚的回报。即使那些有自行发展全国销售网能力的公司，也常会发现若将资金投于其他方面，比投资于自己的销售网，更能获得较高的投资报酬率。如果有一个公司能从生产作业中获得 20% 的收益率，但若从事经营零售业务只能获得 10% 的收益率，则该公司绝不会自己经营零售业务。

4. 提高社会的交易效益。从宏观经济系统的角度看，中间商参与营销活动有利于提高整个社会的经济效益。我们可用图 9-1 加以说明。

图 9-1 (a) 表示有 3 个生产者，每个生产者直接将产品卖给 3 个顾客，这

需要有 9 笔交易业务，图 9 - 1 （b） 表示 3 个生产者同一个中间商（如某一零售商）合作，由中间商把产品卖给 3 个顾客，这只需要 6 笔交易业务。可见，适当数量的中间商的存在能减少在商品流通中的业务量，从而大大节省商品流通过程中的劳动耗费，有利于提高整个社会的宏观经济效益。

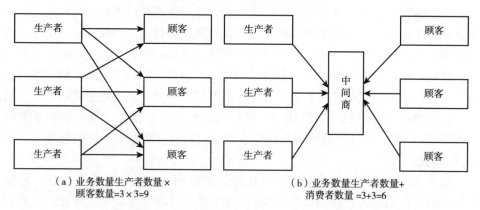

（a）业务数量生产者数量×　　　　　　　　　（b）业务数量生产者数量+
　　顾客数量=3×3=9　　　　　　　　　　　　　　消费者数量=3+3=6

图 9 - 1　中间商参与营销活动的经济效益

二、营销渠道的功能

营销渠道执行的工作是把商品从生产者那里转移到消费者手里，它弥合了产品，服务和其使用者之间的缺口，主要包括时间、地点和持有权等缺口。

产品在分销渠道中流动时，我们可以看到其中存在几种以物质和非物质形态运动的"流"（见图 9 - 2）。同时，我们还发现一些企业如银行、保险公司、运输公司、仓储公司、广告公司以及其他机构（如海关、商检局等）虽不处在渠道之中，或不介入商品所有权的转移过程，但与渠道运行有着密切的联系，而且任一环节均不可缺失。如果我们将这五种"流"综合在一起，看上去简单的分销渠道便立即呈现出极为错综复杂的关系。

说明：顾客经中间商购买到商品所有权；

商品实体经过一定的存放地点和运输工具到达顾客手中顾客或中间商购买商品所有权，支付货币；

渠道内相邻层次或不相邻层次之间都会发生信息传递，形成信息控制与反馈系统；

制造商或中间商通过促销手段影响消费者的购买行为与决策。

分销渠道的基本功能是实现产品从生产者向消费者用户的转移。具体分析，我们可看到以下几种主要功能：

1. 实现产品从生产领域向消费领域的转移。这一功能一方面使生产者的商品资金转化为货币资金，从而使生产者的生产过程能循环往复地运行；另一方面，它使消费者的货币转化为能满足各种需要的使用价值，从而使社会主义的生产目的得到实现。

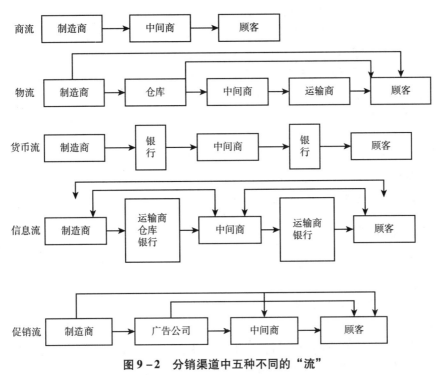

图9-2 分销渠道中五种不同的"流"

2. 调节生产和消费之间在产品数量上的差异性。中间商先把各个生产者的零散产品收集起来，实行集零为整，然后根据消费者的需要进行搭配，化整为零，将产品小批量地卖给消费者。通过这一过程，生产和消费之间在数量上的差异性得到了调节。

3. 调节生产和消费之间在产品花色、品种和等级上的差异性。每个生产者所生产的产品在花色、品种和等级上一般比较单一，而消费者由于需求的千差万别，要求有大量不同花色、品种和等级的产品可供选择，中间商通过收购不同生产者的产品，并根据消费者的需要进行编配，供消费者挑选，从而克服了生产和消费之间在产品花色、品种和等级上的不一致性。

4. 调节生产时间和消费时间的差异性。有的产品常年生产、季节消费（如电扇），有的产品则季节生产、常年消费（如粮食等农作物），中间商把常年生产、季节消费的产品收购起来，起"蓄水池"的作用，在消费季节再把产品卖给消费者，同时把季节生产、常年消费的产品在生产季节集中收购起来，供消费

者常年消费的需要，依靠营销渠道这一功能，就能克服生产时间和消费时间的
矛盾。

5. 市场调研。中间商通过开展市场调查预测工作，了解消费者的需求变化
情况，然后把有关信息传递给生产者，起到流通指导生产的作用。

6. 融通资金。即渠道成员之间相互提供资金援助，如在生产者要大批量购
买原材料时，中间商通过提前付款等方式给予一定的资金援助；当中间商大批量
进货时，生产者通过赊销等方式支持流通企业，从而使生产者和中间商之间，以
及中间商之间（如批发商和零售商之间）相互融通资金。

7. 分担风险。有时生产经营某种产品具有一定的风险，要求渠道成员之间
按照利益共沾、风险同担的原则紧密合作。生产者与中间商之间的联合共同承担
风险，使新产品的开发和某种业务经营能顺利拓展。

8. 促销产品。即生产者和中间商携手合作，通过各种途径将有关产品和服
务的信息传递给消费者，以促进产品的销售。

三、营销渠道类型

产品可以通过各种不同类型的渠道实现从生产领域到消费领域的转移。由于
生活消费品和生产资料具有不同的特点，因此，它们有各自的渠道类型。

1. 消费品营销渠道类型。

（1）零级渠道（直接渠道）。这是最简短的一种分销渠道，产品由生产者直
接卖给消费者，没有中间商参与，如生产企业自设门市部向消费者出售产品，农
民在集市贸易上向消费者出售农副产品都属于这类渠道。

（2）一级渠道（一层渠道）。这是我国目前较为普遍的消费品分销渠道类
型，如零售商向当地的生产者直接进货或向外地的生产者较大批量进货，然后将
产品卖给消费者就属于这种类型的渠道。就产品而言，它主要适用于具有价值较
大、流行性较强、易腐碎等特性的产品。

（3）二级渠道（二层渠道）。这是我国传统的、最为普遍的消费品分销渠
道，它既包括零售商，也包括批发商，而且可能有几个批发商（如产地批发商、
销地批发商等）参与。对于那些品种繁多、生产和消费之间的时空距离较远的
消费品一般适用于这类分销渠道。

（4）三级渠道（三层渠道）。这是最复杂的一种渠道类型，它由生产者委托
代理商销售产品，代理商又通过批发商、零售商将产品最终卖给消费者。在我国
目前的消费品分销渠道中还较少使用代理商。

消费品营销渠道类型如图 9 - 3 所示。

2. 生产资料分销渠道类型。生产资料也有四种最基本的分销渠道，如图
9 - 4 所示。

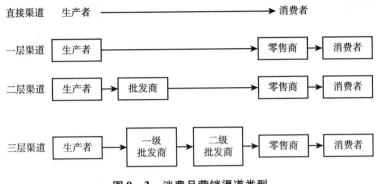

图 9-3　消费品营销渠道类型

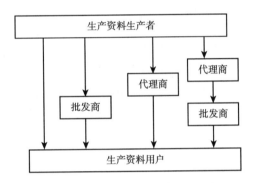

图 9-4　生产资料分销渠道的主要类型

（1）零级渠道（零层渠道）。这是生产资料分销渠道中最重要的类型，一些体大物重、技术性强的生产资料一般都使用这种渠道，实行生产者和用户直接挂钩。

（2）一级渠道（一层渠道）。主要有两种：①生产者。批发商——→用户——→

这是由生产者将产品卖给批发商，批发商再卖给用户的渠道类型，它主要适用于那些价值一般不大，比较标准化的生产资料，如机器的零配件、小型工具等。

② 生产者。代理商——→用户——→

这是生产者委托代理商寻找用户，推销产品的渠道类型。

（3）二级渠道（二层渠道）。这也是由生产者委托代理商推销产品，代理商经过批发商将产品卖给用户。这种类型的渠道在我国目前的生产资料流通中并不常见，但有较大的发展前景。

同生活消费品分销渠道相比，生产资料分销渠道的一个重要特点是许多生产资料一般不通过零售商经销，这主要是因为生产资料用户一般是大批量购买产品，而且往往需要生产者提供一定的技术指导和一系列售后服务。

第二节　营销渠道决策

企业为了使自己的产品能在较短的时间内，以较快的速度、较少的费用从生产领域流转到消费领域，需要制定一系列营销渠道决策。

渠道决策的第一步是了解企业选中的目标顾客群需要购买什么样的商品和服务，他们习惯在什么时间、什么地点购买，如何买，以及他们希望经销商提供的购买服务水平、时间和空间的便利条件等，做到心中有数。因为，企业分销渠道设计的目标就是要最好地满足顾客的需要，如一些消费者看重商品的价格，他们希望到大型仓储商店去购买日用品和家用电器产品；而另一些消费者可能更关心购物的便利，包括时间和地点，他们更需要位于市中心或家门口的便利店。又如，年轻的计算机迷们愿意在网上购书，而大多数中老年读者还是喜欢逛书店或街头的书摊。

营销渠道决策的主要内容有：渠道长度决策，渠道宽度决策，渠道成员的相互支援决策和营销渠道管理决策四方面内容。

一、渠道长度决策

渠道长度是以渠道层次（或称中间环节）的数量来衡量的，在产品从生产领域流转到消费领域的过程中，每经过一个中间商就构成一个渠道层次。如果生产者直接将产品卖给消费者（用户），没有中间商参与，这类渠道叫零层次渠道；若生产者首先将产品卖给批发商，批发商又将产品卖给零售商，零售商最后将产品卖给消费者（用户，）由于这类渠道有两个中部商参与，所以这是二层次渠道，其余类推。从生产者的角度看，虽然生产者只同最接近的中间商发生关系，但控制渠道的难度会随着渠道层次的增加而增加。因此，每个生产企业都要对渠道层次的数量作出决策，即制定渠道长度决策。

渠道的长短是相对的，一般地把零层次和一层次渠道这两类渠道称为短渠道，二层次或二层次以上的渠道称为长渠道。对一个具体企业或一种具体产品而言，应采用短渠道还是采用长渠道取决于多种因素，我们可把影响渠道长度决策的诸多因素归纳为三大类，即产品因素、市场因素和企业自身因素。

（一）产品因素

1. 产品的单价。一般地说，产品的单价越低，分销环节就越多。许多价格低廉的日用品（如肥皂、针线、毛巾等）一般都由生产者卖给批发商，由批发商再转卖给零售卖给消费者。反之，价格较高的产品一般采用短渠道流通。

2. 产品的体积和重量。对于体大物重的产品要尽量使用少环节的短渠道，以减少装卸搬运费用，而对于体积小、重量轻的产品则可根据需要用长渠道流通。

3. 产品的技术性和复杂性。对于技术性强、使用复杂的产品（如机器设备等），往往要求生产企业提供较多的服务，宜用短渠道的流通，以便生产企业向顾客提供一系列的服务，而对于使用简单、无须多少技术的产品则可考虑用长渠道流通。

4. 产品的耐久性。对于易腐性和易毁性较强的产品（如鱼、蔬菜等鲜活产品和玻璃制品等）应尽量用短渠道，尽快地将产品从生产领域转入消费领域，对于耐久性强的产品可用长渠道流通。

5. 产品的款式或式样的稳定性。款式或式样经常变化的产品（如流行服装）宜采用短渠道流通，而款式和式样相对稳定的产品则可用长渠道。

6. 产品的生命周期阶段。对处于投入期的产品，因为生产企业要收集大量的信息，以进一步改进产品的质量和性能，所以宜采用短渠道流通，生产企业可把新产品在自己的门市部销售或由几家零售商店经销，以快速地收集信息，改进产品；而成熟期的产品由于质量、性能都已稳定，企业可根据需要采用长渠道流通。

（二）市场因素

1. 目标市场的地理分布状况。如果企业的产品卖给广大地区的消费者，这就要求企业通过长渠道流通，生产企业将产品卖给批发商，再由批发商转卖给分布较广的零售商，然后再卖给消费者；如果企业的目标市场比较集中，企业就可考虑使用短渠道。

2. 潜在顾客的数量。如果企业的潜在顾客较少，企业就可采用短渠道，反之，就宜采用长渠道，由批发商和零售商把产品卖给众多的顾客。

3. 顾客的购买。数量大的顾客（如生产资料用户），生产企业可以上门推销，直接供货；对于购买数量小的顾客就宜用长渠道，通过中间商满足顾客的需要。

4. 消费者的购买习惯。对于便利品，消费者要求购买方便、服务迅速，这就需要有众多的中间商经销，通过大量的商业网点适应消费者的这种购买习惯；而对于选购品，尤其是特殊品，消费者愿意花较多的时间购买，所以，企业可用短渠道流通。

5. 消费的季节性。季节性较强的产品（如电扇、汗衫等），需要批发商提供储存功能，调节产品生产和消费由于时间的背离而引起矛盾，宜使用长渠道；反之，则可使用短渠道。

（三）企业自身因素

1. 企业资源。资源丰富的生产企业有条件自己雇用推销人员，自设门市部销售产品，不使用中间商，实行产销一体化，如日本丰田汽车公司在国内自设许多销售机构推销汽车，这样，分销渠道就较短；而那些资源较少的企业，因无力经销自己的产品，只能依靠中间商，以长渠道销售其产品。

2. 企业对分销渠道的管理能力和经验。如果企业对分销渠道具有丰富的经验和较强的管理能力，又有足够的资源，企业就可考虑自设机构，用短渠道推销产品；反之，企业只能仰赖中间商以长渠道经销产品。

3. 企业控制渠道的愿望。一些企业为了控制产品的零售价格，有效地进行推销活动，以建立市场信誉，扩大销售额，它们往往愿意花费较多的直接销售费用，自设门市部推销产品，实行短渠道流通。

在市场营销实践中往往会遇到这种现象：就某些因素看应选择长渠道，就另一些因素看应选择短渠道，这时，企业应以最关键的因素为依据制定渠道长度决策。

上述限制因素可简单归纳为表 9 - 1。需要说明的是，决定渠道选择的最终因素的营销成本和效益的计算，其他因素的制约均只是相对而言。

表 9 - 1 影响渠道选择的因素及原因

因 素	选择直接渠道的原因	选择间接渠道的原因
市场需求特点	购买批量大而集中 需求特殊 订货次数少	购买批量小而分散 无特殊需求 频繁订货
产品特性	特殊商品 技术复杂 易腐 流行商品 单位价值高 笨重 附加服务多	便利商品 技术简单 耐久 大宗、常用商品 单位价值低 轻便 附加服务少
企业状况	具有营销管理的技能和经验 需要高度控制渠道 财力雄厚、声誉高	缺乏营销管理技能和经验 对营销渠道的控制要求不高 资金紧缺、企业知名度低

二、渠道宽度决策

所谓渠道的宽度（渠道的覆盖面），是指营销渠道中的不同层次使用中间商数目的多少。这主要取决于企业希望产品在目标市场上扩散范围的大小，即占据多少市场供应点以及什么样的供应点的问题。是希望顾客在任何供应点（零售店）都能买到产品，还是只希望顾客在有限的供应点买到产品，企业必须作出选择。有三种可供选择的策略：

1. 密集分销。即生产企业尽可能通过更多的批发商、零售商为其推销产品。这种策略的重心是扩大市场覆盖或加快进入一个新市场的速度，使众多的消费者和用户能随时随地地买到这些产品。这种策略的基本点就是充分利用场地，占领尽可能多的市场供应点，以使产品有充分展露的机会。只要有一定经营条件的零售商和批发商都可选用。价格低廉、产品差异很小、购买量小而购买频率高的日常消费品（如白糖、卷烟、牙膏、肥皂等）常采用这种策略。因为这些产品购买的方便是第一位，顾客一般不愿花精力做过多的选择。这种策略的优点是产品与顾客接触的机会多，广告的效果大。但制造商基本上无法控制渠道，与中间商的关系也较松散。

2. 选择分销。这是只选择那些有支付能力、有经营经验、有产品知识及推销知识的中间商在特定区域推销本企业产品的策略。它适用于顾客需要在价格、质量、花色、款式等方面精心比较和选择后才决定购买的产品。例如服装、手表、自行车、家用器具等。工业用品中专用性强、用户对品牌商标比较重视的产品也多采用这种策略。因为这些产品的销售需要较多的专业知识和较高的服务水平，顾客对光顾的商店的名声也很看重，需要中间商在顾客中有较高的信誉。所以，能被选上的中间商自然有限。这种策略的优点是减少了制造商与中间商的接触，每个中间商可获得较大的销售量，有利于培植工商企业之间的合作关系，提高渠道的运转效率。而且还有利于保持产品在用户中的声誉，制造商对渠道也能有适度的控制。

3. 独家分销。这是指在一定的市场区域内仅选用一家经验丰富、信誉卓著的零售商或一家工业品批发商推销本企业产品。双方一般都签订合同，规定双方的销售权限、利润分配比例、销售费用和广告宣传费用的分担比例等。这种策略主要适用于顾客选购水平很高，十分重视品牌商标的产品。如名牌家用电器、名牌时装、高档家具等。工业品中的专用机器设备，由于用户与生产厂在技术和服务上的特殊关系，也常采用这种策略。这种策略的优点是制造商与中间商关系非常密切，独家经销的中间商工作努力，积极性高，有利于提高产品的信誉，制造商能有效地控制营销渠道。但是这种策略灵活性小，不利于消费者的选择购买。

三、渠道成员的相互支援决策

要使产品以较快的速度、较少的费用在较短的时间内从生产领域转移到消费领域，这要求生产者和中间商相互支援和合作。渠道成员的相互支援决策就是生产者对于如何支援中间商，或中间商如何支援生产者作出决策。在每一种类型的渠道中占主导地位的渠道成员，它通常是该渠道的组织者和领导者。谁是某渠道的首领取决于渠道成员间的力量（包括资金信誉、管理能力等）对比。一般地说，谁的力量最强，谁就是该渠道的首领，处于支配地位。因此，可能生产者是

"渠道首领"，也可能中间商是"渠道首领"。作为"渠道首领"的企业，要通过制定价格、融通资金、承担风险等业务活动，使所有的渠道成员都有利可图。渠道成员的相互支援决策的内容主要有两个方面：一方面是对支援的方式作出决策，支援的方式包括资金信贷、承担运输费用、广告促销费用、合理分割工商利润等；另一方面是对支援的幅度作出决策，即对支援方式的水平作出决策，如某生产者决定向批发商提供贷款后，还要决策货款的数额和利率的水平。

目前，我国许多企业间的工商矛盾十分突出，其主要原因就是渠道成员间缺乏相互支援，各自打各自的算盘，相互扯皮，从而使流通渠道不畅，影响社会再生产的顺利进行。根据这种现实，我国企业更要重视研究和科学地制定渠道成员间的相互支援决策。当然，我国也有许多工商企业能相互支援，重视建立和保持良好的工商关系，共同开展市场营销活动。

四、营销渠道管理决策

企业在选择了销售渠道之后，就要从事具体的销售经营活动，对运行中的销售渠道进行管理，主要侧重于选择渠道成员、激励渠道成员以及评估渠道成员，在此基础上，提出企业销售渠道的修改意见。

（一）选择渠道成员

生产企业为选择的销售渠道必须物色合格的中间商。

不论生产企业发现其招募中间商难易与否，他们至少应当明确好的中间商应具备的特点。营销策划者必须对中间商从年限、经营业绩、能力、偿付能力和外在形象等各方面进行综合评估。如果中间商是销售代理商，营销策划者必须评估其经营的其他产品的种类的性质，以及销售人员的规模和素质；如果中间商是一家要求独家配销的百货公司，营销策划者必须评估该店的位置、将来发展的潜力和顾客的类型。

分销渠道的选择由制造商根据其财力的大小和技术水平的高低来决定，从市场角度看，分销渠道由购买者、购买者规模的大小、交易的能力以及产品类型和产品形象所决定的。如果产品想以预期的状态到达市场，就必须根据公司对产品进行控制的目标对以上每个因素加以考虑。

（二）激励渠道成员

生产企业对于中间商必须不断地予以激励，以督促其出色地完成任务。

营销策划者在分析生产企业激励渠道成员时，必须了解生产企业的经营管理者是否明确了解中间商的需要与愿望。了解中间商需要的关键是通过对中间商实行监控、进行市场调查研究和建立中间商协会等方法不间断地收集有关的定期信息资料。

1. 了解中间商。按照美国营销专家麦克威的说法，生产企业经常批评中间商"由于没有强调某一品牌，或者由于推销员的产品知识很差，或不利用供应商的广告材料，忽略某些顾客，甚至因其记录保存系统过于粗糙，乃至连品牌的标志都从无查找。"然而，生产企业眼中的这些缺点，从中间商的观点来看则是可以理解的。麦克威提出的下列建议有助于营销策划者帮助生产企业了解中间商：

① 中间商不是由生产企业雇用或成为其铸造的经营链条的一环，而是一个独立的市场。

② 中间商常将自己看成是消费者的采购员，其次才是为其供应商销售的代理人。

③ 中间商企图把其全部供给品纳入能编配销售的产品系列之中，作为"一揽子"产品组合分别提供给个别的顾客。他的销售努力是获得全部种类产品而不是别产品的订货。

④ 除非给予中间商某种激励，否则他们便不会保存所销售品牌的销售分类记录。有时，那些可被用在产品开发、定价、包装或促销规划等方面的信息被埋没在中间商的非标准化记录中，有时他们甚至故意对供应商保密。

2. 生产企业与中间商的关系。在分析生产企业与中间商的关系时，营销策划者要明白，不同的制造企业，它们与中间商的关系不尽相同，但大体上可以分为合作、合伙与配销规划等三种类型的关系。

（1）合作式关系。大多数生产企业采取威胁利诱或胡萝卜加大棒式的方法，来促使中间商与他们合作。他们会使用积极的激励因素如较高的利润、交易中的特殊照顾，奖金等额外酬劳，合作广告补助，展览津贴等方法，有时也会应用消极的方法，如减少利润的威胁，推迟交货或解除约定等。上述方式方法都有利于调动中间商的合作积极性。

（2）合伙式关系。经验较为丰富的企业则会设法与中间商建立长期的合伙关系，生产企业要与中间商一道共同设想和实施诸如市场覆盖率、产品可获量、市场开发、招揽客户、技术指导与维修、市场信息等方面的工作。

（3）配销规划式关系。即建立一套有计划的、实行专业化管理的、垂直的经营系统，把生产企业与中间商的需求结合起来，这是一种最先进的关系。生产企业在市场营销部门内部设立一个中间商关系规划科，主要任务是了解中间商的需要并据此制订营销计划，以帮助每一个中间商尽可能以最佳方式经营。这个科与中间商共同规划经营目标、存货水平、场地与形象化的经营计划、销售人员的培训要求，以及促销计划等，其目的在于把中间商首先从购方获取利润的想法，转变到认识他们是复杂的垂直经营系统的一部门，并据此从销方获得一定利润。

（三）考评渠道成员

营销策划者在对生产企业渠道成员进行考评分析时，主要参照下列标准进行：销售定额完成情况；平均存货水平；向顾客交货时间；产品损坏、遗失及其处理状况；在本企业促销、培训计划中的合作程度；顾客对其提供服务的满意度。

营销策划者应为中间商设定销售定额，每过一段时间，营销策划者检查每个中间商销售额与定额对比的绩效，然后对未完成定额的中间商进行必要的分析与激励。

（四）修改销售渠道

营销策划者不仅只是对销售渠道运行状况进行策划，而且还要对其修改情况进行策划。当消费者的购买方式发生变化，市场扩大、产品进入生命周期的成熟阶段、新的竞争者的兴起和创新的经营策略出现时，必须对原有销售渠道进行修改。

通常对销售渠道进行修改主要从两个层次进行，即增加或剔除个别的渠道成员；增加或剔除某些市场渠道。

1. 增加或剔除个别渠道成员。营销策划者要进行定量分析，看用与不用该中间商将会对企业的利润目标产生什么影响。一家汽车生产企业作出除去一个经销商的决策时，应减去这个经销商的销售量，同时还要对其他经销商的销售额可能造成的增加或减少作出估计。

2. 增加或剔除某些市场渠道。有时生产企业意欲辞掉所有的销售额低于一定金额的中间商。例如，美国国际收割机公司有一段时间内，大约5%的经销商的每年销售卡车不过三四辆，而公司付给他们的费用额远大于他们的销售量。因此，剔除这些市场渠道是必然的，除非公司是一个慈善机构。不过剔除这些中间商会对企业整个渠道系统产生较大的影响：

① 单位产品的生产成本将会提高，因为制造费用和管理费用将会被分摊在较少的产品（卡车）上。

② 部分设备会被闲置起来，引起有限资源的人为浪费。

③ 这些市场上的有些生意会转到竞争者手中，增加了竞争企业的经营实力。

④ 会引起一定的不稳定情绪，其他经销商会产生不安全感。

第十章　促销策略

现代市场营销不仅要求企业提供满足消费者需要的产品，制定有吸引力的价格，使产品易于为目标顾客所接受，而且要求企业塑造并控制其在公众中的形象，设计并传播产品及产品给目标顾客带来的利益等各方面的信息，即进行沟通促销活动。在现代营销活动中，每一个企业都不可避免地担负着沟通者的角色。

促销策略是营销组合的一个重要组成部分。现代社会中，生产者与消费者之间的地理距离越来越远，销售环节增多，难免出现信息交流和销售上的各种障碍。依靠促销活动，有利于克服销售的阻滞现象，争取产品优势，使顾客喜爱乃至偏爱公司提供的产品以及公司本身。

在商品经济不发达的时期，由于企业的市场范围较小，消费者不难了解企业生产什么产品，到什么地方去购买，以什么代价去取得产品等信息。所以生产经营者无须做促销努力，但随着商品经济发展到一定程度，企业的市场范围不断扩大，这就使企业和消费者之间空间距离越来越远，如果企业不进行促销活动，消费者就不可能了解到企业和产品的情况，更谈不上购买企业的产品，另外，随着商品经济的发展，生产同类产品的企业不断增加，企业之间为争取顾客展开了激烈的竞争，这种竞争不仅包括产品，价格等方面的竞争，而且还包括信息的竞争，如果企业不采取有效的手段将有关信息传递给消费者，突出本企业产品的优点，促使消费者购买本企业的产品，企业必然会在竞争中失败。可见，当商品经济发展到一定的高度，企业能否科学地制定促销决策就成为决定企业成败的一个重要因素。

第一节　促销和促销组合

一、促销的含义及作用

1. 促销的含义。促销是促进销售的简称，它是指激励顾客购买产品的一种信息交流活动，其目的是激发顾客对企业的销售作出积极的反应，促销的任务是将企业产品或服务的有关信息向消费者传播，使其认识到购买的利益所在，从而引起消费者的兴趣，激发其购买的欲望，以实现企业的销售任务。所以，促销的本质是信息交流活动。

促销信息传播过程由六个部分组成（见图 10 – 1）。

（1）信息源：企业准备向外传播的信息；

（2）编码：把信息转换成便于向接收者的传播的有效符号（如文字、声音、图像、动作等）；

（3）信息渠道：包括各种传播媒介、传播机构、推销员等；

（4）解码：接收对方信息的理解过程；

（5）终点：接收信息后的消费行动；

（6）反馈：信息源从接收方了解所传递信息的效果，以便评价传播过程是否理想，是否对决策作出调整。

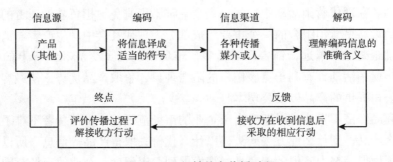

图 10 – 1　促销信息传播过程

企业促销活动中的沟通是企业与目标顾客或公众之间的信息交流过程，实质上是企业作为沟通者，发出作为刺激物的产品及相关信息，并借助于某种沟通渠道，把信息传播到目标顾客或公众，从而试图影响目标顾客购买态度与行为的过程。因此，沟通是一种说服性的沟通活动，即沟通者有意识地传播有说服力的信息，以期在特定的沟通对象中唤起沟通者预期的意念，有效地影响沟通对象的行为与态度。促销中的沟通在把产品及相关信息传播给目标顾客的同时，试图在特定目标顾客中唤起营销者预期的意念，使之形成对产品的正面反应，从而有效地影响目标顾客的行为与态度。

促销这一概念包括以下几层含义：

（1）促销的主要任务。促销的主要任务是沟通和传递信息。企业通过信息的沟通和传递，将商品或劳务的存在、性能和特征等信息传递给消费者，以便与消费者保持良好的联系，保证企业营销的顺利进行。

信息发出者通常是企业，接收者往往是消费者，沟通的主要工具是传播媒体。企业将商品或劳务的信息传递给消费者称为"单向沟通"；另一类是"双向沟通"，即企业和消费者双方既是发出者，也是接收者。企业通过信息传递，能够唤起消费需求，引起购买行动，实现销售；通过信息沟通和反馈，还能及时了解消费者的反应和意见，及时调整产品结构，改变经营方向与策略。

（2）促销的目标。促销的目标是吸引消费者对企业或商品的注意和兴趣，激发消费者的购买欲望，加速消费者的购买行动。

（3）促销的方式。促销的方式分为人员促销和非人员促销。人员促销是指企业派出推销人员，与消费者进行面对面的口头洽商，说服顾客购买。非人员促销是指企业通过一定的媒介传送产品或劳务的信息，促使顾客产生购买行为的一系列活动。一般来说，人员推销针对性较强，但影响面较窄；而非人员促销影响面较宽，针对性却较差。企业促销时，通常要将两者有机结合运用，方能发挥其理想的促销作用。

2. 促销的作用。事实上，现代企业越来越重视促销活动，这是因为促销有以下几方面的作用：

（1）传递信息。在产品正式进入市场之前，企业必须把有关的产品信息情报传递给目标市场的消费者、用户和中间商。对消费者或用户来说，传递信息的作用是引起他们的注意；对中间商而言，则是为它们的采购行为提供信息，与之共享信息。显而易见，传递信息是销售成功的前提条件。准确地说，信息传递应贯穿于企业产品生命周期的各个阶段，而并非局限于产品进入市场之前。因为在产品生命周期的不同阶段，企业都需要通过传递信息影响目标顾客的态度和行为，相应地建立起目标顾客对企业产品的知晓、了解、喜爱、偏好和信任。

（2）引起购买欲望，扩大产品需求。企业通过沟通活动，力求激发起潜在顾客的购买欲望，引发他们的购买行为，影响他们的购买决策。有效的沟通可以诱导和刺激需求，当企业产品处于低需求状态时，沟通可以刺激对企业产品的需求；当需求处于潜伏状态时，沟通可以激发需求，将对企业产品的潜在需求转化为现实需求；当需求波动时，沟通可以在一定程度上熨平需求；而当需求衰退时，沟通活动可以在一定程度上抑制对企业产品需求的衰退，从而保持一定的产品销售势头。有效的沟通不仅可以诱导和刺激需求，在一定的条件下还可以创造需求，从而使市场需求朝着有利于企业产品销售的方向发展。

（3）突出产品特点，树立产品形象。在竞争激烈的市场环境下，消费者或用户往往难以辨别或察觉许多同类产品的细微差异。此时，企业可以借助于沟通活动，传播本企业产品较之竞争者产品的不同特点及其给消费者或用户带来的特殊利益，从而在市场上树立起本企业产品与众不同的、独特和良好的产品形象。

（4）维持和扩大企业的市场份额。在许多情况下，一定时期内的企业销售额可能出现上下波动，这将不利于稳定企业的市场地位。此时，企业可以有针对性地开展各种沟通活动，使更多的消费者或用户了解、喜欢和信任本企业的产品，从而稳定乃至扩大企业的市场份额，巩固企业的市场地位。

二、促销组合的内容及影响因素

为了把有关企业和产品的信息传递给消费者，有效地发挥促销的作用，企业必须要采取一定的促销手段，所有的促销手段可以分为两大类：一类是人员推销；另一类是非人员推销。

企业可以利用的沟通工具有人员推销、广告、公共关系、销售促进以及直接营销五种。企业的营销沟通组合就是由上述五种沟通工具所构成的有机组合。沟通组合最佳化是企业沟通决策的核心问题，沟通决策的富有挑战性的问题是如何找到一个最佳的沟通组合。

沟通组合是企业为了达到某一预定的销售量水平，可以采用的各种沟通手段或沟通工具的组合。同"4Ps"一样，沟通组合欲体现整体决策思想，形成完整的沟通决策。很明显，沟通组合中的每一构成要素互相具有部分的替代性，这些要素作为沟通工具都可以刺激消费者的购买欲望与购买行为，只是在程度上有所差别而已。因此，市场营销管理者必须努力协调各种沟通工具的使用，以不断提高企业市场营销沟通效果。

1. 各种沟通工具的特点。每种沟通工具——广告、销售促进、直接营销、公共关系和人员推销，都各有其独有的特性，这是导致每种沟通工具的影响与效果差异的主要原因。

（1）广告。广告作为一种主要的沟通工具，相对于其他沟通工具，显示出下述鲜明的特性：

● 公开展示。广告是一种高度公开的信息沟通工具，它的公开性赋予产品一种合法性。

● 普及性。广告是通过大众传播媒介进行的信息沟通，是非常大众化的、普及性的信息沟通方式。普及性赋予广告突出的"广而告之"的特点，在短时期内可以同众多的目标消费者沟通。

● 增大的表现力。广告可以借助各种艺术形式、手段与技巧，提供将一个企业及其产品感情化、性格化、戏剧化的表现机会，增大其吸引力与说服力。

● 非人格化。广告是非人格化的沟通方式，广告的非人格化决定在沟通效果上，广告不能使消费者直接完成行为反应。在广告被消费者接受的时间与消费者完成购买的时间之间往往存在时间差。在这一时间里，消费者将受到其他广告的冲击，从而可能改变购买意图。

广告的上述特性决定了广告一方面适用于创立一个企业或产品的长期形象；另一方面，它能快速促进销售，从其成本费用看，广告就传达给处于地域广阔而又分散的广大消费者而言，每个显露点相对只需较低的成本，因此，是一种较为有效，并被广泛使用的沟通方式。

（2）销售促进。尽管销售促进的各种工具——奖券、赠券、礼品等是很不相同的，但总的来讲销售促进具有下述三个明显特征：

● 迅速的信息沟通。销售促进可以迅速地引起消费者注意，并传递能将消费者引向实际购买的产品信息。

● 强烈的刺激性。通过采用回扣、诱导或赠送的办法带给消费者某些利益，使销售促进具有强烈的刺激作用。

● 明显的邀请性。销售促进以一系列具有短期诱导性的手段，显示出诱导顾客前来与之交易的倾向。

在企业沟通活动中，运用销售促进方式可以产生更为强烈、迅速的反应，快速扭转销售下降的趋势。然而，它的影响常常是短期的，所以，销售促进不适于形成产品的长期品牌偏好。

（3）直接营销。虽然直接营销有许多形式，如直接邮寄、电话销售、电视购物、网络销售等，但总的来说都具有下述明显特征：

● 非大众化的沟通。直接营销方式通常只将信息传递给特定的目标受众而非其他人。

● 经常性沟通。直接营销以一种习惯性的方式经常性地与目标受众进行沟通或提供服务，从而保持对目标受众的吸引力。

● 最迅速的沟通。直接营销可以迅速地将信息传递给特定的目标受众。

由于直接营销具有较高的目标受众选择性，具有持续的吸引力和迅速性，因而，能进行销售早期测试和销售效果衡量。虽然直接营销的每千人触及成本比大众化沟通方式要高，但是它触及的都是可能购买力较大的潜在购买者。

（4）公关关系。在企业促销活动中，公共关系具有下述特点：

● 高度可信性。由于公关和宣传是由第三者进行的企业或产品的有利报道或展示，因而，比起广告来，其可信度要高得多。

● 消除防卫心理。购买者对推销人员和广告或许会产生回避心理，而公共关系是以一种隐避、含蓄、不直接触及商业利益的方式进行信息沟通的方式，从而可以消除购买者的回避、防卫心理。

● 新闻价值。公关和宣传具有新闻价值，可以引起社会的良好反应，甚至产生社会轰动效应，从而有利于提高企业的知名度，促进消费者做出有利于企业的购买行为。

企业运用公关宣传手段也要花一定的费用，但这与广告或其他促销工具的费用相比较要低得多。公共关系的特有性质决定了在企业促销活动中，如果将一个恰当的公关与宣传活动同其他沟通方式协调起来，可以取得极大的效果。

（5）人员推销。人员推销方式具有以下特点：

● 直接沟通。人员推销是以一种直接的、生动的、与客户相互影响的方式进行推销活动。推销员在与客户的直接沟通中，通过直觉和观察，可以探究消费者的动机和兴趣，从而有的放矢地调整沟通方式。

● 培植效应。允许推销人员与客户在交易关系的基础上，建立与发展其他各种人际沟通关系，此即人员推销的培植效应。培植效应使得人员推销作为个人沟通方式，可以得到购买者更多的理解。

● 直接的行为反应。人员推销方式可以促使买方产生直接反应行为。

与人员推销方式的显著特性相关联的是人员推销方式的高成本。人员推销是一种昂贵的沟通工具。

企业的市场营销沟通组合（也称促销组合）就是由上述五种工具所构成的。表 10－1 所列即为上述的具体沟通手段。当然，企业的沟通活动并不仅仅限于这些特定的手段。

表 10－1　　　　　　　　　　常用的沟通手段

人员推销	广　告	公共关系	销售促进	直接营销
销售展示 销售会议 样品试用 展览会	印刷广告 广播广告 电影、电视广告 宣传手册 企业名录 广告牌 POP 广告 招牌 视听材料	记者报道 赞助 研讨会 慈善捐助 出版物、公司期刊 社区关系 标识宣传 活动	比赛、抽奖、奖券 奖金与礼品 样品、赠券 折扣 以旧换新 搭配商品 演示 低息贷款 招待会	商品目录 邮寄 电话销售 网络销售 电视购物

2. 影响促销组合的因素分析。企业在制定促销组合决策时不仅要考虑各种促销手段的特点，而且还要考虑以下影响促销组合的因素：

（1）产品的类型。各种促销手段在消费品和生产资料的信息传递中具有不同的重要性，如图 10－2 所示。

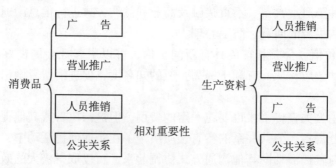

图 10－2　各种促销手段对消费品和生产资料的相对重要性

　　若以矩形长度表示相对重要性，则由图 12 - 2 可见，对营销消费品的企业来说，最重要的促销手段首先是广告，其次是营业推广、人员销售，最后是公共关系。而对营销生产资料的企业来说，最重要的促销手段首先是人员推销，其次是营业推广、广告，最后是公共关系。各种促销手段对消费品和生产资料有不同的重要性，这是由不同产品的特点所决定的，因为多数消费品价格较低，使用简单，消费者人多面广，每次购买数量少，因此与这些特点相适应，广告是消费品的最重要的促销手段；相反，多数生产资料的价格较高，技术性强，用户数量较少，分布较为集中，每次购买数量较大，因而人员推销是生产资料的最重要的促销手段。但值得一提的是，各种促销手段对不同产品的重要性是相对的，虽然广告对消费品的促销十分重要，但也不能忽视人员推销的作用，特别是对消费品的生产者来说，它们在批发商和零售商促销时，人员推销仍然是一种非常重要的促销手段。同样，广告在生产资料的促销中也有不可低估的作用，通过广告宣传，用户对有关生产资料产生了初步的印象，这就为有效地开展人员推销打下了良好的基础。

　　（2）企业的促销战略。企业的促销战略可分为"推动"的战略和"拉引"的战略，如图 10 - 3 所示。

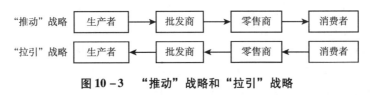

图 10 - 3　"推动"战略和"拉引"战略

　　由图 10 - 3 可见，"推动"战略要求较多地使用推销人员，生产者积极地向批发商推销产品，批发商又积极地向零售商推销产品，最后零售商又积极地向消费者推销产品；而"拉引"战略则要求做最大的广告，以引起消费者对产品的需求，如果这种战略奏效，消费者就会向零售商采购产品，零售商又向批发商采购，批发商向生产者采购。可见，如果企业采取"推动"战略，企业就以人员推销作为主要促销手段，若企业采取"拉引"战略，企业就以广告作为主要促销手段。

　　（3）消费者的待购阶段。消费者的待购阶段可分为认识、了解、兴趣和准备购买这四个阶段，在不同的待购阶段，各种促销手段的效果是不同的。在认识阶段，企业主要让消费者知道某种产品的存在，因此，广告和公共关系是最主要的促销手段，在了解阶段，消费者需要知道更多的产品信息，因此，企业除了运用广告外，还可以运用人员推销；而在兴趣阶段，人员推销的影响力最大，其次是广告；在最后的准备购买阶段，人员推销仍是最重要的促销手段。

　　（4）产品的生命周期阶段。在产品生命周期的不同阶段，各种促销手段的经济效果也不相同。①在投入期为了使消费者尽快了解新产品的生产企业的情况。广告和公共关系是最主要的促销手段，为了促使消费者试用新产品，企业也可运用营业推广；②在成长期，企业仍可运用广告和公共关系，由于失去了对消费者实行早期刺激的必要，故可减少营业推广；在成熟期，由于企业之间发生了比较激烈的竞争，因此；企业应尽可能多地运用人员推销，同时运用营业推广，采取一定的方式（如扩大价格折扣等）刺激消费者购买，广告的重要性相对削弱；在衰退期，最重要的促销手段是营业推广，企业应通过削价等方式，尽快地抛售库存。

企业认识了各种促销手段的特点和影响促销组合的诸因素后，就不难制定促销组合决策，即决定在特定的时期，对特定的产品以何种促销手段为主，其他促销手段如何配合，以形成最佳的促销组合，有效地把有关企业和产品的信息传递给消费者。

3. 促销预算的确定。确定促销组合实质上也就是企业在各促销工具之间合理分配促销预算的问题。从世界各国的情况看，企业促销预算的差异很大，在化妆品行业，促销费用可能高达销售额的 30% ~ 50%；而在机械行业只占 10% ~ 20%。在亚洲，1993 ~ 1994 年促销费用支出最多的是：万宝路（中国大陆）、花王（中国香港）、马来西亚航空公司（马来西亚）、宝洁（菲律宾）、麦当劳（新加坡）、三星电子（韩国）、联合利华（泰国）等。

企业开展促销活动必然会发生促销费用，为了有计划地开展促销活动，企业必须要制定合理的促销预算。但确定促销预算是企业最为困难的市场营销决策之一，不同行业、不同企业的促销预算差别很大，似乎没有一个标准。下面介绍四种确定促销预算的常用方法，具体如下：

（1）量入为出法。量入为出法是根据企业财务的承受能力确定沟通预算的方法。在经济繁荣时期，利用量入为出法从事大规模的销售活动，有利于充分利用市场机会，扩展产品市场。然而，这种确定预算的方法忽视了沟通对销售量的影响，因而容易导致年度沟通预算的不确定性，给制订长期市场计划带来困难。

（2）销售百分比法。销售百分比法是以一定期间的销售额（销售量）或产品销售价的一定比率确定沟通费用数额。使用销售百分比法确定沟通预算的主要优点是：

①沟通费用可以因企业财务承受能力的差异而变动；②可以促使企业管理者依据销售成本、产品售价和销售利润之间的关系去考虑企业经营管理问题；③有利于保持同类企业之间竞争的稳定性。但是，销售百分比法没有考虑竞争因素，若加入竞争因素，这种方法就会显示出它的不足之处。

（3）竞争对等法。竞争对等法是以主要竞争对手的沟通费用支出为基准，确定足以与其抗衡的支出额。显然，确定沟通预算仅从本企业考虑是毫无意义的，必须与竞争企业比较，确定足以与竞争对手抗衡的沟通预算。

（4）目标任务法。目标任务法是根据营销计划确定的企业特定目标，确定达到这一目标必须完成的任务以及估计为完成该任务所需费用，来决定沟通预算。目标任务法在逻辑程序上具有较强的科学性。

确定沟通预算的计量方法，是利用数学模型作为确定预算的方法，又分为静态模型和动态模型。静态模型是找出与沟通费用相关的因素建成模型，如沟通费用与市场占有率二者的相关关系，通过计算分析制订最佳方案；在静态模型的基础上加入时间的因素，来决定最恰当的预算方案，则为动态模型。

理论上，总沟通预算的确定应遵循沟通费用的边际收益与非促销费用的边际收益相等的原则，此时，沟通的成本效应最大。

第二节 广告策略

广告是促销组合中受到普遍重视和应用的促销方式。广告的历史久远，凝聚着历史与创新的广告方式，在现代市场营销中占有越来越引人注目的地位。在现代企业营销活动中，广告作为信息和信息传播手段之一，在促进产品销售方面发挥着极其重要的作用。

完整的营销策略需要与之相适应的运作方式。

其中，广告策略就起到了画龙点睛的作用。

广告已不再只是商业性内容的诉求，也不仅只是企业想要告知或游说大众的事物。广告已经是人们社会生活文化的一部分。广告业本身也发展成为一个庞然大物，仅1993年的全美国广告金额已达1400亿美元。广告随着时代的发展，从内容到形式都有了巨大变化，学问也十分广泛。

一、广告的含义及功能

1. 广告的概念。美国市场营销协会定义委员会为了把广告与其他促销手段严格区别开来，曾就广告的性质下过这样的定义："广告是由明确的发起者以公开支付费用的做法，以非人员的任何形式，对产品、服务或某项行动的意见和想法等的介绍。"该定义包含下列内容：

（1）任何形式，指广告可以用任何形式进行介绍。杂志、报纸、广播、电视、海报、牌坊、符号、空中文字、卡片、气球、车船、火柴盒、瓶罐、日历等都可以用作广告。

（2）非人员。这就排除了广告与人员推销相混淆的可能。面对面地、个人对个人、小组对小组进行游说推销，不属于广告的范畴。

（3）介绍产品、服务或某项行动的意见和想法。人们在给广告下定义时，往往只提到介绍产品或服务，而忽略了对某种意见和想法的推广，其实这正是极为重要的广告内容。例如，在我国随处可见的"一对夫妇只生一个孩子"、"节约光荣、浪费可耻"、"严禁酒后驾驶"等广告词句，都是在向公众介绍或推广某种意见和想法。

（4）由明确的发起者以公开支付费用的做法。这就是说，做广告的人必须明确，并公开承认为使用广告媒体而付出费用。否则，就可能与宣传相混淆。宣传既不公开付费又不一定总能明确识别其作者。

2. 广告的功能。广告的功能是指广告的基本作用与效能，在消费者行为中，广告的作用是传播使消费者产生特定行为或一定条件下的预期行为的有说服力的产品信息。因此，广告可以成为一种有效的促销手段。广告对消费者所产生的作用与影响可分为以下几个方面：

（1）显露功能。所有的广告都有显露功能，所谓显露，是指广告主通过广告，将企业名称、历史以及商品特征、效用、品牌、价格等信息传达给消费者。广告对消费者心目中留下的某种商品上市或即将上市的印象，就是广告的显露功能。

（2）认知功能。广告是消费者初步认识商品的工具。消费者通过广告可以了解商品的质量、特点、用途和价格"了解购买地点、方式和服务项目"等信息。

（3）激发功能。广告是激发消费者购买的诱因。广告作为一种说服性沟通活动，它能够激发消费者的潜在购买意识，改变偏见和消极态度，影响消费者的购买行为。

（4）引导功能。广告的引导功能有三层含义。广告能使新产品、新款式和新的消费意识迅速流行，形成消费时尚；广告可以使消费者在众多的商品中进行比较，有消费选择、考虑的余地；广告可以引导消费走上文明、健康的道路。

（5）艺术与教育功能。出色的广告本身就是一种美好的艺术作品，它不仅可以美化生活环境，而且还能给消费者以美的享受；健康的广告有利于培养文明、道德的消费观念和消费行为，增长科学知识，丰富精神生活。

二、广告决策

广告决策是企业在总体营销战略的指导下，对企业的广告活动进行一系列的规划与控制。在确定企业目标市场和明确购买者动机的前提下，广告决策制定过程包括广告目标确定、广告预算决策、广告信息决策、广告媒体决策和评估广告效果五项决策。图 10-4 显示了广告决策过程。

（一）确定广告目标

广告目标就是企业通过做广告所要达到的直接目的。广告目标应同企业已经确定的目标市场、市场定位和市场营销组合决策保持一致，广告的最终目标无非是促使消费者购买本企业的产品，以扩大销售额，但由于受市场因素，产品因素和企业本身因素的影响，企业的广告目标往往不是固定的。例如，对处于产品生命周期不同阶段的产品应有不同的广告目标，对处于投入期的新产品，企业以"告知"为目标，而对处于成熟期的产品，由于竞争激烈，企业应以"说服"为目标，促使消费者偏爱企业的产品。广告的目标很多，但可归纳为以下三大类：

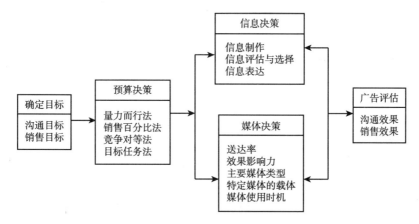

图 10-4　广告决策过程

（1）告知性的广告目标。即通过广告使消费者了解有关信息。它主要适用以下情况：让消费者了解某种新产品已投放市场；向消费者介绍某种新产品的新用途；介绍企业的产品价格调整情况；解释产品的使用、保养方法；介绍企业能提供的服务项目；纠正消费者对企业的不正确印象；消除顾客购买产品的后顾之忧，树立企业的形象和提高企业的知名度。

（2）说服性的广告目标。即通过广告使消费者偏爱和购买企业的产品，大多数广告目标属于这一类型。它主要适用以下的情况；当产品竞争十分激烈时，企业通过广告使消费者认识到本企业产品的特色，能为顾客带来较为满意的使用价值，促使消费者选购本企业产品；当市场上同类产品很多时，促使消费者对本企业的产品牌号产生偏爱；鼓励竞争企业的顾客购买本企业的产品；鼓励顾客在短期内购买产品；转变顾客对某些产品特征的感觉，使顾客真正了解产品的价值等。

（3）提示性的广告目标。即通过广告提醒消费者采取某种行为。它主要适用于以下情况：当产品处于成熟期时，企业通过反复做广告，使消费者经常想到本企业的产品；提醒消费者不久的将来需要某种产品，如在夏季来临时，提醒消费者购买电扇、夏衣等；提示消费者购买某种产品的地点；在某种产品的销售淡季使消费者不忘记该产品。与这类广告目标相类似的还有加强性广告目标，即通过广告使现有的购买者确信自己的购买决策是正确的，如一些企业通过描绘顾客使用某种产品的满意情况来达到这一目标。

（二）广告预算决策

企业的广告目标主要有提供信息、诱导购买、提醒使用等。广告目标决定后，企业即可制定广告预算，即确定在广告活动上应花费多少资金。一般来讲，企业确定广告预算的方法主要有四种：

（1）量力而行法。尽管这种方法在市场营销学上没有正式定义，但不少企业确实一直采用。即企业确定广告预算的依据是它们所能拿得出的资金数额。也就是说，在其他市场营销活动的经费被优先分配之后，尚有剩余者再供广告之用。企业根据其财力情况来决定广告开支多少并没有错，但应看到，广告是企业的一种重要促销手段，企业做广告的根本目的在于促进销售。因此，企业做广告预算时要充分考虑企业需要花多少广告费才能完成销售指标。所以，严格来说，量力而行法在某种程度上存在着片面性。

（2）销售百分比法。即企业按照销售额（销售实绩或预计销售额）或单位产品售价的一定百分比来计算和决定广告开支。这就是说，企业按照每完成100元销售额（或每卖1单位产品）需要多少广告费来计算和决定广告预算。例如，某企业在1999年12月1日将11月的销售收入与12月预计的收入相加，以总额的2%作为2000年的广告预算。在美国，汽车公司一般是以每辆汽车预估价格的某一固定比率来作为确定广告预算的基础；而石油公司则一般是以每加仑汽油价格的某一固定比率来作为确定广告预算的基础。

使用销售百分比法来确定广告预算的主要优点是：

① 暗示广告费用将随着企业所能提供的资金量的大小而变化，这可以促使那些注重财务的高级管理人员认识到企业所有类型的费用支出都与总收入的变动有密切关系。

② 可促使企业管理人员根据单位广告成本、产品售价和销售利润之间的关系去考虑企业的经营管理问题。

③ 有利于保持竞争的相对稳定，因为只要各竞争企业都在让其广告预算随着销售额的某一百分比而变动这一点上达成默契，就可以避免广告战。

使用销售百分比方法来确定广告预算的主要缺点是：

① 把销售收入当成广告支出的"因"而不是"果"，造成了因果倒置。

② 用此法确定广告预算，实际上是基于可用资金的多少，而不是基于"机会"的发现与利用，因而会失去有利的市场营销机会。

③ 用此法确定广告预算，将导致广告预算随每年的销售波动而增减，从而与广告长期方案相抵触。

④ 此法未能提供选择这一固定比率或成本的某一比率，而是随意确定一个

比率。

⑤ 不是根据不同的产品或不同的地区确定不同的广告预算，而是所有的广告都按同一比率分配预算，造成了不合理的平均主义。

（3）竞争对等法。指企业比照竞争者的广告开支来决定本企业广告开支的多少，以保持竞争上的优势。在市场营销管理实践中，不少企业都喜欢根据竞争者的广告预算来确定自己的广告预算，造成与竞争者旗鼓相当、势均力敌的对等局势。如果竞争者的广告预算确定为100万元，那么本企业为了与它拉平，也将广告预算确定为100万元甚至更高。美国奈尔逊调查公司的派克汉（J. O. Peckham）通过对40多年的统计资料进行分析，得出结论：要确保新上市产品的销售额达到同行业平均水平，其广告预算必须相当于同行业平均水平的1.5~2倍。这一法则通常称为派克汉法则。

采用竞争对等法的前提条件是：

① 企业必须能获悉竞争者确定广告预算的可靠信息，只有这样才能随着竞争者广告预算的升降而调高或调低。

② 竞争者的广告预算能代表企业所在行业的集体智慧。

③ 维持竞争均势能避免各企业之间的广告战。

但是，事实上，上述前提条件很难具备。这是由于：

① 企业没有理由相信竞争者所采用的广告预算确定方法比本企业的方法更科学。

② 各企业的广告信誉、资源、机会与目标并不一定相同，可能会相差甚多，因此某一企业的广告预算不一定值得其他企业效仿。

③ 即使本企业的广告预算与竞争者势均力敌，也不一定能够稳定全行业的广告支出。

（4）目标任务法。前面介绍的几种方法都是先确定一个总的广告预算，然后，再将广告预算总额分配给不同的产品或地区。比较科学的程序步骤是：

① 明确地确定广告目标。

② 决定为达到这种目标而必须执行的工作任务。

③ 估算执行这种工作任务所需的各种费用，这些费用的总和就是计划广告预算。

上述确定广告预算的方法，就是目标任务法。企业在编制总的广告预算时，先要求每个经理按照下述步骤准备一份广告预算申请书：

① 尽可能详细地限定其广告目标，该目标最好能用数字表示。

② 列出为实现该目标必须完成的工作任务。

③ 估计完成这些任务所需要的全部成本。

这些成本之和就是各自的经费申请额，所有经理的经费申请额即构成企业所必需的总的广告预算。

目标任务法的缺点，是没有从成本的观点出发来考虑某一广告目标是否值得追求这个问题。例如，企业的广告目标是下年度将某品牌的知名度提高20%，这时所需要的广告费用也许会比实现该目标后对利润的贡献额超出许多。因此，如果企业能够先按照成本来估计各目标的贡献额（即进行成本效益分析），然后再选择最有利的目标付诸实现，则效果更佳。实际上，这种方法也就被修正为根据边际成本与边际收益的估计来确定广告预算。

三、广告信息决策

广告信息决策的核心问题是制定一个有效的广告信息。最理想的广告信息应能引起人们的注意，提起人们的兴趣，唤起人们的欲望，导致人们采取行动。有效的信息是实现企业广告活动目标，获取广告成功的关键。

制定广告信息涉及信息制作与信息表达问题。

1. 信息制作。在广告活动中，企业必须了解对消费者、用户或社会公众说些什么才能产生预期的认识、情感和行为反应，这就涉及广告信息制作，亦称广告诉求或广告构思问题。一般来说，广告信息主题形式有三类：理性主题、情感主题和道德诉求主题。

（1）理性主题是直接向目标顾客或公众诉诸某种行为的理性利益，或显示产品能产生的消费者所需要的功能利益与要求，以促使人们做出既定的行为反应。通常，产业购买者对理性主题反应最明显，因为产业购买者的购买行为往往是理智的。

（2）情感主题是试图向目标顾客诉诸某种否定（诸如恐惧感、罪恶感、羞耻感等消极情感因素）或肯定（诸如幽默、喜爱、自豪、快乐等积极情感因素）的情感因素，以激起人们对某种产品的兴趣和购买欲望。这类广告信息主题一般适用于化妆品、饮料、食品等消费品，在促使最终消费者做出既定的行为反应时，激发情感性购买动机容易获得成功。

（3）道德诉求主题是为使广告接收者从道义上分辨什么是正确的或适宜的。进而规范其行为。这种广告信息主题通常用于劝诫人们支持某种高度一致的社会运动，对消费品较少采用。

2. 信息的评价和选择。这一工作要求企业首先对可供选择的广告内容进行评价，在此基础上选择最佳广告内容。一些西方市场营销学者认为，评价广告信息（内容）可用以下三项标准：第一，引人喜欢，即广告内容要使听众或观众感到有兴趣，这才会使听众或观众对广告内容产生较深的印象；第二，具有特色。即广告内容要能说明本企业的产品具有区别于其他企业产品的特色，从而使消费者偏爱，购买本企业产品；第三，可信度高，即广告内容能使消费者认为是真实的而不是虚假的。在评价广告信息的基础上，企业就可以选择一种最能达到广告目标的广告内容。

3. 信息的表达。广告的效果不仅取决广告信息（内容）的质量，而且取决于广告信息的表达方式，尤其是对于那些类似性较大的产品（如啤酒、洗涤剂、香烟等），广告信息的表达方式更是具有关键性的作用，企业必须通过能赢得目标听众（观众）的注意和兴趣的方式把信息传递出去。

企业应谋求最佳的信息表达形式、语调、语音和格式来表达广告信息，任何信息都可采用不同表达方式，最常用的信息表达形式有以下几种：

① 生活片断。即以生活片断的形式显示人们正在使用本企业的产品，如显示一个家庭的成员围坐在餐桌边满意地品味着某牌号的咖啡。

② 生活方式。即强调本企业的产品非常符合人们的生活方式，如显示一个中年人一边喝某牌号的啤酒，一边在观看电视。

③ 幻想。即根据产品的特点和用途创造出一种幻想境界，如显示一个穿着单薄的姑娘抖索在积雪很厚的田野上行走，突然从天上降下一件皮大衣，顿时使她欣喜万分。

④ 音乐。即以音乐的形式表达产品的性能、特色、信誉等内容。

⑤ 人格化。即用拟人的手法，使产品具有人的特征，进行自我宣传。

⑥ 技术专长。即表明本企业生产某种产品所拥有的专长和经验，如显示某一药厂以高级人参为原料，通过现代化的生产线制造某种滋补品。

⑦ 科学证据。即通过提供调查结果或科学证据说明本企业产品符合科学原理或优于其他同类产品。

⑧ 旁证材料。即通过显示企业的产品得到过某些奖励或权威人士对产品的高度评价来说明本企业产品的优点，这是一种可信度较高的表达形式。

除了广告信息的表达形式外，企业还应重视表达信息的语调、语音和格式（包括版面和画面的大小、颜色等因素）。而且，各种要素应相互协调，以产生一种最佳的广告信息表达效果。

四、广告媒体决策

1. 广告媒体是广告主为推销商品，以特定的广告表现，将自己的意图传达给消费者的工具或手段。不同的广告媒体具有不同的特点，它限制着广告主意图的表达和目的的实现。不同的广告媒体，它的传播范围、时间，所能采用的表现形式，接受的对象都是不同的。广告主在通过广告媒体把自己的意图在他们所希望的时间、地区传递给目标对象时，需要根据媒体所能传播的信息量的多少，根据对媒体占用时间与空间的多少，支付不同的费用。因此，广告媒体选择的核心在于寻求最佳的传送路线，使广告在目标市场影响范围内，达到期望的展露数量，并拥有最佳的成本效益。

确定广告媒体，需要在理解广告送达率、频率和影响力等概念的基础之上，认识各种媒体在送达率、频率和影响力方面的差异，认识各种媒体的特性。

送达率、频率和影响力是决定广告展露数量与功能的重要因素。所谓送达率是指在某一特定时期内，接触媒体广告一次以上的人数比例。所谓频率，是指在某一特定时期内，每一家庭或个人接触信息的次数。所谓影响力，是指经由特定媒体的展露所产生的定性价值。送达率、频率与展露数量之间的关系是，展露总数为送达率与平均频率的乘积。

广告媒体主要有报纸媒体、杂志媒体、广播媒体、电视媒体、户外广告媒体，以及邮寄广告媒体和其他媒体。这些主要媒体在送达率、频率和影响力方面互有差异，例如，电视的送达率比杂志高；户外广告的频率比杂志高；而杂志的影响比报纸大。

每一类媒体都有一定的优点和局限性，认识每一类媒体的特性，是合理选择广告媒体的前提（见表 10 – 2）。

表 10 – 2　　　　　　　　　　主要广告媒体的特性

媒体	优点	局限性
报纸	灵活、及时、本地市场覆盖率高、易被接受和信任	传递率低、保存性差、传真度差广告版面太小易被忽视
杂志	针对性强、选择性好、可信度高并有一定权威性、反复阅读率高、传读率高、保存期长	广告购买前置时间长，会产生无效广告
广播	传播信息迅速、及时，传播范围广泛，选择性强，成本低	仅有声音传播，信息展露转瞬即逝，表现手法不如电视吸引人
电视	诉诸人的听觉和视觉，富有感染力，能引起高度注意，触及面广	成本高，干扰多，信息转瞬即逝，选择性、针对性较差
户外广告媒体	反复诉求效果好，对地区和消费者选择性强、传真度高，费用较低，具有一定的强迫诉求性质	传播区域小，创造力受到限制
直接邮寄广告媒体	针对性、选择性强，注意率、传读率、反复阅读率高，灵活，无同一媒体广告的竞争，人情味较浓	不易生动，传播面较小

2. 企业选择广告媒体应考虑的因素。

（1）目标市场的媒体习惯。不同的观众通常会接触特定的媒体。有针对性地选择为广告对象所易于接收的媒体，最增强广告促销效果的有效方法。例如，对于青少年，广播、电视是最有效的广告媒体。

（2）产品。选择广告媒体，应当根据企业所推销的产品或服务的性质与特征而定。因为各类媒体在展示、解释、可信度、注意力与吸引力等各方面具有不同的特点。工业品与消费品、技术性能较高的复杂产品与较普通的产品，应选择不同的媒体进行广告宣传。

（3）广告内容。广告媒体选择要受到广告信息内容的制约。如果广告内容是宣布翌日的销售活动，报纸、电视、广播媒体最及时；而如果广告信息中会有大量的技术资料，则宜登载在专业杂志上或邮寄广告媒体上。

（4）广告传播范围。选择广告媒体，必须使媒体所触及的影响范围与企业所要求的信息传播范围相适应，如果企业产品是行销全国的，宜在全国性报纸或中央电视台、中央广播电台做广告。而在某一地区或城市销售的产品，则可以选择地方性报纸、电视台等传播媒体。

（5）媒体成本。不同媒体所需成本也是选择广告媒体的依据之一。依据各类媒体成本选择广告媒体，最重要的不是绝对成本数字的差异，而是媒体成本与广告接收者之间的相对关系，即相对成本。相对成本是向每千人传播广告信息所支付的费用，也称媒体的千人成本。比较千人成本，再考虑媒体的传播速度、传播范围，记忆率等因素之后择优确定广告媒体，可以收到较好的效果。

五、广告效果评价

良好的广告计划和控制在很大程度上取决于对广告效果的测定。测定和评价广告效果，是完整的广告活动过程中不可缺少的重要内容，是企业上期广告活动结束和下期广告活动开始的标志。

广告效果是通过广告媒体传播之后所产生的影响。这种影响可以分为：对消费者的影响——广告沟通效果；对企业经营的影响——广告销售效果。

1. 广告沟通效果。广告本身效果的研究目的，在于分析广告活动是否达到了预期的沟通效果。测定广告本身效果的方法，主要有广告事前测定与广告事后测定。

广告事前测定，是在广告作品尚未正式制作完成之前进行各种测验，或邀请有关专家、消费者小组进行现场观摩，或在实验室采用专用仪器来测定人们的心理活动反应，从而对广告可能获得的成效进行评价。广告事先测定，根据测定当中产生的问题，可以及时调整已定的广告策略，改进广告制作，提高广告的成功率。事前测定的具体方法主要有消费者评定法、组合测试法和实验室测试法。

广告的事后测定，主要用来评估广告出现于媒体后所产生的实际效果。事后测定的主要方法是回忆测定法与识别测定法。

信息传递效果分析还可以通过抽样调查，采取定量分析的方法进行，较常用的定量分析指标有阅读率、视听率和记忆率。

对于报纸杂志之类的广告媒介可用阅读率指标进行分析，阅读率是指通过报纸杂志阅读过广告的人数和报纸杂志发行量之间的比值。即：

$$阅读率 = \frac{阅读人数}{发行量} \times 100\%$$

对于电视、广播之类的广告媒介可用视听率指标进行分析，视听率是指通过电视机、收音机接触过广告的人数与电视机、收音机拥有量之间的比值。即：

$$视听率 = \frac{收看或收听到广告人数}{电视机或收音机拥有量} \times 100\%$$

企业不仅要关心广告的覆盖面，而且更要重视分析接触过广告的人对广告的主要内容的记忆程度，这种分析可借助记忆率指标：

$$记忆率 = \frac{记忆广告主要内容的人数}{接触过广告的人数} \times 100\%$$

2. 广告销售效果。销售效果分析就是分析广告对扩大销售额的影响，但由于企业的销售额受广告的影响外，还受产品的价格、市场形势的变化、竞争企业的行为和产品销售的季节性等因素的影响，这就为销售效果分析带来了困难，但企业仍然能以一定的办法大致地分析广告对销售额的影响，其中最常用的方法有以下两种：

① 统计分析法。即通过比较广告前一段时间的平均销售额和广告后一段时间的平均销售额的变化情况以分析销售效果。我们可用单位广告费用销售增加额和单位广告费用利润增加额这两个指标来衡量广告的经济效益，其公式是：

$$单位广告费用销售增加额 = \frac{广告后实现的销售额 - \begin{array}{c}广告前同样长时间内\\实现的销售额\end{array}}{广告费用}$$

$$单位广告费用利润增加额 = \frac{广告后实现的利润额 - \begin{array}{c}广告前同样长时间内\\实现的利润额\end{array}}{广告费用}$$

例如，某企业在广告后的半个月内实现的销售额和利润分别为 10 万元和 0.5 万元，而广告前的半个月内实现的销售额和利润分别为 6 万元和 0.3 万元，若广告费用为 1000 元，则该企业的单位广告费用（每元广告费用）销售增加额为：$\frac{100000 - 60000}{1000} = 40$（元）

单位广告费用利润增加额为：

$$\frac{5000-3000}{1000}=2（元）$$

② 实验设计分析法。用这种方法来测量广告对销售的影响，可选择不同地区，在其中某些地区进行比平均广告水平强 50% 的广告活动，在另一些地区进行比平均水平弱 50% 的广告活动。这样，从 150%、100%、50% 三类广告水平地区的销售记录，就可以看出广告活动对企业销售究竟有多大影响，由此还可以导出销售反应函数。

第三节　销售促进策略

所谓销售促进，是指企业运用各种短期诱因，鼓励购买或销售企业产品或服务的促销活动。美国市场营销协会定义的、刺激消费者购买和经销商效益的各种市场营销活动，例如，陈列、演出、展览会、示范表演以及其他推销努力。该委员会还指出，在美国零售业，销售促进被理解为零售企业"刺激顾客的一切方法，包括人员推销、广告和报道"，因此，它常被视为促销的同义语。

销售促进也称为营业推广式营销促进，其特点有：

（1）销售促进是广告和人员销售的补充措施，只是一种辅助的促销工具。

（2）销售促进是一种非正规、非经常性的促销活动，而广告和人员销售则是连续的、常规的促销活动。

（3）销售促进具有强烈的刺激性，可获得顾客的快速反应。但有效期较为短暂。

恰当运用销售促进，特别是与广告或人员销售配合应用，是非常有效的。但是，几乎每一种销售促进方法，都要在提供商品的同时，附加上一些有实际价值的东西，以诱发顾客的行动，所以销售促进费用较高。

一般来讲，企业的销售促进战略包括确定目标、选择工具、制订方案、预试方案、实施和控制方案，以及评价结果等内容。

一、确定销售促进目标

销售促进目标是由基本的市场营销沟通目标推演出来的，而后者又是由产品的更基本的市场营销目标推演出来的。从这个角度讲，销售促进的特定目标将依目标市场的不同而有所差异。就消费者而言，目标包括鼓励消费者更多地使用产品和促使其大量购买，争取未使用者试用，吸引竞争者品牌的使用者等。就零售商而言，目标包括吸引零售商经营新的产品项目和维持较高水平的存货，鼓励它们购买落令商品，储存相关产品，抵消各种竞争性的促销影响，建立零售商的品牌忠诚度，获得新的零售商的合作与支持等。就推销人员而言，目标包括鼓励其支持一种新产品或新款式、新型号，激励其寻找更多的潜在顾客，刺激其推销落令商品等。

二、选择销售促进方法（工具）

由于每一种方法对各类顾客的吸引力不同，到达目标能力也有差别。因此，企业应根据目标对象的特点、产品的性质和市场地位、竞争对手的活动、费用限制等各种因素综合分析选择。有许多不同的销售促进工具可以用来实现不同的目标，而且各种不同的新工具仍不断地被开发出来。下面我们仅从市场类型和销售促进目标的角度进行分析。

1. 赠送样品。即企业把产品免费赠送给顾客试用或要求其提出改进意见的方法，如糖果厂向中间商赠送新品种糖果，皮鞋厂向中间商赠送新款式的皮鞋。这是一种推销新产品最有效但费用也最高的方式，一方面便于顾客看样订货；另一方面有利于企业同顾客增进友谊。

样品是指免费提供给顾客或供其使用的商品。样品可以挨家挨户地送上门、邮寄发送、在企业内提供、附在其他商品上赠送，赠送样品是最有效也是最昂贵的介绍新商品的方式。例如，美国利弗兄弟公司向美国 4/5 的家庭，分送了价值 4300 万美元的新开发出来的"浪花"牌洗涤剂的免费样品，"浪花"牌竟一举成为全国性品牌。

2. 有奖销售。企业给购买一定数量的顾客一张兑奖发票（如每购买 20 元商品给顾客一张兑奖发票），顾客在规定日期凭兑奖发票对奖，它能刺激消费者大量采购本企业的产品。也可以通过企业在商品包装内或以其他形式向购买者提供一张印有号码、设奖等级及奖品、开奖日期等内容的纸条，顾客在规定的日期凭纸条兑奖。

3. 商品展销会。由于在展销会期间，商品花色品种比较齐全、名优产品较多、价格优惠、服务周到，因此能吸引顾客光顾。如杭州百货大楼 1990 年 3 月举办了春季羊毛衫展销会，仅 15 天就销售羊毛衫 35000 余件，总销售额达 170 万元。

4. 现场操作和表演。在一定的场所（居民区或商店内）操作和表演某种新产品，使消费者了解新产品的用途，使用方法等信息，从而促使其采取购买行为。这种方式对于宣传价格较高、使用复杂的新产品具有很好的效果。例如，在洗衣机上市之初，一些工厂通过洗衣机现场表演操作使消费者认识到它的价值，随之采取购买行为，最常见的现场表演是服装表演。

5. 优惠券（赠送优惠券）。优惠券是指一纸证明，持有者用它来购买其特定商品时可少付钱。据一些资料表明，美国 95% 以上的小商品公司已使用赠送优惠券的办法，而且有 2/3 的美国顾客在日常购物活动中使用优惠券。

优惠券可以以邮寄方式包进其他商品内，附在其他商品上，也可刊登在杂志和报纸广告上。优惠券可以有效地刺激处于成熟阶段的商品的销售，诱导对新产品的早期使用。

6. 咨询销售。由某些产品的专家在营业场所向消费者介绍产品的性能特点、使用和保养方法等，帮助消费者认识到产品的潜在价值，消除其后顾之忧，从而促使消费者采取购买行为，例如，杭州"思美"商场在 1990 年元旦前夕进行了为期三天的咨询销售活动，该商场邀请浙二医院、浙江中医院和科研机构组成的十余名皮肤专家在商场前向具有不同皮肤特点的消费者推荐合适的护肤脂、化妆品，使消费者争相购买产品，取得了良好的效果。

7. 物价包。即以低于常规价格出售商品的一种方法。具体形式有两种：①减价包，即将商品单独包装起来减价出售。②组合包，即将两件相关的商品（如牙膏、牙刷）并在一起减价出售。对于刺激短期销售效果较好。

8. 定期还本销售。这是一种在某些产品销路不畅，企业资金周转有困难的情况下所采取的促销方式。其主要做法是：顾客购买某些特定的产品时，商店（或工厂）给顾客一张印有专门印记的发票。若干年后，顾客可凭当年的购货发票到商店取回原来购买商品的等额货币。假如某商店规定 6 年后向顾客还本，其资金利润率为 25%，那么该商店在 4 年后就能取得商品售价的价值。6 年后还本，就等于将顾客的钱无息使用了两年，如果再考虑到货币的增值性，商店能取得的利益就更大了，当然，其运用的范围并不大。

9. 交易印花。企业根据顾客购买数额的大小给予一定张数的交易印花，交易印花达到一定数量后可向企业兑换某些商品。它能促使顾客成为企业的常客。

10. 商品削价。对于衰退期的产品或落令产品实行削价处理。这能吸引许多具有"求廉"动机的消费者购买产品。

三、制订销售促进方案

企业市场营销人员不仅要选择适当的销售促进工具，而且还要作出一些附加的决策以制订和阐明一个完整的促销方案。主要决策包括诱因的大小、参与者的条件、促销媒体的分配、促销时间的长短、促销时机的选择、促销的总预算等。

1. 诱因的大小。市场营销人员必须确定使企业成本/效益最佳的诱因规模。要想取得促销的成功，一定规模的最低限度的诱因是必需的。我们假设销售反应会随着诱因大小而增减，则一张减价 15 元的折价券比减价 5 元的折价券能带来更多的消费者试用，但不能因此而确定前者的反应为后者的 3 倍。事实上，销售反应函数一般都呈 S 形，也就是说，诱因规模很小时，销售反应也很小。一定的最小诱因规模才能使促销活动开始引起足够的注意。当超过一定点时，较大的诱因以递减率的形式增加销售反应。通过考察销售和成本增加的相对比率，市场营销人员可以确定最佳诱因规模。

2. 参与者的条件。销售促进战略的另一个重要内容，就是决定参与者的条件。例如，特价包是提供给每一个人，还是仅给予那些购买量最大的人。抽奖可能限定在某一范围内，而不允许企业职员的家属或某一年龄以下的人参加。通过确定参与者的条件，卖主可以有选择地排除那些不可能成为商品固定使用者的人。当然，应该看到，如果条件过于严格，往往导致只有大部分品牌忠诚者或喜好优待的消费者才会参与。

3. 促销媒体的分配。市场营销人员还必须决定如何将促销方案向目标市场贯彻。假设促销是一张减价 15 元的折价券时，则至少有四种途径可使顾客获得折价券：一是放在包装内；二是在商店里分发；三是邮寄；四是附在广告媒体上。每一种途径的送达率和成本都不相同。例如，第一种途径主要用于送达经常使用者，而第三种途径虽然成本费用较高，却已送达非本品牌使用者。

4. 促销时间的长短。市场营销人员还要决定销售促进时间的长短。如果时间太短，则一些顾客可能无法重购，或由于太忙而无法利用促销的好处。如果促销时间太长，则消费者可能认为这是长期降价，而使优待失去效力，甚至还会使消费者对产品质量产生怀疑。阿瑟·斯特恩（Arthur Stern）根据自己的调查研究，发现最佳的频率为每季度有三周的优待活动，最佳时间长度为平均购买周期。当然，这种情况会随着促销目标、消费者购买习惯、竞争者战略及其他因素的不同而有所差异。

5. 促销时机的选择。在现代企业里，品牌经理通常要根据销售部门的要求来安排销售促进的时机和日程。而日程安排又必须由地区市场营销管理人员根据整个地区的市场营销战略来研究和评估。此外，促销时机和日程的安排还要注意使生产、分销、推销的时机和日程协调一致。

6. 促销的总预算。销售促进总预算可以通过两种方式确定：

（1）自下而上的方式，即市场营销人员根据全年销售促进活动的内容、所运用的销售促进工具及相应的成本费来确定销售促进总预算。实际上，销售促进总成本 Pc 是由管理成本 Ac（如印刷费、邮寄费和促销活动费）加诱因成本 Ic（如赠奖、折扣等成本）乘以在这种交易活动中售出的预期单位数量 Qe 组成的，即：

$$Pc = (Ac + Ic)Qe$$

就一项赠送折价券的交易来说，计算成本时要考虑到只有一部分消费者使用所赠的折价券来购买。就一张附在包装中的赠奖来说，交易成本必须包括奖品采购和奖品包装，再扣减因包装所引起的价格提高。

（2）按习惯比例来确定各项促销预算占总促销预算的比率。例如，牙膏的促销预算占总促销预算的 30%，而香波的促销预算可能要占到总促销预算的 50%。在不同市场上，不同品牌商品的促销预算比率是不同的，它们要受到产品生命周期的各个阶段和竞争者促销预算的影响。经营多品牌的企业应将其销售促进预算在各品牌之间进行协调，以取得尽可能大的收益。虽然不是所有的销售促进活动都能事先计划，但是协调却可以节省费用，如一次邮寄多种赠券给消费者，就可以节省邮寄及其他相关费用。

企业在制定销售促进总预算时，尤其要注意避免因缺乏对成本效益的考虑而导致的决策过程过分简化。例如，①沿用上年的促销开支数字，按预期销售的一个百分比计算；②维持对广告支出的一个固定比例，或将确定的广告费减去，剩余的就是可用于促销的费用；③广告预算和销售促进预算分开制定等。

四、预试销售促进方案

虽然销售促进方案是在经验基础上制订的，但仍应经过预试来确认所选用工具是否适当，诱因规模是否最佳，实施的途径效率如何。面向消费者市场的销售促进能够轻易地进行预试，可邀请消费者对几种可能的优惠方法作出评价，给出评分，也可以在有限的地区范围内进行试验性测试。

五、实施和控制销售促进方案

对每一项销售促进工作都应该确定实施和控制计划。实施计划必须包括前置时间和销售延续时间。前置时间是指开始实施这种方案所必需的准备时间。它包括：最初的计划工作、设计工作、材料的邮寄和分送、与之配合的广告准备工作、销售现场的陈列、现场推销人员的通知、个别分销商地区配额的分配、购买和印刷特别赠品或包装材料、预期存货的生产、存放到分销中心准备在特定的日期发放，以及给零售商的分销工作。销售延续时间是指从开始实施优待办法起到大约 95% 的采取这种优待办法的商品已经在消费者手里为止的时间。这段时间可能是几个星期或几个月，这取决于实施这一办法持续时间的长短。

六、评价销售促进结果

企业可用多种方法对销售促进结果进行评价。评价程序随着市场类型的不同而有所差异。例如，企业在测定对零售商促销的有效性时，可根据零售商销售量、商店货档空间的分布和零售商对合作广告的投入等进行评估，企业可通过比较销售绩效的变动来测定消费者促销的有效性。在其他条件不变的情况下，销售的增加可归因于销售促进的影响。

第四节　公共关系策略

在促销组合中，公共关系这一要素可以评估公众的态度、识别可能引发公众关注的事件、执行可赢得公众理解和认可的方案。类似于广告和营业推广，公共关系是企业营销沟通组合中的关键环节。营销经理制订具体的适应整体营销计划的公共关系方案，并将重点放在目标群体上。这些方案努力维持企业在公众心目中的肯定形象。在实施公共关系方案之前，经理要评估公众的态度和企业的行动，然后制订方案来提高企业形象并减少不利因素。

一、公共关系的概念及作用

营销公关是公共关系活动在营销领域的具体运用。公共关系的一般定义是："通过传递关于个人、公司、政府机构或其他组织的信息，以改善公众对他们的态度的政策和活动"。作为一种重要的营销工具的营销公关，是指企业充分运用公共关系的理念与手段，建设性地与它的顾客、供货商、经销商及外部环境建立良好的关系，以有利于营销目标的顺利实现。

营销公关活动从一般意义上说，应该是企业全体员工共同参与的活动，只要与外界环境发生联系的人，就应积极与合作者建立良好的关系，就应具有公共关系的意识。但是，许多大的企业还是愿意设立专门的营销公关机构，来专门计划他们的公共关系，了解公众对企业的态度，通过各种活动来沟通企业与公众之间的信息等。

公共关系策略的优势在于：

具有新闻价值，具有有趣经历的产品是公共宣传最好的对象。

刺激销售队伍和经销商，公共宣传对于刺激销售队伍和经销商的热诚非常有用。在新产品投放市场之前先以公共宣传方式披露，就便于帮助销售队伍将产品推销给零售商。

可信性的需要，公共宣传可以通过社论性的报道来传播信息以增加其可信性。

预算较低，公共宣传的成本比直接邮寄和广告的成本要低得多。越是促销预算少的企业，运用公共宣传就越多，以便能深入人心。

1. 公共关系策略的特点。第一，公关活动不是一种直接的促销，因此消费者不易产生对立情绪；第二，公关活动面对的受众一般要比广告的受众更加广泛，所以其影响力比较深远；第三，公关活动一般不是直接地宣传企业的商品或服务，而是宣传企业的形象，改善公众对企业的态度，所以它对商品的促销作用是间接的，企业的声誉是企业最重要的"无形资产"因为企业的声誉能转化为企业产品的声誉。如企业声誉好,消费者就往往会信任企业经营的产品,从而有利于提高产品的声誉,如企业声誉差,消费者就很难会对其产品产生好感。可见,一个企业要取得经营成功,就必须重视提高企业声誉的公共关系。

2. 公共关系策略的作用。公共关系有三个明显的作用,第一,它有利于美化企业的形象,提高企业的信誉。一个企业有了高质量的产品,向消费者提供了优质服务,为整个社会作出了一定的贡献后,通过公共关系使公众了解到企业的成绩和为公众服务的经营思想,这会使公众对企业有一个更好的评价,从而有利于美化企业的形象,提高企业的声誉。第二,它有利于企业与公众相互理解,消除误会,排除矛盾,维护企业的声誉。每一个企业在同外界接触中,必然会产生一定的摩擦和矛盾,这会影响企业的声誉,通过公共关系,企业就防止或及时解决各种矛盾,从而挽回和维护企业的声誉。第三,协调企业内部关系,增加企业的凝聚力。每一个企业内部也会产生一定的矛盾,如干部和职工之间的矛盾,各职能部门之间的矛盾,通过企业内部的公共关系,有利于缓和或解除各种内部纠纷,协调各种关系,从而强化企业的凝聚力。

二、公共关系的对象——公众

企业要开展公共关系就必须首先要明确公共关系的对象,从公共关系的概念可知,公共关系的对象就是"公众",所谓"公众",就是对企业的经营活动具有现实的或潜在的利害关系或一定影响力的群体或组织。有的公众对企业的经营活动具有一定的利害关系(如企业和企业、企业和消费者之间存在着某些利害关系),有的公众对企业的经营活动虽然没有利害关系,但存在一定的影响力(如消费者协会、新闻单位一般不同企业发生什么利害关系,但对企业具有一定的影响力)。

企业面临公共的类型有:

1. 企业内部公众。企业内部的公众主要指企业的股东、员工及其家属。一个企业要实现自己的营销目标,必须获得企业内部全体员工的理解、支持,并为之努力。团结全体员工为企业的成功而奋斗,这是企业内部公共关系工作的根本宗旨。企业内部公关的重点主要包括以下几点:

第一,建立企业共同的价值观念,即让全体股东和员工了解企业应该追求什么,并为之付出什么。

第二,创造良好的人事环境,就是要创造一种使全体员工都能够充分发展,树立自尊和积极参与企业及社会各项活动的环境。

第三,培养融洽的工作气氛,就是在企业的工作空间创造良好的人际工作关系,形成一个和谐、合作、富有亲切感的工作气氛。

2. 消费者公众。在企业的各类公众对象中,消费者是最为重要的公众之一,因为他们是现代市场营销活动的核心。针对消费者的营销公关活动有：

第一，通过大众媒介向消费者提供新产品上市、商品使用、价格变动等企业信息。

第二，正确处理消费者的抱怨，消除由于抱怨引起的对企业的不良态度和看法。

第三，通过各种使消费者感受得到的存在给予他们购买的信心和保证。

第四，向消费者提供教育与咨询服务。培养他们新的消费方式。

3. 金融公众。例如，银行、投资信托公司、证券交易所等，它们是对企业的集资、用资有一定影响力的公众。

4. 新闻媒介公众。新闻媒介是指电视、广播、报刊等信息传播媒介，新闻媒介公众则是指掌握这些媒介的新闻机构或宣传部门（如广播电台、电视台、报社等）以及从属于这些机构或部门的新闻工作者，新闻媒介公众对企业具有二重性，它们既是沟通企业与外界联系的"桥梁"，又是对企业有影响力的公众。因此，企业要重视这类公众。

5. 政府公众。这是一类非常重要的公众，因为在我国，任何一个企业都必然要同各方面的政府机构发生一定的联系。政府公众可分为两类：第一类是纵向政府公众，如某商店的纵向政府公众有市商业局、省商业厅、国家内贸部；第二类是横向政府公众，如该商店的横向政府公众有财政局、税务局、卫生局、交通局、审计局、统计局、物价局等。

6. 中间商公众。中间商包括供货商、经销商以及商品销售渠道中的其他中间环节。良好的中间商关系，是增强企业商品流通能力的保证。因此，中间商也成为企业营销公关的一种重要对象。对中间商的营销公关活动主要有：

第一，改善本企业对供货商、经销商的了解。例如一个商品的制造商，应了解上述中间商对企业的态度，了解它们对企业营销活动的意见和建议，了解它们在运作过程中所遇到的困难，从而彼此沟通配合，协调行动。

第二，帮助中间商了解本企业的营销宗旨和营销能力，增强它们对企业的信心，提高它们与本企业合作的积极性。

第三，通过中间商改善与最终顾客的交流。由于很多企业是通过中间环节间接地与最终顾客发生联系的，它们对企业的认识是模糊的。所以企业必须通过中间商以及相关的公关手段，增强与最终顾客之间的交流，改善与最终顾客的关系。

三、公共关系策略的内容

（一）研究宣传目标

北京利恒泰企业管理咨询有限公司曾为某葡萄酒厂拟订一个宣传方案，以实现其两个市场营销目标。

1. 使国人确信喝酒是优裕、快乐生活的一部分。

2. 强化该葡萄酒的形象及其市场占有率。

为实现这两大目标，利恒泰公司将宣传目标确定为：

1. 撰写有关葡萄酒的报道，并在一流杂志及报纸的食品版发表。

2. 从医学的角度，指出葡萄酒对人体健康大有裨益。

3. 分别针对青年人市场、大学生市场、政府机关及各种团体市场拟出专门的宣传方案。

（二）选择宣传的信息与工具

促销部门必须确定企业产品有何重大新闻可供报道。假设有一所不太著名的大学想要增进公众对它的了解。宣传人员应先从各个角度来看这所大学，以确定它是否有现成的材料可供宣传。如师资阵容有什么特色？曾从事过何种专门的研究？是否设有新课程？有没有招收素质特别优秀的学生？校园内是否发生过重大事件？学校的建筑、沿革或校训有没有什么典故？这样探究下去，通常可以找出大量的宣传材料，交新闻媒体发表后便能增进公众对这所大学的认识。所用的宣传题材最好能体现该校的固有特色，并支持其理想的市场定位。

（三）实施宣传方案

从事宣传工作必须谨慎仔细。凡重大新闻不管是谁发布的，都很容易被新闻媒体刊登发表出来。但是，大多数新闻并非都那么有分量，不一定有被忙碌的编辑所采用。宣传人员的重要资本之一，就是他们与各种媒体的编辑之间所建立的私人关系。他们可能过去当过记者，因此结识了不少编辑，也深知他们所需要的是那些妙趣横生、文笔流畅而且易于进一步取得资料的新闻。宣传人员如果能把媒体编辑视为一种市场，并满足其需求，则这些编辑也必然会愿意采用他们所提供的新闻。

（四）评价宣传效果

测定宣传效果的最大难题在于宣传通常都与其他促销工具合并使用，很难单独分辨出哪些是宣传的贡献。但是，如果在使用其他工具之前开展宣传活动，再评价其贡献就容易多了。宣传活动是根据某些传播受众的反应目标而设计的，因此，这些目标可作为测量宣传效果的依据。一般来说，企业可根据展露次数、知晓—理解—态度的改变以及销售变化等来测定宣传效果。

第五节　人员推销策略

人员推销是一种传统的促销方式，国内外许多企业在人员推销方面的费用支出要远远大于在其他促销组合因素方面的费用支出。在现代企业市场营销和社会经济发展中，人员推销起着十分重要的作用。

一、人员推销的特点

根据美国市场营销协会定义委员会的解释，所谓人员推销是指企业通过派出销售人员与一个或一个以上可能成为购买者的人交谈，作口头陈述，以推销商品，促进和扩大销售，不难看出，人员推销是销售人员帮助和说服购买者购买某种商品或服务的过程。在这一过程中，销售人员要确认购买者的需求，并通过自己的努力去吸引和满足购买者的各种需求，使双方能从公平交易中获取各自的利益。由是观之，人员推销也是一种生产性活动，人员推销还是一种双方沟通的直接推销方法。是自商品交换产生后就出现的一种最古老的推销方法。人员推销具有下列特点：

1. 推销的针对性强。人员推销通过推销人员直接面对消费者推销商品，是消费者和商品生产者之间最直接的桥梁。由于人员推销的针对性强，能够充分利用推销人员对商品的熟悉程度，并根据消费者对商品的不同欲望、要求、动机和行为，采取不同的解说和介绍方法，促成消费者购买。

2. 人员推销具有较大的灵活性。销售人员在访问推销过程中可以亲眼观察到顾客对推销陈述和推销方法的反应，并揣摩其购买心理变化过程，因而能立即根据顾客情绪及心理的变化酌情改进推销陈述和推销方法，以适应各个顾客的行为和需要，促进最终交易的达成。

3. 推销的成功率高。由于人员推销事先拟订了推销方案，研究了商品的市场动态，确定了推销对象，因而可以把精力有选择地集中在那些真正可能成为买者的用户身上，使可能的失败降到最低限度，从而提高推销的成功率。

4. 有利于信息反馈。人员推销的双向沟通方式，使得企业在向顾客介绍商品、提供信息的同时，及时得到消费者的信息反馈，使企业及时掌握市场动态，修正营销计划，并促使商品的更新换代。

5. 人员推销注重人际关系，有利于顾客同销售人员之间建立友谊。销售人员既代表着企业利益，同时也代表着顾客利益。他们一般都知道，满足顾客需要是保证销售达成的关键，因此，销售人员总愿意在许多方面为顾客提供服务，帮助他们解决问题。同时，在面对面的交谈过程中，销售人员与顾客既可谈论商品买卖问题，也可以谈及家庭、社交等其他问题，久而久之，双方极有可能建立起友谊。

6. 人员推销经常用于竞争激烈的情况，也适用于推销那些价格昂贵和性能复杂的商品。对于专业性很强也很复杂的商品，仅仅靠一般的广告宣传是无法促使潜在顾客实现购买的，企业只有派出训练有素的推销员为顾客展示、操作商品，并解答其疑难问题，才能达成销售。

当然，人员推销也存在一定的不足：第一，人员推销的费用开支较大，这样会使商品成本增加，定价相应提高，对消费者不利，在一定程度上，会影响企业扩大市场占有效和市场竞争力；第二，由于现代科学技术的发展，商品性能和种类日趋复杂，客观上对推销人员内在素质的要求更高，所以要找一个理想的推销员并不是十分容易的事情；第三，人员推销面向个别用户，推销面窄，推销对象多限于工业品。

尽管如此，企业培养和建立一支有效的人员推销力量，仍然是开展市场营销的重要工作，必须予以高度重视。

二、人员推销决策

人员推销是最传统的，也是最不可缺少的促销方式。企业进行人员推销决策时，要制定销售队伍的组织结构、人员规模和职责等。另外，销售人员也是企业的资源和财富，如果由企业花费很多时间和金钱培养起来的优秀销售人员因故离开了该企业，将会给企业造成巨大损失。因此，企业还必须加强对销售人员的管理，如招聘、培训、激励和考评等。

所谓人员推销决策，是指企业根据外部环境变化和内部资源条件设计和管理销售队伍的一系列活动。具体包括：（1）确定销售目标。确立人员推销在企业营销组合中的地位，为销售人员制定出适当的销售活动组合。（2）确定销售规模。根据企业资源条件和销售预算等确定销售队伍的规模。（3）分配销售任务。根据顾客、产品、销售区域或其组合分配资源和时间。（4）组织和控制销售活动。

人员推销决策的内容尽管很多，但大体上可分为两类，即战略决策和管理决策。战略决策主要包括销售组织的设计、销售队伍的确定、销售区域的选择和销售政策的制定等决策；管理决策主要包括对销售人员的招聘、甄选、培训、激励、考评和控制等决策。

（一）明确推销人员的任务

为了发挥推销人员的作用，企业首先要明确推销人员的任务，其主要任务可以归纳为以下六个方面：

1. 寻找新顾客，推销人员要善于发掘和培养新顾客，开拓新市场。

2. 传递信息。推销人员要把有关企业的产品和服务的信息传递给顾客。

3. 推销产品。推销人员要积极向顾客推销产品，这要求推销人员精通推销技巧，包括如何接近顾客、介绍产品，回答顾客的异议和洽谈、成交业务。

4. 提供服务。即向顾客提供多种服务，包括向顾客提供咨询、技术指导、资金信贷和代客托运等服务。

5. 收集信息。推销人员要兼做市场调研工作，收集市场信息，向企业领导提出建设。

6. 分配商品。当货源紧缺，顾客需要量大于企业供应量时，推销人员要根据顾客同企业的关系，提出对不同顾客分配商品的建议。传统的推销观点认为：推销人员只要关心销售额和商品推销，而现代推销观点认为，推销人员不仅要重视商品推销，而且还应该知道如何使顾客满意，为企业带来更多的利润，这就要求推销人员懂得如何分析销售资料，分析市场潜力，收集市场信息，制订市场营销计划。

（二）确定推销人员规模

推销人员的规模是否适当，直接影响着企业的经济效益。销售人员过少，不利于企业开拓市场和争取最大销售额；反之，销售人员过多，又会增加销售成本。所以，合理确定推销人员的规模是企业人员推销决策中重要的一环。确定推销人员规模的方法主要有三种：销售百分比法、销售能力法和工作量法。

1. 销售百分比法。销售百分比法是指企业根据历史资料计算出销售队伍的各种耗费占销售额的百分比以及销售人员的平均成本，然后对未来销售额进行预测，从而确定推销人员规模的方法。

2. 销售能力法。销售能力法是指企业通过测量每个销售人员在范围大小不同、销售潜力不同的区域内的销售能力，计算在各种可能的销售人员规模下公司的销售额和投资报酬率，以确定推销人员规模的方法。

3. 工作量法。工作量法是指企业根据不同顾客的需要，确定总的工作量，从而确定推销人员规模的方法。

（三）明确推销人员的主要推销步骤

推销人员可以通过多种途径同顾客达成交易，但有效的推销过程往往包含以下七个步骤：

1. 寻找和确定潜在的顾客。推销人员可以通过多种途径寻找潜在顾客，如向现有顾客了解潜在顾客；通过供应商、中间商、非竞争企业的推销人员、银行和贸易协会寻找潜在顾客；加入潜在顾客所在的组织（如行业协会）了解潜在顾客；通过报纸、通讯录寻找潜在顾客；通过公开演说和撰写书面宣传材料吸引潜在顾客的注意。然后推销人员根据潜在顾客的资金情况、销售额、特殊要求、地理位置以及发展前景等因素对其进行分析，以便尽早放弃没有成交可能的潜在顾客，而把精力集中于成交可能性较大的潜在顾客。

2. 推销访问前的准备工作。这一阶段的主要内容为：

（1）尽可能了解潜在顾客需要什么，谁参与购买决策，其采购人员的个性特征和购买类型如何等情况；

（2）确定访问目标，它可能是进一步确定潜在顾客或收集有关信息，或达成交易；

（3）决定最佳的接触方法，如登门推销或电话推销，或书信推销；

（4）决定访问时间，推销人员应选择一个合适的访问时间，要避免在顾客较忙的时候去访问；

（5）推销人员还应构思出全面的推销策略，如成交价格、付款条件等的幅度。

3. 接近顾客。推销人员应注意以合适的方式，通过首次同顾客会面，为以后洽谈业务形成一个良好的开端。这要求推销人员注意外表，尽可能同顾客的穿着相似，始终对顾客表示尊重和关注，给顾客留下一个好的印象，在开始洽谈业务前，一般要进行能形成良好气氛的问候，然后转入双方关心的问题，出示能吸引顾客注意力和引起好奇的产品样品和有关资料。

4. 介绍和论证产品。推销人员向顾客介绍产品时应循序渐进，首先要引起顾客的注意，然后使顾客发生兴趣，产品购买欲望，最后采取购买行为，在介绍产品的过程中，推销人员要始终强调顾客的利益，并说明企业的产品能满足顾客所追求的利益，要把顾客追求的利益和产品的特色相结合。然后、推销人员通过产品说明书、现场操作样品等方式论证所介绍的产品特色。

5. 处理异议。推销人员在向顾客介绍和论证产品或要求顾客订货时，顾客往往会提出一些异议，如价格、发货时间、产品的某些特征等方面的不同意见，为了处理这些异议，推销人员要采取积极的态度，如向顾客解释某些误会，向顾客提供某些保证，以消除顾客的后顾之忧。推销人员要精通商业谈判的技巧，而处理异议是商业谈判的一个重要内容。

6. 结束推销访问。推销人员要善于从顾客的身体动作、问题和谈话内容等方面了解顾客想要结束交谈的意向。这时，推销人员要特别注意，运用一定的技巧促成交易，如重述协议的要点，主动为顾客起草订单，以某种方式暗示如果现在不订购将会使顾客造成损失。推销人员还可以通过提供一定的刺激手段促成交易，如向顾客提供优惠价格，免费赠送一定数量的产品等。如果顾客最后还是不准备订货，推销人员也应同顾客保持良好的关系（如互留通讯地址等），以便顾客需要企业的产品时向企业订货。

7. 善后工作。推销人员应重视推销访问后的工作，以保证让顾客满意并重复购买产品。其工作内容包括落实交货时间、采购条件和其他双方商定的具体事项，推销人员还应再次访问顾客，以了解顾客的满意程度，处理事先没有考虑到的问题，并表示对顾客的关切，以促使顾客再次购买本企业的产品。

（四）销售人员的挑选、招聘与训练

1. 销售人员的挑选。企业的销售工作要想获得成功，就必须认真挑选销售人员。这不仅因为普通销售人员和高效率销售人员在业务水平上有很大差异，而且错用人将给企业造成巨大的浪费。一方面，如果销售人员所创造的毛利不足以抵偿其销售成本，则必然导致企业亏损；另一方面，人员流动造成的经济损失也将是企业总成本的一部分。因此，挑选高效率的销售人员成为管理决策的首要问题。

2. 销售人员的招聘。企业在确定了挑选标准之后，就可着手进行招聘。招聘的途径和范围应尽可能广泛，以吸引更多的应聘者。企业人事部门可通过由现有销售人员引荐、利用职业介绍所、刊登广告等方式进行招聘。此后，企业要对应聘者进行评价和筛选。筛选的程序因企业而导，有的简单，有的复杂。一般可分为初步面谈、填写申请表、测验、第二次面谈、学历与经历调查、体格检查、决定录用与否、安排工作等程序。

3. 销售人员的培训。许多企业在招聘到销售人员之后，往往不经过培训就委派他们去做实际工作，企业仅向他们提供样品、订单簿和区域情况介绍等。之所以如此，是因为企业担心培训要支付大量费用、薪金，并会失去一些销售机会。然而，事实表明，训练有素的销售人员所增加的销售业绩要比培训成本更大，而且，那些未经培训的销售人员其工作并不理想，尤其是在顾客自主意识日益增强和自由选择度日益加大的今天，如果销售人员不经过系统地培训，他们将很难获得与顾客的沟通。所以，企业必须对销售人员实行培训。

4. 销售人员的竞争意识。如何应付竞争对手，是销售人员培训中的重要课题。

美国一位企业总裁打算购买一辆不太昂贵的汽车送给儿子作为高中毕业礼物。"萨布"牌轿车的广告曾给他留下印象，于是他到一家专门销售这种汽车的商店去看货。销售人员在介绍过程中总是说他的车比"菲亚特"和"大众"强。顾客似乎发现，在这位销售人员的心目中，后两种汽车是最厉害的竞争对手，尽管顾客过去没有听说过那两种汽车。但还是决定先亲自看一看再说。最后，他买了一辆"菲亚特"。

在推销商品时，销售人员面临双重挑战：来自顾客的和来自竞争对手的。因此，如何对付竞争对手，就成为销售人员必须掌握的一种技术。在如何应付竞争对手的问题上，有几种不同的认识。

（1）赞扬对手和尽量回避。一些销售人员的座右铭是"各卖各的货，井水不犯河水"。他们认为，销售人员除了赞扬对手之外不应当提到它们，万一顾客主动谈到竞争商品，就赞扬几句，然后转移话题。完全回避竞争对手就不会导致顾客去考虑其他商品，然而，按这种观点办事往往并不是最佳战略。不少竞争品牌可能早已在顾客心目中留下印象，用回避的办法难以将它们驱除，顾客对竞争产品的印象会使他迟迟不能做出购买决定。因此，销售人员要战胜竞争对手，就必须设法让顾客把心中向往的另一种商品选出来，并谈谈看法。精明的销售人员可以从顾客的谈话中得到有用的信息，然后进行针对性说服。绝大多数汽车推销员都害怕跟头一次买汽车的人打交道，因为，不管你给这些顾客提供多么优越的条件，他们还会认为有必要先转一圈看看再说。聪明的销售人员都喜欢顾客看完其他牌子的商品后再接待他们，这样，就有成交希望了。

（2）迎头痛击。一些人认为，竞争对手是无法安然回避的，只能给予承认和还击。如果销售人员能在顾客的头脑中为竞争产品播下一颗怀疑的种子，那么这颗种子就会长大，大到足以阻止顾客去购买竞争对手的商品。销售人员巧妙地将不利于对方的事情讲给顾客听，或是直截了当地表达自己的意见就能做到这一点。但是，销售人员对竞争产品的这种非议必须有一定的事实根据，因为这是销售人员应具备的最基本的道德素养。

（3）承认对手但不要轻易进攻，一些人的认识介于上述二者之间。毫无疑问，避免与竞争对手发生猛烈"冲撞"是明智的，但是，要想绝对回避它们又是不可能的。销售人员主动攻击竞争对手，将会产生相反的效果：顾客会因好奇心去了解竞争产品，一位推销员向一位经常往来的顾客推销一大批包装箱，在谈话时，顾客谈到一家名声很好的公司也派推销员吉姆前来推销。于是这位推销员马上说道："噢，是啊，他们的推销员确实是个好人，但他能按照您的要求发货吗？他的工厂小，我对他的发货能力说不清楚。他能满足您的要求吗？您要知道，他对你们要装运的产品也缺乏起码的了解！"等等。

顾客听了之后产生了一种强烈的好奇心，想去吉姆的工厂看看，并和吉姆聊聊，于是前去考察。结果，吉姆获得了订单，合同也履行得很出色。

这个简单的例子说明，一个销售人员也可以帮助竞争对手卖东西，因为他对别人的攻击，会令有好奇心的顾客注意竞争对手，最后造成令攻击者大失所望的结局。

（4）一比高低，有些机械产品的生产厂家培训自己的销售人员，要求他们学会把自己的产品与顾客心目中最好的产品进行一些比较，推销员把每一点的比较的情况分两行记录下来，哪边占上风，就在哪边做个记号，然后，推销员在介绍产品时，要强调自己占优势的特点，从而给顾客留下深刻印象，

（五）销售人员的激励

激励在管理学中被解释为一种精神力量或状态，具有加强、激发和推动作用，并指导和引导行为指向目标。一般来说，组织中的任何成员都需要激励，推销人员更是如此。企业可以通过环境激励、目标激励、物质激励和精神激励等方式来提高推销人员的工作积极性。

1. 环境激励。环境激励是指企业创造一种良好的工作氛围，使推销人员能心情愉快地开展工作。

2. 目标激励。目标激励是指为销售代表确定一些拟达到的目标，以目标来激励销售人员努力工作。企业应建立的主要目标有销售定额、毛利额、访问户

数、新客户数、访问费用和货款回收等。其中，制定销售定额是企业的普遍做法。

3. 物质激励。物质激励是指对做出优异成绩的销售人员给予晋级、奖金、奖品和额外报酬等实际利益，以此来调动销售人员的积极性。物质激励往往与目标激励联系起来使用。

4. 精神激励。精神激励是指对做出优异成绩的销售人员给予表扬；颁发奖状、奖旗；授予荣誉称号等，以此来激励销售人员上进。

第二部分

助理营销师考试真题

助理营销师真题一

卷一　职业道德　理论知识

第一部分　职业道德（第1~25题，共25道题）

一、职业道德基础理论与知识部分（第1~16题）

答题指导：

◆ 该部分均为选择题，每题均有四个备选项，其中单项选择题只有一个选项是正确的，多项选择题有两个或两个以上选项是正确的。

◆ 请根据题意的内容和要求答题，并在答题卡上将所选答案的相应字母涂黑。

◆ 错选、少选、多选，则该题均不得分。

（一）单项选择题（第1~8题，每题1分，共8分）

1. 职业道德是（　　）。

A. 从业人员的特定行为规范　　　　B. 企业上司的指导性要求

C. 从业人员的自我约束　　　　　　D. 职业纪律方面的最低要求

2. 关于道德与法律的关系，正确的是（　　）。

A. 在内容上没有交叉　　　　　　　B. 在最终目的上没有一致性

C. 在实践上是相互支撑的　　　　　D. 在适用范围上完全一致

3. 道德中所谓"应该"的意思是（　　）。

A. 基于社会利益，按照社会公认的价值取向行事

B. 考虑自己的利益需求，按照自己的想法行事

C. 根据实际情况，不断对办事方式做出调整

D. 从人际关系出发，凡是合乎人情的，就是应该的

4. "科学技术是第一生产力"。这句话的意思是（　　）。

A. 除了科学技术，其他事物不属于生产力的范畴

B. 不掌握先进的科学技术，就相当于丧失了生产力

C. 一般从业人员不在第一生产力之列

D. 科学技术对生产和经营管理具有极端重要性

5. 关于企业规章制度，理解正确的是（　　）。

A. 规章制度虽然能够使员工步调一致，但同时抑制了人们的创造性

B. 规章制度是企业管理水平低的表现，好的企业不用规章制度便能够管理有序

C. 在规章制度面前，没有特例或不受规章制度约束的人

D. 由于从业人员没有制定规章制度的权利，遵守与不遵守规章可视情况而定

6. 对企业形象理解正确的是（　　）。

A. 形象是外在的，所以企业形象是企业的"面子"工程

B. 企业形象是企业文化的综合表现

C. 企业形象往往是外在表象，一般不值得信任

D. 企业生存和发展靠的是质量，而不是企业形象

7. 企业从业人员协调与上司之间的关系，其正确的做法是（　　）。

A. 如果认为上司委派自己的工作不合理，可以直接拒绝

B. 对上司委派而自己干不了或干不好的工作，不能推辞

C. 尊重上司的隐私，不在背地议论上司

D. 对上司的错误指责，要敢于当面争辩以维护自身权益

8. 正确使用职业用语的是（　　）。

A. "不知道"　　　　　　　　　　B. "不合适，可以退货"

C. "不买，别问"　　　　　　　　D. "不是告诉你了吗"

（二）多项选择题（第 9~16 题，每题 1 分，共 8 分）

9. 在服务领域，符合职业道德要求的做法有（　　）。

A. 在柜台内抱肩、插兜

B. 捡到顾客物品，送交有关部门处理

C. 没有顾客时，读书看报

D. 目视前方，以迎接顾客到来

10. 关于职业选择，正确的观念和做法有（　　）。

A. 职业选择属于个人的事情，他人不得干预

B. 职业选择有利于促进广泛就业，实现人力资源科学配置

C. 职业选择有助于培养人的自主、自立精神

D. 倡导职业选择，无异于鼓励"挑肥拣瘦"

11. 所谓企业信誉，正确的理解有（　　）。

A. 企业信誉是树立企业形象的关键

B. 良好的企业信誉能够带来经济效益

C. 企业信誉是短时间通过大规模宣传便能够迅速建立起来的社会信任心理

D. 企业信誉与企业产品质量和服务质量紧密相连

12. 符合办事公道要求的有（　　）。

A. 坚持真理，一切照书本要求去做

B. 不管当事人是谁，出了问题，就要各打五十大板

C. 分清公私界线，不把公与私相混淆

D. 说老实话，办老实事，做老实人

13. 关于勤劳和节俭，正确的认识有（　　　）。

A. 在生产发展的今天，社会需要的是勤劳而不是节俭

B. 勤劳与节俭是人们事业成功的两个重要方面

C. 勤劳与节俭是对立统一、相辅相成的关系

D. 勤劳与节俭的形式可以变，但精神不能变

14. 加强从业人员之间的团结协作，要（　　　）。

A. 遵从"师徒如父子"的古训，促进老中青三代人和睦相处

B. 强化"主人翁"观念，只当主角，消除配角意识

C. 讲求合作，崇尚竞争，平等互利

D. 做好本职工作，不给同事找麻烦

15. 创新的作用在于（　　　）。

A. 创新能够提高产品质量　　　　B. 创新能够降低产品成本

C. 创新是企业发展的动力　　　　D. 创新追求的是轰动效应

16. 加强职业道德修养的方式包括（　　　）。

A. 学习职业道德规范　　　　　　B. 自我约束

C. 以先进典型为标尺　　　　　　D. 慎独

二、职业道德个人表现部分（第 17 ~ 25 题，每题 1 分，共 9 分）

答题指导：

◆ 该部分均为选择题，每题均有四个备选项，您只能根据自己的实际状况选择其中一个选项作为您的答案。

◆ 请在答题卡上将所选择答案的相应字母涂黑。

17. 如果你有这样一个同事：他工作能力突出，知识丰富，但人品较差。你会（　　　）。

A. 杜绝和他来往　　　　　　　　B. 除非不得已，否则不和他往来

C. 和他正常来往　　　　　　　　D. 多与他交往，提高自己

18. 假如你的一个多年未见的同学从外地来到你所工作的地方，想和你见面，但你工作十分忙碌，没有时间陪伴他，你会（　　　）。

A. 直接说明情况，表达歉意　　　B. 去和同学见一面，打个招呼就走

C. 去和同学见一面，适当待一会儿　D. 立即去陪伴同学

19. 如果你是某商场的电器销售员，在没有顾客的时候，你会（　　　）。

A. 戴着耳机听音乐　　　　　　　B. 看报，浏览新闻

C. 按要求站在指定地点　　　　　　　　D. 想想下班后的事情

20. 你一般上班时的心情是（　　　）。

A. 兴奋的　　　　　B. 平静的　　　　　C. 低沉的　　　　　D. 压抑的

21. 你正在休法定假日，公司却要求你马上返回以处理紧急事务，你会（　　　）。

A. 由于没有休完法定假期，委婉拒绝公司的要求

B. 服从命令，马上返回

C. 想一个既可以处理紧急事务，又可经继续度假的办法

D. 向公司说明情况，问问公司能够付多少加班费

22. 在和年轻同事聊天时，你会（　　　）。

A. 因为大多数人需要鼓励，所以经常表扬他们

B. 一半表扬，一半批评，这是实事求是的表现

C. 既不批评，也不表扬

D. 多批评，以利他们的进步

23. 你认为你的朋友中，他们（　　　）。

A. 全都对你很了解　　　　　　　　　　B. 多数对你很了解

C. 少数对你了解　　　　　　　　　　　D. 几乎没有人了解你

24. 你的上司生病，公司决定要你临时代理上司主管工作。你会（　　　）。

A. 完全按照上司的思路开展工作　　　　B. 对上司的工作思路略做修改

C. 按照自己对工作的理解开展工作　　　D. 多与上司沟通，以打开工作新局面

25. 在所在单位，你认为自己属于（　　　）的人。

A. 能够很快和他人熟悉并交上朋友

B. 不轻易交朋友，但是一旦交上朋友就会持久维持关系

C. 除了儿时交的朋友外，工作后已经很难交上真正的朋友

D. 只管做自己的事，不太注重结交朋友

第二部分　理论知识（26～125 题，共 100 道题，满分为 100 分）

一、单项选择题（26～85 题，每小题 1 分，共 60 分。每小题只有一个最恰当的答案，请在答题卡上将所选答案的相应字母涂黑）

26. A 把 x 给 B 同时获取了 y，此时，在 A 与 B 之间所发生的行为属于（　　　）。

A. 交换活动　　　　B. 交易活动　　　　C. 买卖活动　　　　D. 协商活动

27. 作为一切市场的基础，（　　　）对其他各类市场具有决定性。

A. 产业市场　　　　B. 中间商市场　　　C. 零售市场　　　　D. 消费品市场

28. 市场营销组合的特点有（　　　）。

A. 对企业来说都是"不可控因素"　　　B. 是一个单一结构

C. 是一个静态组合　　　　　　　　　　D. 要受企业市场定位战略的制约

29. 4C 理论用（   ）取代了传统 4P 理论中的促销，强调企业应重视与顾客的双向沟通。

A. 沟通　　　　　B. 顾客　　　　　C. 成本　　　　　D. 便利

30. 产品组合是指企业生产经营各种不同类型产品之间（   ）。

A. 量的组合和质的比例　　　　　B. 数量关系

C. 质的组合和量的比例　　　　　D. 结构关系

31. 美国西尔斯统一控制众多制造性企业和中小商业企业，形成工贸商一体化的销售网络。该渠道模式是（   ）。

A. 管理式分销系统　　　　　B. 公司式分销系统

C. 产权式分销系统　　　　　D. 契约式分销系统

32. 员工在创新发展过程中，必须具备一定的科学思维，由于某人或某事而想起其他相关的概念思维方式指的是（   ）。

A. 相似联想　　　B. 发散思维　　　C. 逆向思维　　　D. 动态思维

33. 职工上岗以后，在接待服务对象时必须说好"三声"，这三声中不包括（   ）。

A. 招呼声　　　　B. 询问声　　　　C. 道别声　　　　D. 感谢声

34. 职业用语的基本要求是（   ）。

A. 语言得体　　　B. 礼貌用语　　　C. 不用忌语　　　D. 语言规范

35. CS 战略考虑问题的起点是（   ）。

A. 顾客　　　　　B. 企业形象　　　C. 市场　　　　　D. 产品品牌

36. 交叉销售的本质是（   ）。

A. 交叉各种因素，提供完美解决方案，满足客户整体需求的过程。

B. 产品的交互搭售

C. 销售服务定制化

D. 沟通

37. 某公司在跟其合作伙伴所签订的合同中，除了包括对方所提供的格式条款外，还针对某些特殊情况制定了非格式条款，当格式条款与非格式条款不一致时，应该以（   ）为准。

A. 格式条款　　　B. 非格式条款。　　　C. 相关法律　　　D. 以往合作方式

38. 消费者人身方面的权利是指（   ）。

A. 生命健康权　　B. 姓名权　　　C. 名誉权　　　　D. 肖像权

39. 劳动法规定，劳动者每日工作时间不超过 8 小时，平均每周不超过（   ）。

A. 40 小时　　　B. 44 小时　　　C. 48 小时　　　D. 56 小时

40. 如果调查人员为了获得二手资料而要付出大量的人力、物力和财力，我们也许会不利用二手资料。这体现调查人员在利用二手资料时遵循着（   ）。

A. 相关性原则　　　B. 实效性原则　　　C. 系统性原则　　　D. 经济效益原则

41. （　　）又称系统抽样，是从总体中每隔若干个个体选取一个样本的抽样方法。

A. 简单随机抽样法　　　　　　　　B. 等距抽样法

C. 分层随机抽样法　　　　　　　　D. 分群随机抽样法

42. 某化妆品公司要调查各零售商销售其产品的情况，该公司销售经理根据本人的判断，选定一些具有代表性的零售商作为调查对象。这属于（　　）。

A. 任意抽样法　　B. 判断抽样法　　C. 随机抽样法　　D. 配额抽样法

43. （　　）是一种以书面形式了解被调查对象的反应和看法，并以此获得资料和信息的载体。

A. 问卷　　　　　B. 深度访谈　　　C. 抽样　　　　　D. 实验控制

44. 正确地表示出消费者购买决策过程的是（　　）。

A. 收集信息确认需要→评价方案→决定购买→购后行为

B. 确认需要→收集信息→评价方案→决定购买→购后行为

C. 评价方案→收集信息→确认需要→决定购买→购后行为

D. 确认需要→评价方案→收集信息→决定购买→购后行为

45. 由于任何决策方案都达不到完全满意，所以只能以产生的遗憾最小作为决策的基本原则属于（　　）。

A. 最大满意原则　　　　　　　　　B. 相对满意原则

C. 遗憾最小原则　　　　　　　　　D. 预期——满意原则

46. 王某听说自己的好朋友小李正在使用"小灵通"，他对"小灵通"已经在北京上市感到非常惊奇，向小李进行了多方面的咨询，最终决定购买。则王某获取信息的途径属于（　　）。

A. 个人来源　　　B. 商业来源　　　C. 大众来源　　　D. 经验来源

47. （　　）与销售配额一齐使用并配以一定的津贴奖励，可以提高销售人员的积极性，有效地完成销售活动配额。

A. 利润配额　　　B. 财务配额　　　C. 销售活动配额　　D. 综合配额

48. 随着销售产品数量增减而同步变化的成本称为（　　）。

A. 变动成本　　　B. 机会成本　　　C. 固定成本　　　D. 管理成本

49. （　　）是通过销售指标绝对数值的对比确定数量差异的一种方法。

A. 绝对分析法　　　　　　　　　　B. 相对分析法

C. 因素替代法　　　　　　　　　　D. 量、本、利分析法

50. 极富冒险精神；收入水平、社会地位和受教育程度较高；一般是年轻人，交际广泛且信息灵通。这类群体属于（　　）。

A. 创新采用者　　B. 早期大众　　　C. 早期采用者　　D. 落后采用者

51. （　　）是指保留价格尾数、采用零头标价，将价格定在整数水平以下，使价格保留在较低一级档次上。

　　A. 整数定价　　　　B. 声望定价　　　　C. 尾数定价　　　　D. 招徕定价

52. 在新产品采用过程的（　　），消费者逐步认识到创新产品，并学会使用这种产品，掌握其新的功能。

　　A. 认识阶段　　　　B. 说服阶段　　　　C. 决策阶段　　　　D. 实施阶段

53. 顾客在 30 天内必须付清货款，如果 10 天内付清贷款，则给以 2% 的折扣，这属于（　　）。

　　A. 现金折扣　　　　B. 数量折扣　　　　C. 季节折扣　　　　D. 折让

54. 在女子服装店中，女子的套装定在三个价格水平上：1000 元、3000 元和 10000 元，这是运用了（　　）的定价方法。

　　A. 品种差价　　　　B. 规格差价　　　　C. 花色差价　　　　D. 档次差价

55. （　　）是指厂商授予代理商在某一市场上的独家代理销售权，厂商、其他代理商与其他贸易商都不得在该市场上推销产品的一种代理形式。

　　A. 独家代理　　　　B. 多家代理　　　　C. 佣金代理　　　　D. 买断代理

56. （　　）是厂商激励代理商的最高形式。

　　A. 物质激励　　　　B. 代理权激励　　　　C. 一体化激励　　　　D. 金钱激励

57. 按照自家企业的业态和定位明确企业经营的商品和服务的目标，在满足顾客需求过程中，确定在哪些环节形成与竞争对手的差别，形成竞争优势，这属于（　　）。

　　A. 差别化　　　　B. 标准化　　　　C. 专业化　　　　D. 简单化

58. 生产厂家主导型的连锁主要销售的是（　　）的产品。

　　A. 竞争对手　　　　B. 厂家　　　　C. 客户需要　　　　D. 无固定

59. 商品经营全过程各环节尽可能直接，单纯、明确、剔除一切繁杂无用的环节和手续是连锁店确定经营商品中的（　　）方针。

　　A. 特殊化、个性化　　　　　　　　B. 单纯化、简单化

　　C. 一体化　　　　　　　　　　　　D. 标准化

60. （　　）是在 1976 年由英国学者卫克利和卡森提出的，主要是用于解释大量出现的一些跨国企业集团的规模扩张问题。

　　A. 一体化理论　　　　　　　　　　B. 内部化理论

　　C. 交易费用理论　　　　　　　　　D. 消费偏好递减理论

61. 销售促进目标是从总的促销组合目标中引申出来的，而它在总体上又是受企业（　　）所制约的。

　　A. 销售目标　　　　B. 营销总目标　　　　C. 价格目标　　　　D. 渠道目标

62. （　　）是借助于科学艺术的手段，刺激人们的感觉来取得效果的。

    A. 销售促进   B. 广告宣传   C. 人员推销   D. 公共关系

63. 赞助主要用于建设教育设施、研究基金、奖学金、奖教金及其他教育奖励，这是赞助活动中的（　　）方式。

    A. 赞助教育事业   B. 赞助宣传用品的制作

    C. 赞助其他活动   D. 赞助社会慈善和福利事业

64. （　　）营销可以作为网络营销测试的重要方法。

    A. 电子邮件   B. 直接   C. 网络   D. 直复

65. （　　）是指销售人员通过引发顾客的好奇心来接近顾客的方法。

    A. 好奇接近法   B. 求教接近法   C. 问题接近法   D. 调查接近法

66. 具有态度诚恳、务实、坚定、坦率特点的策略是（　　）。

    A. 坚定的让步策略

    B. 一开始就拿出全部可让利益的策略

    C. 等额地让出可让利益的让步策略

    D. 先高后低、然后又拔高的让步策略

67. 贸易摩擦属于（　　）。

    A. 谈判中的非人员风险   B. 谈判中的非风险

    C. 无法确定风险   D. 谈判中的人员风险

68. 在国外举办合资企业，这既可能为我们开拓海外市场提供机会，也有产品不够畅销的可能，这属于（　　）。

    A. 投机风险   B. 利率风险   C. 纯风险   D. 价格风险

69. （　　）是成功地展开洽谈工作的基本要求。

    A. 善于及时清理已有的各种观点

    B. 对分歧点实质性进行分析

    C. 对于有关的问题，要善于指出各种观点的分歧点

    D. 提出应该讨论的新问题

70. 在谈判的后期，掌握节奏方面要（　　）。

    A. 慢   B. 快   C. 稳   D. 快慢结合

71. 故意在谈判室或走廊上遗失你的备忘录、便条或文件夹，或者把它们放到对方容易找到的字纸篓里等做法属于（　　）。

    A. 故布疑阵策略   B. 声东击西策略

    C. 寻找临界价格   D. 把利益摆在明处，把压力塞给对方

72. "存货有限，欲购从速"、"三周年店庆，降价三天"等广告，都是典型的（　　）的实例。

    A. 限期成交法   B. 从众成交法   C. 保证成交法   D. 优惠成交法

73. 要想提高发货水平，（　　）是关键。

A. 存货控制   B. 订货控制   C. 销售控制   D. 商品检验

74. 采用（   ）订货方式必须预先确定订购点和订购量。

A. 定量   B. 定性   C. 定点   D. 定期

75. （   ）是利用度量衡器对商品体的长度、体积和相对密度进行测量的方法。

A. 度量衡检验法   B. 光学检验法

C. 热学检验法   D. 机械性能检验法

76. 好胜、顽固，对事物的判断比较专横，同时又喜欢将自己的想法强加于别人，征服欲强，这类顾客属于（   ）。

A. 虚荣型   B. 好斗型   C. 顽固型   D. 怀疑型

77. A 类库存品种数目少但资金占用大，其占用资金金额占库存占用资金总额的（   ）。

A. 80% ~ 90%   B. 20% 左右   C. 60% ~ 70%   D. 15% 以下

78. 以强硬办法逼买方让步，谈判破裂亦无妨，再请第三者来仲裁，这属于（   ）方法。

A. 错误试探   B. 仲裁试探   C. 替代试探   D. 开价试探

79. （   ）就是鼓励企业向竞争者学习的一种方法。

A. 标准跟进   B. 流程图   C. 结构重整   D. 蓝图技巧

80. （   ）是未来追账的优先选择。

A. 函电追账   B. 诉讼追账   C. 面访追账   D. "IT" 追账

81. （   ）是选择分销商最关键的因素。

A. 市场   B. 声誉

C. 中间商的历史经验   D. 合作意愿

82. （   ）是指为获取非正常利润，经销商蓄意向自己辖区以外的市场倾销产品的行为。

A. 自然性窜货   B. 恶性窜货   C. 良性窜货   D. 跨区域窜货

83. （   ）指的是通过给予中间商物质、金钱的奖励来激发中间商的积极性，从而实现公司销售目标。

A. 直接激励   B. 精神激励   C. 物质激励   D. 间接激励

84. （   ）是培训人员最常使用的数据收集工具。

A. 问卷调查法   B. 观察法   C. 面谈法   D. 测试法

85. （   ）是确定被培训人掌握培训内容程度最有效的一种方法。

A. 问卷调查法   B. 观察法   C. 面谈法   D. 测试法

二、多项选择题（86 ~ 125 题，每小题 1 分，共 40 分。每题有多个答案正确，请在答题卡上将所选答案的相应字母涂黑。错选、少选、多选，均不得分）

86. 市场是指由一切具有特定的欲望和需求并且愿意和能够以交换来满足此

欲望和需求的潜在顾客构成，由此可知，市场的构成要素包括（　　　）。

A. 有某种需要和欲望的人　　　　　　B. 拥有使别人感兴趣的资源

C. 为满足需要的购买能力　　　　　　D. 购买欲望

87. 一般商品市场包括（　　　）。

A. 消费品市场　　　B. 劳动力市场　　　C. 生产资料市场　　D. 金融市场

88. 大市场营销观念认为，市场营销组合要素除了传统的4P以外，还应该加入的要素是（　　　）。

A. 权力　　　　　　B. 政治　　　　　　C. 公共关系　　　　D. 人员

89. 分析和评价产品组合的方法主要有（　　　）。

A. 产品项目分析法　　　　　　　　　B. 产品项目市场定位分析法

C. 多因素分析法　　　　　　　　　　D. 德尔菲法

90. 在谈判时需要对对手的性格进行判断，迟疑的人具有的心理特点是（　　　）。

A. 不信任对方　　　　　　　　　　　B. 情绪变化快

C. 不让对方看透自己　　　　　　　　D. 不立即作出决定

91. 职业用语的基本要求有（　　　）。

A. 语意模棱两可　　B. 颠三倒四　　　　C. 语调柔和　　　　D. 语意明确

92. 文化营销可从（　　　）等层面渐次推进和展开。

A. 企业文化层面　　B. 品牌文化层面　　C. 产品层面　　　　D. 企业战略层面

93. 有效合同必须满足的条件是（　　　）。

A. 合同当事人应当具有民事权力能力

B. 合同当事人应当具有民事行为能力

C. 订约当事人订立合同的意思表示要真实

D. 合同不能违反法律与社会公共利益

94. 根据我国《广告法》，广告主、广告经营者、广告发布者需要依法承担民事责任的情形有（　　　）。

A. 在广告中损害未成年人或者残疾人的身心健康的

B. 假冒他人专利的

C. 贬低其他生产经营者的商品或者服务的

D. 广告中未经同意使用他人名义、形象的

95. 问卷的开头主要包括（　　　）。

A. 问候语　　　　　B. 填表说明　　　　C. 正文　　　　　　D. 问卷编号

96. 政府采购可以采用（　　　）等方式实现。

A. 招标　　　　　　B. 竞争性谈判　　　C. 邀请报价　　　　D. 采购卡

97. （　　　）属于宏观市场营销环境的要素。

A. 文化环境　　　　B. 人口环境　　　　C. 经济环境　　　　D. 自然环境

98. （   ）等提问项目设计得比较合理。

A. "您对这种空调的价格和服务质量满意还是不满意？"

B. "请问你们家最近一年内使用什么牌子的电视机？"

C. "您觉得这种产品的价格合理吗？"

D. "海尔冰箱连续三年荣居冰箱类榜首，你觉得它怎么样？"

99. 便民商店的特点是（   ）。

A. 营业面积小　　　B. 营业时间长　　　C. 经营品种全　　　D. 距离消费群近

100. 连锁经营的品种选择首要的是要经营（   ）。

A. 贵重的品种　　　B. 大众化品种　　　C. 实用的品种　　　D. 便宜的品种

101. 专营店的共同特征主要体现在（   ）。

A. 规模较小，投资回收期短　　　　　　B. 商品专一

C. 服务灵活　　　　　　　　　　　　　D. 引导消费潮流

102. 销售促进与其他促销方式相比，具有（   ）特征。

A. 非连续性　　　B. 常规性　　　C. 形式多样　　　D. 即期效应

103. 在广告中利用名人有（   ）等方式。

A. 直接　　　B. 先入为主　　　C. 喧宾夺主　　　D. 间接

104. 电子邮件营销最大的特点有（   ）。

A. 主动　　　B. 11 小时　　　C. 双向互动　　　D. 全天候

105. 建立销售配额体系应体现（   ）的原则。

A. 公平性　　　B. 可行性　　　C. 可控性　　　D. 易于理解

106. 销售分析报告活动的特点有（   ）。

A. 专业性　　　　　　　　　　　　　　B. 为制订新的销售计划提供依据

C. 定期性　　　　　　　　　　　　　　D. 注重数量描述

107. 企业扩散管理的目标主要有（   ）。

A. 成长期销售额快速增长　　　　　　　B. 成熟期产品渗透最大化

C. 介绍期销售额迅速起飞　　　　　　　D. 尽可能维持一定水平的销售额

108. 等额地让出可让利益的让步策略特点是（   ）。

A. 态度谨慎　　　　　　　　　　　　　B. 步子稳健

C. 依赖性强　　　　　　　　　　　　　D. 极富有商人的气息

109. 在谈判过程中，常用的限制性因素主要有（   ）。

A. 经济限制　　　B. 权利限制　　　C. 资料限制　　　D. 时间限制

110. 作为一名良好的商业谈判者，应具备的素质有（   ）。

A. 要有坚定的维护本国或本方利益并为之奋斗的信念

B. 具有丰富的知识和经验

C. 人品高尚，作风民主

D. 要有心计，城府要深

111. 成交失败后要注意的一些事项包括（　　）。

A. 避免失态　　　　B. 请求指点　　　　C. 分析原因　　　　D. 吸取教训

112. ABC 分类管理方法包括的步骤有（　　）。

A. 如何进行分类　　B. 如何进行选择　　C. 如何进行储存　　D. 如何进行管理

113. 理化检验法可分为（　　）等。

A. 物理检验法　　　B. 化学检验法　　　C. 视觉检验　　　　D. 生物学检验法

114. 顾客购买商品的心理活动过程包括（　　）。

A. 顾客对商品的认知阶段　　　　　　　B. 顾客对商品的意志阶段

C. 顾客购买商品阶段　　　　　　　　　D. 顾客对商品的情感阶段

115. 介绍接近法中介绍的内容包括（　　）等情况。

A. 姓名　　　　　　B. 工作单位　　　　C. 拜访的目的　　　D. 经济收入

116. 信用管理功能基本上围绕赊销工作而展开，其核心目的是（　　）。

A. 降低赊销风险　　　　　　　　　　　B. 减少坏账损失

C. 降低 DSO　　　　　　　　　　　　　D. 加快流动资金周转

117. 信用条件是企业要求客户支付赊销款项的条件，它由（　　）要素组成。

A. 信用期限　　　　B. 实物折扣　　　　C. 库存水平　　　　D. 现金折扣

118. 诉讼追账具体程序中的开庭审理，包括（　　）。

A. 开庭前的准备　　　　　　　　　　　B. 法庭调查

C. 法庭辩论　　　　　　　　　　　　　D. 评议、审判和按期限审结

119. 利用外包装区域差异化处理窜货问题的方法是（　　）。

A. 给予不同编码　　　　　　　　　　　B. 利用条形码

C. 通过文字标识　　　　　　　　　　　D. 采用不同颜色的商标

120. 销售人员的作用有（　　）。

A. 决定企业运营的关键　　　　　　　　B. 买卖关系的桥梁

C. 对付竞争的砝码　　　　　　　　　　D. 信息传递的使者

121. 人员销售决策的内容包括（　　）。

A. 确定销售目标　　　　　　　　　　　B. 确定销售规模

C. 分配销售任务　　　　　　　　　　　D. 组织和控制销售活动

122. 销售人员的职责主要有（　　）。

A. 收集信息资料　　B. 制订销售计划　　C. 进行实际销售　　D. 做好售后服务

123. 人员销售是一种面对面的沟通方式，与其他促销方式相比，具有（　　）的特点。

A. 灵活性　　　　　B. 完整性　　　　　C. 选择性　　　　　D. 长远性

124. 间接激励通常的做法有（　　）的形式。

A. 帮助经销商建立进销存报表，做安全库存数和先进先出库存管理

B. 帮助零售商进行零售终端管理

C. 帮助经销商管理其客户网来加强经销商的销售管理工作

D. 伙伴关系管理

125. 根据窜货的表现形式及其影响程度，可以把窜货分为（　　）。

A. 自然性窜货　　　B. 恶性窜货　　　　C. 良性窜货　　　　D. 跨区域窜货

卷二　专业技能

一、案例选择题（第 1～10 题，共 20 分，本题给出一段案例，案例后有 10 道与之相关的选择题，每题的备选答案中有一个或一个以上符合题意的答案，请将正确选项代号填入括号内。每题选对得 2 分；错选或多选均不得分；少选但选择正确的，每个选项得 0.5 分）

某公司想了解一下其产品的需求情况，为此他们组织了一次市场调研活动。按照调研计划，该企业首先进行了一次问卷调查，他们选取了北京、上海两个城市作为代表城市。在这两个城市中，确定这次市场调查的样本数为 10000 个，并通过间接渠道搜集了有关产品消费者的数据资料，并据此将其分为 VIP 消费者 1000 个，高级消费者 3000 个，普通消费者 6000 个。他们向消费者所提供的问卷中，问答项目几百个，而且十分具体。该调查所获得的数据被存入电脑，进行详细的分析。

此外，该公司为了改进其刚刚研制成功的产品，还邀请消费者在产品的销售地试用这种新的产品，并且对新产品进行评价，从他们那里收集各种各样改进的意见。该公司担心消费者有时不能提供准确的信息，因此，市场调查人员经常亲自逛市场，"偷听"消费者购买时的对话，或者干脆装扮成消费者，四处探听店员和顾客对产品的意见。

在亲自获取市场信息的同时，该公司还把其他部门所提供的市场分析进行加工和整理，用以补充市场调查所获取信息的不足。这些从公开出版物、报纸、杂志、政府和有关行业获取的统计资料，为该企业了解整个市场的宏观信息提供了帮助。

来自消费者的信息成千上万，如何分析研究，取其精华，公司有其独特的方法。他们把所有信息分为两类，一类是期望值高的信息，即希望商品达到某种程度，或希望出现某种新产品；另一类是具体的改进建议。该公司十分重视前者，这类信息虽然没有具体意见，甚至很模糊，却反映了消费者的期望，是新产品开发的重要启示，而具体的改进意见一旦和高期望值信息结合起来，则能起到锦上

添花的作用。

问题：

1. 在设计和销售新产品时，市场营销者必须从产品的整体概念出发考虑产品，新产品大概包括（   ）。

A. 全新产品　　　　B. 换代产品　　　　C. 改进产品　　　　D. 仿制产品

2. 该公司在亲自获取市场信息的同时，还需要多种二手资料的支持，那么下列途径中属于获得二手资料的是（   ）。

A. 国家统计资料　　　　　　　　　B. 问卷调查

C. 大众传播媒体　　　　　　　　　D. 行业协会信息资料

3. 从资料中可以看出该公司所进行的调研活动所包括的主要内容是（   ）。

A. 市场容量　　　　B. 需求特点　　　　C. 竞争对手　　　　D. 市场环境

4. 该公司在进行问卷调查时所采用的方法属于（   ）。

A. 全面调查　　　　　　　　　　　B. 普查

C. 随机抽样调查　　　　　　　　　D. 非随机抽样调查

5. 市场调研对企业的营销活动来说非常重要，其重要性主要体现在（   ）。

A. 通过市场调研可以确定顾客需求

B. 通过市场调研可以发现一些新的机会和需求

C. 通过市场调研可以发现企业产品的不足和经营中的缺点

D. 通过市场调研可以及时了解竞争者的动态

6. （   ）是其他抽样方法的基础，其他抽样方法也都是从这种方法推演而来的。

A. 简单随机抽样　　B. 判断抽样　　　　C. 等距抽样　　　　D. 分群随机抽样

7. 该公司采用的抽样调查方法叫（   ）。

A. 配额抽样　　　　B. 简单随机抽样　　C. 等距抽样　　　　D. 判断抽样

8. 间接资料调查的优点有（   ）。

A. 只需花费较少的时间费用　　　　B. 不受时间和空间的限制

C. 可以不受调查人员主观因素的干扰　D. 时效性强

9. 间接资料选择的基本原则有（   ）。

A. 相关性原则　　　B. 时效性原则　　　C. 系统性原则　　　D. 经济效益原则

10. 任意抽样法的优点是（   ）。

A. 经济　　　　　　B. 准确　　　　　　C. 省时　　　　　　D. 方便

二、情景模拟题（第 11 题，每个问题 10 分，共 20 分）

11. 请结合下面场景回答后面的问题：

一名顾客来到了小徐的服装店。小徐上前招呼该顾客。小徐在和顾客的交谈中发现顾客性格比较开朗，十分容易相处，对小徐介绍的服装感到满意，也没有否定小徐对店中服装做出的描述评价。小徐觉得这个顾客是有心来自己店买服装，她应该好好抓住这个机会，努力向顾客介绍自己店里的服装，促成交易。

小徐在和顾客交谈的过程中，了解到顾客想买一件上衣。小徐根据顾客的年龄、相貌和经济等特征，把今年新出的一种上衣拿出来给顾客看，接着说："这是今年新出的一款上衣，它的款式设计是来自于巴黎著名的服装设计师 A，这件上衣挺适合您的，它仿佛就是为了适应您的行为举止和气质而设计出来的，价钱也十分合理，我们店讲的是一分钱一分货。"顾客这时开始认真地检查这件上衣，小徐立即向顾客做出服装的质量保证，还告诉顾客该店还包括服装的售后服务，从而打消了顾客对服装质量的疑虑。

在做了一系列引发顾客兴趣的努力之后，小徐决定进一步激发顾客的购买欲望。双方展开了一场心理战。顾客突然间抱怨服装的颜色过时了。小徐毫不紧张，答道："您的记忆力的确很好，这种颜色几年前已经流行过了。但是如今，又有了这种颜色回潮的迹象。"顾客想了想后，对小徐的态度明显好转。小徐抓住这一有利时机，对顾客说："同志，现在您如果花几分钟把购买手续办一下的话，这套服装就是您的了。"顾客犹豫了一下，使点了点头。几分钟以后，顾客带着新上衣高兴地离开了小徐的服装店，小徐顺利地促成了这笔交易。

问题：

（1）这名顾客属于哪种类型？除了这种类型的顾客，还有哪些类型的顾客？

（2）如果该案例中顾客并不是平易近人的，而是对产品处处提出疑问，甚至对销售人员的品质都提出质疑，而你是这个销售人员，你会怎么接待这种顾客呢？

三、案例分析题（第 12 ~ 14 题，每个问题 10 分，共 60 分）

12. 请结合案例和所学的知识回答问题。

A 公司是一间生产小挂饰的民营企业。为了能够让消费者在情感上有更好的认同，A 公司的品牌识别一直与各种运动会挂钩：赞助乒乓球队、奥委会合作伙伴、赞助 2000 ~ 2002 年度 NBA 联赛等。可以说，通过体育与消费者的沟通来传达品牌形象，是 A 公司与其他同类企业的最大不同之处。这样的品牌识别其实是 A 公司实行差异化战略的一个重要环节。A 公司在这个方向的指导下，多次成功地策划了各种公共宣传活动。

2003 年，A 公司推出了面向贫困地区中小学校体育基础教育的阳光工程。"阳光工程"计划从 2003 ~ 2008 年奥运会开幕，为期 6 年。在这几年中，A 公司将累计的几百万人民币用于购买各种体育器材，并将这些体育器材捐赠给 400 所贫困地区中小学校。全国有 23 个省份的基础体育器材缺乏的学校得到捐助，是以消费者的名义"买一件小挂饰捐一分钱"的形式进行的。A 公司的小挂饰价格初步定为 5 元，单位产品的变动成本是 3 元，每月的固定成本是 100000 元。

这个活动为 A 公司在消费者心目中赢得良好的印象。

2006 年，谊公司在首都的 20 多所高校中举行了三人篮球赛，掀起了一股篮球大战热潮，这一举动使得 A 公司的品牌深入北京青年群体的人心。这次活动之后，A 公司还在一些高校设立了赞助校内体育特长生的奖学金，表示对国家体育活动的重视与支持。

这些活动使得 A 公司的产品与体育紧紧联系在一起。

这样的活动和纯广告、纯促销的宣传形式的不同之处，就在于前者与消费者有很多的沟通，有利于树立产品品牌在消费者心目中的地位，建立较为长久的互动关系。

问题：

（1）成功的公共宣传活动能达到哪些目的？

（2）根据量、本、利之间的关系，盈亏平衡点的销售收入应该等于什么？

13. 请结合案例和所学的知识回答问题。

B 商场曾向某企业购买一批价值为 30 万元的货物，该企业在发货后向 B 商场通过电话和邮件的方式催收货款，但是 B 商场多次以各种理由推迟付款．企业只好派出内部管理人员到 B 商场上门催收货款。

B 商场与该企业是长期的合作伙伴。在和商场的管理人员进行交涉的过程中，企业的内部管理人员发现 B 商场并不是没有能力付清货款，而是想延迟付款期，尽量利用手里的现金。企业现在的流动资金十分紧张，B 商场这笔货款对企业现阶段的发展十分重要，企业管理人员在交涉之前就已经下定决心无论如何也要尽快取得该笔货款。

经过长时间的交涉，B 商场还是坚决不让步。这时，企业的管理人员对 B 商场的行为进行仔细的分析研究。最后决定向 B 商场提供现金折扣，因为 B 商场延迟付款的主要目的就是想最大限度地占用资金。企业决定向 B 商场提供 2% 的现金折扣，参考销售商借款的年利率，这笔现金折扣刚好与为期 90 天的延期付款的成本相等。B 商场考虑到该企业是自己的长期合作伙伴，同时又给予这么有吸引力的现金折扣，经过反复衡量之后，决定在谈判后的第二天立即付款。

最后，B 商场获得了有利的现金折扣，而企业也因为资金到位而保持了顺利地运转，双方都取得各自满意的结果。

问题：

（1）本案例中的企业主要采取了哪种追账的基本方法？除了这种方法以外还有哪些追账基本方法？

（2）企业决定向 B 商场提供现金折扣是哪种追账基本方法的辅助手段？这种追账基本方法？

14. 请结合案例和所学的知识回答问题。

据信息产业部电信服务质量通告显示，2001 年第一、二、三、四季度，在申诉中心正式立案的申诉案件中，移动电话业务方面的申诉率分别为 33%、55.5%、57%、71.4%。

在市场经济条件下，企业间的竞争是市场化的需求。竞争本应促使竞争双方提高核心竞争力，为用户提供更优质的服务，使消费者得到最大实惠。可为何在竞争最为激烈的移动领域，投诉率反而居高不下呢？

究其缘由，主要原因是，随着移动用户猛增，移动运营商急于占领市场，对竞争的认识走向了偏颇和误区：只盯着竞争对手，而没有盯住用户；只顾打价格战，抢用户，而没有提升服务质量，真正为用户着想。这种低层次的价格竞争，足以引起监管部门的重视。企业在发展初期贯彻市场撇脂定价策略，而转眼间就必须面临残酷的价格战，真是商场如战场。

在这个过程中，运营商纷纷给内部销售人员制定苛刻的销售任务，通过各种人员销售方式去抢夺用户，价格战所采用的方法更是五花八门。

过度、混乱的价格战只能暂时抢来用户、扩大市场，却不能真正留住用户。因此，移动市场的竞争应从低层次的价格竞争向服务竞争转变，从以对手为目标转变为以客户满意为最终目标，切实保护消费者的权益，打造以服务为主的核心竞争力，获得客户的忠诚度。这样才能使移动运营商居高不下的投诉率降下来。同时，移动市场的恶性竞争也告诫我们，竞争不一定会带来优质的服务。如果竞争引导不利，服务也无法得到提升，因此如何引导市场竞争至关重要。

问题：

（1）在这场没有硝烟的价格战中，运营商可以采取的主要的价格修改策略有哪些？市场撇脂定价策略需要满足的条件是什么？

（2）人员销售的方式主要有哪几种？

助理营销师真题一答案

卷一

一、单项选择题

26. B	27. D	28. D	29. A	30. C	31. A	32. A
33. D	34. D	35. A	36. A	37. B	38. A	39. B
40. D	41. B	42. B	43. A	44. B	45. C	46. A
47. C	48. A	49. A	50. A	51. C	52. A	53. A
54. D	55. A	56. C	57. A	58. B	59. B	60. B
61. B	62. B	63. A	64. A	65. A	66. B	67. A

68. A	69. A	70. D	71. A	72. A	73. B	74. A
75. A	76. B	77. C	78. B	79. A	80. D	81. A
82. B	83. A	84. A	85. D			

二、多项选择题

86. ACD	87. AC	88. AC	89. AB	90. ACD	91. CD
92. ABC	93. ABCD	94. ABCD	95. ABD	96. ABCD	97. ABCD
98. BC	99. ABCD	100. BC	101. ABCD	102. ACD	103. AD
104. BCD	105. ABCD	106. ACD	107. ABCD	108. ABD	109. BCD
110. ABC	111. ABCD	112. AD	113. ABD	114. ABD	115. ABC
116. ABCD	117. AD	118. ABCD	119. ABCD	120. ABCD	121. ACD
122. ABCD	123. ABCD	124. ABCD	125. ABC		

卷二

一、案例选择题

| 1. ABCD | 2. ACD | 3. B | 4. D | 5. ABCD | 6. A | 7. A |
| 8. ABC | 9. ABCD | 10. AD | | | | |

二、情景模拟题

11.（1）随和型，特点：性格比较开朗，十分容易相处，内心防线弱，容易被说服。表面上不喜欢当众拒绝别人，但有容易忘记自己诺言缺点。销售人员要有耐心和他们周旋，除此之外，还有内向型、刚毅型、神经质型、虚荣型、好斗型、顽固型、怀疑型、沉默型。

（2）这样的顾客属于怀疑型，对产品和销售人员的人格会提出质疑。

销售人员应当：①销售人员的自信心非常重要，不要受顾客的影响，对产品充满信心；②不要企图以你的口才取胜，因为顾客对你所言同样持怀疑态度；③借助于专业数据，专家评论会对销售有帮助；④不要轻易在价格上让步；⑤建立起顾客对你的信任至关重要。

三、案例分析题

12.（1）公共关系活动的目的

①提高企业或产品知名度与美誉度；②帮助新产品打开销路

③有助于挽回突发事件的不利影响；④有利于建立良好的社区关系

（2）$S0 = F/(1 - C/P)$

$Q = F/(P - C) = 100000 \div (5 - 3) = 50000$ 件

13.（1）本案例中的企业主要采取了企业自行追账的基本方法，使用了包括函电追账、面访追账和"IT"追账三种方法。除了这种方法以外还有委托追账、仲裁追账和诉讼追账的基本方法。

（2）企业决定向 B 商场提供现金折扣是企业自行追账的辅助手段自行追账的辅助方法有：①采用对销售商和购买商都有利的现金折扣；②向债务人收取惩罚利息；③对已发生拖欠的客户停业供货；④取消信用额度；⑤处理客户开出的空头支票。

14.（1）价格修改策略包括：心理定价、地区定价、折扣定价、需求差别定价、新产品定价、产品组合定价。

心理定价主要有五种：①整数定价 ②尾数定价 ③声望定价：对于信誉的产品制定较高价格 ④习惯定价 ⑤招徕定价

地区性定价：①按产地在某运输工具上交货定价 ②统一交货定价 ③分区定价 ④基点定价 ⑤运费免收定价

折扣定价：现金折扣、数量折扣、职能折扣、季节折扣、折让

需求差别定价：因顾客而异、因时间而异、因地点而异、因产品而异

新产品定价：（1）市场撇脂定价（2）市场渗透定价

产品组合定价：系列产品定价、互补产品定价、互替产品定价

市场撇脂定价策略需要满足的条件是：

① 市场有足够的购买者，他们的需求缺乏弹性；

② 高价格导致单位成本增加，但这不至于抵消高价带来的利益；

③ 在高价情况下，仍然独家经营，别无竞争者；

④ 高价使人产生这种产品是高档产品的印象。

（2）人员销售的方式有：

①单个销售人员对单个顾客 ②单个销售人员对一组顾客 ③销售小组对一组顾客 ④销售会议（会同企业职能部门人员，以业务洽谈会形式进行销售。）⑤销售研讨会：（技术研讨的形式）目的重在增进客户的技术知识，培养买方对企业的认识和偏好。

助理营销师真题二

卷一 职业道德 理论知识

第一部分 职业道德
一、职业道德基础理论与知识部分（第 1~16 题）

答题指导：单项选择题只有一个选项是正确的，多项选择题有两个或两个以上选项是正确的。

（一）单项选择题（第 1~8 题，每题 1 分，共 8 分）

1. 关于遵纪守法，你认为正确的说法是（　　）。

A. 只要品德端正，学不学法无所谓

B. 金钱对人的诱惑力要大于法纪对人的约束力

C. 法律是由人执行的，执行时不能不考虑人情和权力等因素

D. 遵纪守法与职业道德要求具有一致性

2. 中共中央提出科学发展观这一新理念，其含义是指（　　）。

A. 以人为本，效率优先、兼顾公平的发展

B. 以 GDP 为主，全面、快速、可持续的发展

C. 以企业为本，全面、健康、和谐的发展

D. 以人为本，全面、协调、可持续的发展

3. 俗话说，"一双筷子容易折，十双筷子断就难"，你认为这说明了（　　）。

A. "梅花香自苦寒来，宝剑锋自磨砺出"

B. "小胜靠智，大胜靠德"

C. "天时不如地利，地利不如人和"

D. "成由勤俭败由奢"

4. 正确的义利观，在现实条件下的选择是（　　）。

A. 见利思己　　　　　　　　　　　B. 见利思义

C. 嘴上讲义，行动上讲利　　　　　D. 行小义，得大利

5. 社会主义道德建设的基本要求是（　　）。

A. 社会公德、职业道德、家庭美德

B. 爱国主义、集体主义和社会主义

C. 爱祖国、爱人民、爱劳动、爱科学、爱社会主义

D. 有理想、有道德、有文化、有纪律

6. 下列关于市场经济的缺陷描述不正确的是（　　　）。

A. 自发性　　　　B. 竞争性　　　　C. 盲目性　　　　D. 决策分散性

7. 社会主义法制的核心是（　　　）。

A. 有法可依　　　B. 有法必依　　　C. 执法必严　　　D. 违法必究

8. 下列不属于中华民族传统美德内容的是（　　　）。

A. 个性自由，讲求独立　　　　　　B. 父慈子孝，尊老爱幼

C. 自强不息，勇于革新　　　　　　D. 仁以待人，以礼敬人

（二）多项选择题（第 9～16 题，每题 1 分，共 8 分）

9. 企业形象包括（　　　）。

A. 企业环境　　　B. 企业规章制度　　C. 企业目标　　　D. 企业作风

10. 以下关于职业技能的说法中，正确的是（　　　）。

A. 职业技能是人们履行职业责任的手段

B. 职业技能的提高靠经验积累

C. 职业技能高低取决于个人体质强弱

D. 人的先天生理条件对职业技能的形成有一定的影响

11. 关于从业人员办事公道的说法中，正确的是（　　　）。

A. 坚持真理是从业人员办事公道的内在要求

B. 办事公道特指有权人而言，一般从业人员不存在这一问题

C. 从业活动中关照亲友乃人之常情，与办事公道要求不矛盾

D. 办事公道涉及服务对象的人格尊严和实际利益

12. 从业人员举止得体的具体要求是（　　　）。

A. 态度恭敬，对顾客尊重和有礼貌

B. 表情从容，按部就班、不慌不忙地接待服务对象

C. 行为大度，为了国格，表现出应有的大国气势和风范

D. 形象庄重，表情严肃，不轻浮随便，不鬼鬼祟祟

13. 台湾"塑胶大王"王永庆拥有资产超过 10 亿美元，但创业之初，白手起家的他，有时为了赚一分钱利润，深夜冒着大雨把顾客所需要的东西送到目的地，他奉行的理念是"一勤天下无难事"他曾经说："多争取一块钱生意，也许要受到外界环境的限制，但节约一块钱，可以依靠自己努力；而节省一块钱，就等于赚了一块钱。"从上述案例中，可以判定王永庆是个（　　　）。

A. 生活简朴的人　　　　　　　　B. 吝啬的人

C. 计较小利的人　　　　　　　　D. 善于经营的人

14. 在没有客人时，下列做法中符合商场服务人员站姿要求的是（　　　）。

A. 两手下垂　　　　B. 目视前方　　　　C. 叉腰而立　　　　D. 活动身体

15. 诚实劳动是劳动者（　　）。

A. 素质高低的衡量尺度　　　　　　　　B. 人生态度的外在反映

C. 实现人生价值的重要手段　　　　　　D. 立身处世的基本出发点

16. 关于从业人员做到诚实守信，不完整或不准确的理解是（　　）。

A. 诚实守信的前提是看对方是不是诚实守信

B. 不做对不起朋友的事情，是诚实守信的根本体现

C. 不管许诺什么，只要兑现了诺言就是诚实守信

D. 获得手段是否正当是检验一个人是否诚实守信的标准之一

二、职业道德个人表现部分（第 17 ~ 25 题）

答题指导：请根据自己的实际情况只选择其中一个选项。

离散选择（第 17 ~ 25 题，每题 1 分，共 9 分）

17. 我之所以直到现在也没有离开工作单位，是因为（　　）。

A. 我很喜欢现在的工作和工作单位

B. 我对现在的工作和工作单位感到满意

C. 换工作是一件很难的事情，也许我找不到比现在更好的工作或工作单位了

D. 我和单位签了协议，离开会有很大的损失

18. 你的同事在工作中取得突出成绩时，你会采取哪一种做法（　　）。

A. 认为他运气好

B. 各有专长，继续做好自己的工作

C. 认为他太聪明了，自己可望而不可即

D. 虚心请教，努力学习

19. 假如你带孩子看足球比赛，你注重让孩子（　　）。

A. 欣赏球员高超的球技　　　　　　　　B. 为自己国家的球队加油助威

C. 尝试学习球员的动作和技巧　　　　　D. 感受篮球比赛的激烈程度

20. 如果领导给你一项从来没有做过的工作，你会（　　）。

A. 担心地接受　　　B. 兴奋地接受　　　C. 焦虑地接受　　　D. 平静地接受

21. 当听几位同事在谈论小李的隐私时，你认为下列哪种做法更合适？（　　）

A. 与他们一道谈论　　　　　　　　　　B. 劝同事不要再谈

C. 悄悄告诉小李　　　　　　　　　　　D. 在一旁静静地听

22. 从报架上拿报纸看完后，你最习惯的举动是（　　）。

A. 看完就走　　　　　　　　　　　　　B. 把报纸放回原处

C. 把报纸整理好后放在原处　　　　　　D. 叫办事员来整理

23. 你觉得以前上学时用过的书，最好的处理方式是（　　）。

A. 当做二手书卖给需要它们的人

B. 当做废品卖钱，以便购买新书

C. 送给别人，让它们发挥余热

D. 留起来，将来想看的时候还可以翻翻

24. 你对待人与人之间的关系的态度是（　　）。

A. 制造不和谐   B. 努力创造和谐

C. 不太关注   D. 关键是几个朋友和谐

25. 有些单位会偶尔利用一定业余时间让员工义务为社区做一些事情，例如打扫卫生、植树。你认为这种做法（　　）。

A. 不可取，占用了员工休息时间，不人性

B. 不可取，工作效率不会很高

C. 有可取之处，可以增加员工的归属感

D. 有可取之处，锻炼了员工的身体

第二部分　理论知识

一、单项选择题（第 26 题 ~ 第 85 题，每题 1 分，共 60 分）

26. （　　）方法常用来研究某种销售促进工具对消费者的影响。

A. 销售绩效分析   B. 消费者固定样本数据分析

C. 消费者调查   D. 实验研究

27. （　　）在注意与对方人际关系的同时，建议和要求谈判双方尊重对方的基本需求，寻求双方利益上的共同点，积极设想各种使双方都有所获的方案。

A. 价值型谈判   B. 软型谈判   C. 价格型谈判   D. 硬型谈判

28. （　　）是指某厂家在某一市场区域上有多家销售代理商，他们共同开发该市场的代理形式。

A. 独家销售代理   B. 多家代理   C. 佣金代理   D. 买断代理

29. "存货有限，欲购从速"、"三周年店庆，降价三天"等广告，都是典型的（　　）的实例。

A. 限期成交法   B. 从众成交法   C. 保证成交法   D. 优惠成交法

30. 谈判礼仪中，女性选择首饰的原则是（　　）。

A. 不戴不行   B. 同质同色   C. 色彩多样   D. 异质同色

31. （　　）是借助于科学艺术的手段，刺激人们的感觉来取得效果的。

A. 销售促进   B. 广告宣传   C. 人员推销   D. 公共关系

32. （　　）是组织销售人员就某一专门议题进行讨论，培训过程由主讲老师或销售专家组织。

A. 课堂培训法   B. 会议培训法   C. 实地培训法   D. 模拟培训法

33. （　　）又叫小点成交法，是销售人员利用局部成交来促成整体成交的一种策略。

　　A. 请求成交法　　　B. 局部成交法　　　C. 假定成交法　　　D. 选择成交法

34. 消费者依据（　　）权可以要求经营者提供的商品和服务符合保障人身、财产安全的要求。

　　A. 安全保障　　　B. 公平交易　　　C. 自主选择　　　D. 获得知识

35. （　　）是选择分销商最关键的因素。

　　A. 市场　　　　　　　　　　　　B. 声誉

　　C. 中间商的历史经验　　　　　　D. 合作意愿

36. 债权人按照合同约定占有债务人的动产，债务人不按照合同约定的期限履行债务的，债权人有权依照《担保法》规定留置该财产，以该财产折价或者以拍卖、变卖该财产的价款优先受偿。该担保方式属于（　　）。

　　A. 抵押　　　　　　B. 质押　　　　　　C. 留置　　　　　　D. 定金

37. 在影响产业购买者做出购买决策的一系列因素中，一个国家的经济前景、市场竞争、政治法律等情况属于（　　）。

　　A. 环境因素　　　B. 人际因素　　　C. 个人因素　　　D. 组织因素

38. （　　）是既谈优点，又谈缺点，但缺点与优点相比显然是微不足道的。

　　A. 以长托短　　　B. 以短比短　　　C. 以短揭长　　　D. 以长托长

39. （　　）是指为获取非正常利润，经销商蓄意向自己辖区以外的市场倾销产品的行为。

　　A. 自然性窜货　　B. 恶性窜货　　　C. 良性窜货　　　D. 跨区域窜货

40. （　　）是分配给销售人员在一定时期内完成的销售任务，是销售人员需努力实现的销售目标。

　　A. 促销计划　　　B. 销售计划　　　C. 销售配额　　　D. 广告计划

41. （　　）是最常用、最重要的配额，一般用销售额来表示，用销售量单位数表示的情况比较少。

　　A. 销售量配额　　B. 财务配额　　　C. 销售活动配额　　D. 综合配额

42. （　　）的作用决定了人员销售决策在企业整个营销管理决策中的地位和作用。

　　A. 销售人员　　　B. 财务人员　　　C. 出纳人员　　　D. 经理

43. 考虑是月返、季返还是年返，应根据产品特性、货物流转周期而定等，是要求制定返利政策考虑（　　）的实例。

　　A. 返利的标准　　　　　　　　　B. 返利的时间

　　C. 返利的形式　　　　　　　　　D. 返利的附属条件

44. 销售人员应掌握本企业的历史背景、在同行业中的地位、生产能力、产品种类、技术水平、设备状况、企业发展战略、定价策略等，这体现了销售人员必须掌握（　　）。

A. 企业知识　　　　B. 产品知识　　　　C. 市场知识　　　　D. 用户知识

45. 通过定期拜访，帮助零售商整理货架，设计商品陈列等是间接激励中的（　　）方法。

A. 帮助经销商建立进销存报表，做安全库存数和先进先出库存管理

B. 帮助零售商进行零售终端管理

C. 帮助经销商管理其客户网来加强经销商的销售管理工作

D. 伙伴关系管理

46. 刊登的广告文辞上载明企业名称及职位、应聘者须具备的条件，甚至说明条件不适者请勿前来应聘。这是（　　）。

A. 培训式招聘广告　　　　　　　B. 表明式招聘广告

C. 销售式招聘广告　　　　　　　D. 隐蔽式招聘广告

47. 卖主先出低价来引起买主的兴趣，再假装发现一个错误，撤回低价，这属于（　　）方法。

A. 错误试探　　　B. 仲裁试探　　　C. 替代试探　　　D. 开价试探

48. （　　）主要用于工商合同。

A. 当面调解　　　　　　　　　　B. 现场调解

C. 异地合同，共同调解　　　　　D. 通过信函进行调解

49. 厂商委托中间商以中间商的名义销售货物，盈亏由厂商自行负责，中间商只收取佣金报酬，这种销售方式叫做（　　）。

A. 代销　　　　　　B. 销售代理　　　　C. 经纪　　　　　　D. 经销

50. （　　）是指纯粹造成损失却没有任何受益机会的风险。

A. 投机风险　　　B. 利率风险　　　C. 纯风险　　　D. 价格风险

51. 现代市场营销学理论研究的主要对象是（　　）。

A. 消费者市场　　B. 组织市场　　C. 中间商市场　　D. 产业市场

52. （　　）是指代理商先购得厂家产品后再售给客户，代理商获得买卖差价收入，同时代理商还得负担广告宣传义务的一种代理方式。

A. 独家销售代理　　B. 多家代理　　C. 佣金代理　　　D. 买断代理

53. 在谈判过程中，注意使自己的态度保持在不冷不热、不紧不慢的地步，这是在运用（　　）。

A. 红脸白脸策略　　B. 欲擒故纵策略　　C. 抛放低球策略　　D. 旁敲侧击策略

54. 商务谈判以（　　）作为谈判的核心。

A. 谈判主体　　　B. 价值　　　　C. 谈判客体　　　D. 价格

55. 根据市场营销学原理，促销的实质是（　　　）。

A. 推销　　　　　B. 营销　　　　　C. 沟通　　　　　D. 销售

56. 一辆小汽车标价 4000 美元，顾客以旧车折价 500 美元购买，只需付 3500 美元，这属于（　　　）。

A. 现金折扣　　　B. 数量折扣　　　C. 季节折扣　　　D. 折让

57. 行业协会已经发表和保存的有关行业销售情况、经营特点、发展趋势等信息资料属于（　　　）。

A. 内部资料来源　B. 电子资料来源　C. 直接资料来源　D. 外部资料来源

58. 分群随机抽样法在市场调查中最典型的应用是（　　　）。

A. 收入分群抽样　B. 地区分群抽样　C. 消费分群抽样　D. 年龄分群抽样

59. （　　　）顾客比较容易被说服。

A. 漠不关心型　　B. 软心肠型　　　C. 防卫型　　　　D. 干练型

60. 一位服装店的销售人员在销售服装时说："比如，您看这件衣服式样新颖美观，是今年最流行的款式，颜色也合适，您穿上一定很漂亮，我们昨天刚进了四套，今天就只剩下两套了。"这运用了（　　　）。

A. 限期成交法　　B. 从众成交法　　C. 保证成交法　　D. 优惠成交法

61. （　　　）是指销售人员通过引发顾客的好奇心来接近顾客的方法。

A. 好奇接近法　　B. 求教接近法　　C. 问题接近法　　D. 调查接近法

62. 中间商决定经营范围广泛且没有关联的多种产品，这属于（　　　）决策。

A. 独家配货　　　B. 广泛配货　　　C. 专深配货　　　D. 杂乱配货

63. （　　　）是指人们在特定的职业活动中形成的或明文规定的语言标准或规则。

A. 职业规范　　　B. 仪表端庄　　　C. 仪表仪态　　　D. 语言规范

64. （　　　）是指同一种商品中，不同档次之间的价格差额。

A. 品种差价　　　B. 规格差价　　　C. 档次差价　　　D. 式样差价

65. （　　　）指的是从各种文献档案中收集的资料，也称间接资料。

A. 一手资料　　　B. 二手资料　　　C. 电子资料　　　D. 市场资料

66. 若公司的高阶层对第一线了如指掌，而位处组织末梢的销售人员，也深深信赖高阶层者，我们可以采用销售计划方式中的（　　　）。

A. 分配方式　　　B. 发散方式　　　C. 上行方式　　　D. 水平方式

67. 公开招标应当按照采购主管部门规定的方式向社会发布招标公告，并有至少（　　　）家符合投标资格的供应人参加投标。

A. 1　　　　　　　B. 2　　　　　　　C. 3　　　　　　　D. 4

68. （　　　）是企业选定某些城市作为基点，然后按一定的原价加上从基点城市到顾客所在地的运费来定价（不管货实际上是从哪个城市起运的）。

  A. FOB Origin   B. 统一交货定价 C. 分区定价   D. 基点定价

  69. 在谈判过程中，一个人的态度强硬，另一个人的态度温和，则此谈判团采用的是（ ）。

  A. 红脸白脸策略 B. 欲擒故纵策略 C. 抛放低球策略 D. 旁敲侧击策略

  70. 分销渠道的起点是（ ）。

  A. 生产者   B. 批发商   C. 代理商   D. 中介机构

  71. 河南宝丰酒厂利用文艺形式开展了"宝丰杯全国曲艺大奖赛"的活动，并与北影合作，拍摄了电视片《黄河酒魂》，有效地起到了宣传作用，扩大了企业的知名度，这是赞助活动中的（ ）方式。

  A. 赞助体育运动   B. 赞助文化娱乐活动

  C. 赞助宣传用品的制作   D. 赞助社会慈善和福利事业

  72. （ ）是指按照消费者的习惯性标准来定价。

  A. 整数定价 B. 声望定价 C. 习惯定价 D. 招徕定价

  73. （ ）是指在谈判中，故意搅乱正常的谈判秩序，将许多问题一股脑儿地摊到桌面上，使人难以应付，以达到使对方慌乱失误的目的。这也是在业务谈判中比较流行的一种策略。

  A. 浑水摸鱼策略 B. 疲劳轰炸策略 C. 化整为零策略 D. 大智若愚策略

  74. 当总体中的调查单位特性有明显差异时，可以采用（ ）。

  A. 简单随机抽样法   B. 等距抽样法

  C. 分层随机抽样法   D. 分群随机抽样法

  75. 分销渠道是指（ ）。

  A. 分销商的总和

  B. 零售商的总和

  C. 产品或服务从生产者向消费者转移过程中，所经过的、由各中间环节所联结而成的路径

  D. 分销商和零售商的总和

  76. 下列四种促销手段中，（ ）是介绍新产品最有效也最昂贵的方法。

  A. 免费样品 B. 优惠券 C. 现金折扣 D. 竞赛

  77. 在正式的谈判之前，（ ）应主动通知对方洽谈举行的时间、地点、具体安排以及有关注意事项，让对方心中有数，以便为洽谈进行相应的准备。

  A. 东道主   B. 中间人   C. 被邀者   D. 主谈人

  78. （ ）是指厂家将自己的技术、商标、品牌授予其他厂家使用，技术受让厂家使用其技术制造产品，并可以使用该厂品牌、商标销售产品，原厂家收取权利转让费。

A. 厂商向代理商技术授权

B. 厂商与代理商相互参股

C. 金钱激励

D. 厂商最终将代理商变为自营销售部门

79. 如果调查人员为了获得二手资料而要付出大量的人力、物力和财力，我们也许会不利用二手资料。这体现着调查人员在利用二手资料时遵循着（ ）。

A. 相关性原则　　　B. 时效性原则　　　C. 系统性原则　　　D. 经济效益原则

80. 对经销商而言最重要的是（ ）。

A. 客户　　　　　B. 制造商　　　　　C. 政府　　　　　D. 竞争者

81. （ ）是指在接到顾客购买信号后，用明确的语言向顾客直接提出购买建议，以求适时成交的方法。

A. 请求成交法　　　B. 局部成交法　　　C. 假定成交法　　　D. 选择成交法

82. 下列封闭式问句的提问方法属于（ ）。

"在未来三年内，你是否准备买车? a. 是　b. 否"

A. 二项选择法　　　B. 多项选择法　　　C. 程度尺度法　　　D. 顺序选择法

83. 在一些市场调查中，比如在对调查的总体不甚了解，或者调查的总体过分庞杂时，往往采用（ ）抽取样本。

A. 随机抽样　　　　B. 任意抽样　　　　C. 非随机抽样　　　D. 等距抽样

84. 在和对方吃饭的时候趁机说出己方的一些要求，这是运用（ ）。

A. 红脸白脸策略　　B. 欲擒故纵策略　　C. 抛放低球策略　　D. 旁敲侧击策略

85. 销售计划的中心是（ ）。

A. 销售收入计划　　B. 销售成本计划　　C. 销售费用计划　　D. 销售利润计划

二、多项选择题（第 86～125 题，每题 1 分，共 40 分）

86. 下列情形中，（ ）违反了产品质量法的规定。

A. 不具备产品应当具备的使用性能而事先未作说明

B. 不符合以产品说明、实物样品等方式表明的质量状况

C. 不能完全满足消费者的消费欲望

D. 不符合在产品或包装上注明采用的产品标准

87. 抽样方法大体上可分为两大类: 一是随机抽样方法，二是非随机抽样方法。下列各种方法中属于非随机抽样方法的是（ ）。

A. 简单随机抽样法　　　　　　　　B. 分层随机抽样法

C. 判断抽样法　　　　　　　　　　D. 配额抽样法

88. 企业要不断完善服务系统，最大限度使顾客感到安心和便利，为此，需做到（ ）。

A. 在价格设定方面，要力求价格公平、明码标价

B. 在包装方面，要安全、方便

C. 在经营中要尺足、秤满

D. 在售后服务方面要帮助安装，定期进行访问

89. 影响工程设备远期价格的因素主要有（　　）。

A. 原材料价格　　　　　　　　　B. 汇率和利率风险

C. 工资　　　　　　　　　　　　D. 国内外其他政治经济情况的变动

90. 按相对重要性由高到低，用来判断服务质量的评价标准有（　　）等方面。

A. 可靠性　　　　　　　　　　　B. 保证性

C. 响应性　　　　　　　　　　　D. 移情性和有形性

91. 逻辑在商务谈判中的作用主要有（　　）。

A. 逻辑是联结谈判各部分的线索

B. 逻辑是谈判中的探测器

C. 逻辑是谈判中的论证手段

D. 逻辑是谈判中向对方有力反驳的武器

92. 产品延伸策略的实现方式有（　　）。

A. 向上延伸　　　B. 向下延伸　　　C. 向左延伸　　　D. 向右延伸

93. 访问顾客及其准备工作主要包括（　　）。

A. 分析顾客心理　　　　　　　　B. 匹配销售方格与顾客方格

C. 接近潜在顾客　　　　　　　　D. 认定顾客资格

94. 双方当事人在协商解决经济合同纠纷的过程中应注意的是（　　）。

A. 双方的态度要端正、诚恳

B. 通过协商达成的协议，一定要符合国家的法律、政策

C. 协商解决纠纷一定要坚持原则，决不允许损害国家和集体的利益

D. 在协商解决经济合同纠纷中，还要防止拉关系、搞私利等不正之风

95. 根据合同法的有关规定，合同的主要形式有（　　）。

A. 书面合同　　　B. 口头合同　　　C. 其他合同　　　D. 协商合同

96. 在市场营销学中，市场的大小取决于那些（　　）的人数。

A. 有某种需要

B. 拥有使别人感兴趣的资源

C. 愿意以这种资源来换取其需要的东西

D. 处于一定的市场环境

97. 市场是指由一切具有特定的欲望和需求并且愿意和能够以交换来满足此欲望和需求的潜在顾客构成，由此可知，市场的构成要素包括（　　）。

A. 有某种需要和欲望的人　　　　B. 拥有使别人感兴趣的资源

C. 为满足需要的购买能力   D. 购买欲望

98. 企业的定价目标大致包括（   ）。

A. 企业形象最佳化   B. 市场份额收缩

C. 降低产品成本   D. 当期利润最大化

99. 每场谈判的结束方式可据（   ）来确定。

A. 时间   B. 气氛   C. 地点   D. 内容

100. 下列选项属于接近拜访顾客的方法的是（   ）。

A. 赞美接近法   B. 反复接近法   C. 服务接近法   D. 利益接近法

101. 有关提高企业服务质量的方法，比较常用的有（   ）。

A. 标准跟进   B. 流程图   C. 结构重整   D. 蓝图技巧

102. 销售人员进行商品示范存在缺陷的原因主要有（   ）。

A. 在示范前对产品的优点强调过多，从而使顾客的期望过高

B. 销售人员过高估计自己的表演才能

C. 在示范过程中只顾自己操作，而不去注意顾客的反应

D. 示范时不断提出竞争对手产品的缺点，却不提自己产品的优点

103. 销售分析与评价的常用方法是（   ）。

A. 绝对分析法   B. 相对分析法

C. 因素替代法   D. 量、本、利分析法

104. 企业网络调研的对象主要集中于（   ）。

A. 企业的客户和潜在客户   B. 公司自身

C. 全社会消费者   D. 企业的竞争者

105. 锁定最有价值客户的方法有（   ）。

A. 改变最有价值客户衰退趋势   B. 制定客户忠诚计划

C. 战略性放弃负值客户   D. 从二级客户身上获取更多的收入

106. 关系营销的主要类型和层次有（   ）。

A. 被动型   B. 负责型   C. 能动型   D. 伙伴型

107. 谈判的节奏主要反映在（   ）等方面。

A. 需要解决问题的多少   B. 时间的长短

C. 问题安排的松紧程度   D. 地点的选择

108. 客户确定信用额度，一般应根据客户的信用等级，选择使用的方法有
（   ）。

A. 根据收益与风险对等的原则确定

B. 根据客户营运资本净额的一定比例确定

C. 根据客户收入的一定比例确定

D. 根据客户清算价值的一定比例确定

109. 直营连锁科学、合理的运作主要体现在（   ）。

A. 大政方针规范化

B. 业务操作规范化

C. 商品管理科学化

D. 经营品种、商品档次、陈列数量、方法标准化

110. 下列对市场营销组合特点的描述正确的是（   ）。

A. 市场营销组合要素对企业来说都是可控要素

B. 市场营销组合是一个复合结构

C. 市场营销组合是一个动态组合

D. 市场营销组合要受企业市场定位战略的制约

111. 根据客户战略价值、实际价值以及服务成本的大小可以把客户划分为
（   ）。

A. 最有价值客户　　B. 二级客户　　　　C. 正值客户　　　　D. 负值客户

112. 人员销售是一种面对面的沟通方式，与其他促销方式相比，具有
（   ）的特点。

A. 灵活性　　　　　B. 完整性　　　　　C. 选择性　　　　　D. 长远性

113. 下列选项属于商品的兴趣集中点的有（   ）。

A. 商品的使用价值　B. 流行性　　　　　C. 耐久性　　　　　D. 经济性

114. 合理的信用政策主要包括（   ）。

A. 信用标准　　　　B. 信用条件　　　　C. 信用额度　　　　D. 收账政策

115. 销售促进预算可以通过（   ）方式来确定。

A. 自上而下方式

B. 按照习惯比例来确定各项销售促进预算占总预算的比率

C. 随行就市方式

D. 自下而上方式

116. 治理窜货问题的对策有（   ）。

A. 归口管理，权责分明　　　　　　　B. 建立合理的差价体系

C. 加强销售通路管理　　　　　　　　D. 加强营销队伍的建设与管理

117. 下列选项中，（   ）属于不正当竞争行为。

A. 假冒他人注册商标

B. 为争取交易机会，秘密给付财物或买通客户的负责人

C. 设计引人误解的虚假宣传

D. 模仿其他企业产品，生产出自己的产品

118. 下列属于电子商务优点的是（   ）。

A. 降低企业营销成本

B. 提供新的市场机会

C. 直接把握市场需求的变化

D. 电子化、数据化消除了时空的限制

119. 企业信用管理部门给予客户的现金折扣中包含（   ）等要素。

A. 折扣期限　　　　B. 折现率　　　　　C. 折扣率　　　　　D. 折扣地点

120. 我国产生经济合同纠纷的原因主要有（   ）。

A. 企业转产、停产，以至撤销、合并或分立

B. 拒付、少付货款或劳务酬金、逾期付款、产品价格变动等

C. 当事人法制观念淡薄，随意变更、撕毁合同

D. 因标的数量短缺，质量、包装不合格而发生经济纠纷

121. 销售人员的作用有（   ）。

A. 决定企业运营的关键　　　　　　　B. 买卖关系的桥梁

C. 对付竞争的砝码　　　　　　　　　D. 信息传递的使者

122. 追账的基本方法大体上有（   ）。

A. 自行追账　　　B. 委托追账　　　C. 仲裁追账　　　D. 诉讼追账

123. 早期大众具备（   ）等特征。

A. 深思熟虑，态度谨慎

B. 有较好的工作环境和固定收入

C. 决策时间较长

D. 对舆论领袖的消费行为有较强的模仿心理

124. 客户发出电子邮件的分类标准有（   ）。

A. 部门　　　　　　B. 紧急程度　　　C. 职能　　　　　D. 生产方式

125. 服务内容包括（   ）。

A. 维修服务　　　B. 信息服务　　　C. 咨询服务　　　D. 免费试用服务

卷二　专业技能

1. 考试时间：120 分钟。

2. 请首先按要求在试卷的标封处填写您的姓名、准考证号和所在单位的名称。

3. 请仔细阅读各种题目的回答要求，在规定的位置填写您的答案。

4. 不要在试卷上乱写乱画，不要在标封区填写无关的内容。

一、案例分析题（第 1～3 题，每题 20 分，共 60 分）

1. 某厂开发的新产品——气功激发仪，在某商场柜台摆放了 3 个月无人问津。忽然有一天该商品被顾客抢购了 198 个。产品由滞转畅的原因是，推销员不

仅向顾客介绍商品的性能，而且现场进行表演，在一位患肩周炎的老人身上具体示范。奇迹发生了，当即这位老人的胳膊不仅能抬起，而且伸直弯曲也不疼。围观的顾客无不为之折服，纷纷解囊争购这种产品。

问题：

（1）一个理想的销售人员应具备什么素质？

（2）人员销售有哪几种方式？

2. 请结合案例和所学知识回答问题。

东方公司从红星公司购买了100吨钢材，价值为80万元，要求6个月后付款。红星公司经过调查，发现东方公司是信用为A类的客户，而且经过计算，80万元在其信用限度之内，便同意了东方公司的要求。半年后，东方公司迟迟未还款，打电话询问，也没什么结果。最后，红星公司派人上门讨债。结果发现，东方公司受东南亚金融危机的影响，经营陷入困境，无力还款。红星公司决定采取"输血"扶植手段来讨债。

问题：

（1）根据客户的信用等级，为客户确定信用额度的方法有哪些？设定客户信用额度还应满足什么条件？

（2）如果实行委托追账，有哪些步骤？

3. 请结合案例和所学知识回答问题。

住宅购买是消费者决策参考信息最广泛的购买行为之一。消费者在购买住宅时，有关住宅供给的信息来源较广泛。首先是大众传媒上传播的住宅销售的广告信息，这也是消费者所获得的最直接的信息。其次是可以从房地产交易市场获得大量的住宅销售信息。从房地产交易市场既可了解到房源和房价变动情况，也可以初步了解到住宅开发公司的一些情况，以及住宅建筑结构、质量、所处位置等情况。再次是可以从住宅销售商或代理商（中介商）获得住宅销售的有关信息，向销售商或代理商可以直接了解商品住宅的各种有关信息，包括商品住宅的名称、具体位置、建筑结构、住宅小区的整体规划、工程进程、销售价格、付款方式、配套设施、交通状况、物业管理等情况，而且可以从更广泛的层面上向代理商了解其他楼盘的销售信息，购房手续、住宅功能的利弊等情况。最后是向居住在某一住宅小区的居民或已经购买住宅的朋友打听来获取有关住宅销售的信息。总之，购房者能够获得有关住宅销售情况的信息来源特别广泛，关键是要能从众多信息中分辨真伪，对住宅购买决策起到真正的参考作用。

问题：

（1）商品信息的来源主要有哪几种途径？

（2）案例中的住宅购买者通过哪几种途径取得了信息？具体表现在哪些行动中？

二、情景题（第 4~5 题，每题 20 分，共 40 分）

4. 王牌股份有限公司的培训经理武刚遇到一个问题：公司的一个老销售代表王港拒绝参加公司的销售培训。之前，公司发现在一些重要地区的销量和顾客满意度都有所下滑，武刚受命从一个销售培训机构聘请了一位专家为公司的销售代表举办一个为期 5 天的销售研讨会，想通过案例研究、游戏、角色扮演等手段提高销售代表们的销售技巧。

但是，王港却公开宣称不参加该培训。他告诉武刚，他是公司里最能干的销售代表之一，并不需要离开销售区域来参加这种销售技巧培训，因为这会使得他的销售收入下降。

不得不承认，王港是公司里最为成功的销售代表之一。从一个一般的学校毕业后，他便加入了公司，曾连续五年获得公司的"年度最佳销售代表奖"。但是，许多销售代表私下里向公司反映说王港的团队合作精神不好。

问题：你认为武刚该如何处理这件事情？

5. 一名顾客来到了小徐的服装店，小徐上前招呼该顾客。小徐在和顾客的交谈中发现顾客性格比较开朗，十分容易相处，对小徐介绍的服装感到满意，也没有否定小徐对店中服装做出的描述评价。小徐觉得这位顾客是有心来自己店买服装，她应该好好抓住这个机会，努力向顾客介绍自己店里的服装，促成交易。

小徐在和顾客交谈的过程中，了解到顾客想买一件上衣。小徐根据顾客的年龄、相貌和经济等特征，把今年新出的一种上衣拿出来给顾客看，接着说："这是今年新出的一款上衣，它的款式设计是来自于巴黎著名的服装设计师 A，这件上衣挺适合您的，它仿佛就是为了适应您的行为举止和气质而设计出来的，价钱也十分合理，我们店讲的是一分钱一分货。"顾客这时开始认真地检查这件上衣，小徐立即向顾客做出服装的质量保证，还告诉顾客该店还包括服装的售后服务，从而打消了顾客对服装质量的疑虑。

在做了一系列引发顾客兴趣的努力之后，小徐决定进一步激发顾客的购买欲望。双方展开了一场心理战。顾客突然间抱怨服装的颜色过时了。小徐毫不紧张，答道："您的记忆力的确很好，这种颜色几年前已经流行过了。但是如今，又有了这种颜色回潮的迹象。"顾客想了想后，对小徐的态度明显好转。小徐抓住这一有利时机，对顾客说："同志，现在您如果花几分钟把购买手续办一下的话，这套服装就是您的了。"顾客犹豫了一下，便点了点头。几分钟以后，顾客带着新上衣高兴地离开了小徐的服装店，小徐顺利地促成了这笔交易。

问题：

（1）这名顾客属于哪种类型？除了这种类型的顾客，还有哪些类型的顾客？

（2）如果该案例中顾客并不是平易近人的，而是对产品处处提出疑问，甚至对销售人员的品质都提出质疑，而你是这个销售人员，你会怎么接待这种顾客呢？

助理营销师真题二答案

卷一

第一部分

（一）单项选择题

1. D　　2. D　　3. C　　4. B　　5. C　　6. B　　7. B　　8. A

（二）多项选择题

9. ABD　　10. BD　　11. AD　　12. ABD　　13. AD　　14. AB

15. ABCD　16. ABC

离散选择（第17~25题，每题1分，共9分）

17. A：0.9，B：1，C：0.5，D：0.3

18. A：0，B：0.9，C：0.3，D：1

19. A：0.5，B：1，C：0.6，D：0.5

20. A：0.3，B：1，C：0.5，D：0.8

21. A：0，B：1，C：0，D：0.5

22. A：0.3，B：0.8，C：1，D：0.4

23. A：0.6，B：0.3，C：1，D：0.8

24. A：0，B：1，C：0.1，D：0.2

25. A：0.4，B：0.4，C：1，D：0.6

第二部分

一、单项选择题

26. C	27. A	28. B	29. A	30. B	31. B	32. B
33. B	34. A	35. A	36. C	37. A	38. A	39. B
40. C	41. A	42. A	43. B	44. A	45. B	46. B
47. A	48. A	49. A	50. C	51. A	52. D	53. B
54. D	55. C	56. D	57. D	58. B	59. B	60. B
61. A	62. D	63. B	64. C	65. B	66. A	67. C
68. D	69. A	70. A	71. B	72. C	73. A	74. C
75. C	76. D	77. A	78. A	79. D	80. A	81. A
82. A	83. C	84. D	85. A			

二、多项选择题

86. ABD　　87. CD　　88. ABCD　　89. ABCD　　90. ABCD

91. ABCD　92. AB　　93. ABCD　　94. ABCD　　95. ABC

96. ABC	97. ACD	98. AD	99. ABD	100. ABCD
101. AD	102. ABC	103. ABCD	104. AD	105. AB
106. ABCD	107. BC	108. ACD	109. ABCD	110. ABCD
111. ABD	112. ABCD	113. ABCD	114. ABCD	115. AB
116. ABCD	117. ABC	118. ABCD	119. AC	120. ABCD
121. ABCD	122. ABCD	123. ABCD	124. AB	125. ABCD

卷二

一、案例分析

1.（1）一个理想的销售人员应具备以下素质：

- 强烈的敬业精神。
- 敏锐的观察能力。
- 良好的服务态度。
- 说服顾客的能力。
- 宽广的知识面：产品知识；企业知识；用户知识；市场知识；语言知识；社会知识；美学知识。

［判分标准：应结合案例对答案要点进行相应阐述，否则酌情扣分］

（2）人员销售的方式有：

① 单个销售人员对单个顾客。

② 单个销售人员对一组顾客。

③ 销售小组对一组顾客。

④ 销售会议。

⑤ 销售研讨会。

［判分标准：应结合案例对答案要点进行相应阐述，否则酌情扣分］

2.（1）为客户确定信用额度的方法很多，一般应根据客户的信用等级，选择使用下列方法：

根据收益与风险对等的原则确定；

根据客户营运资本净额的一定比例确定；

根据客户清算价值的一定比例确定。

设定客户信用额度还应满足以下条件：

① 信用额度不应超出客户净资产，以防客户无力承担债务，而且大多数情况，信用额度应为客户净资产的一小部分。

② 信用额度不应超出客户的流动资金，如果客户流动资金不足，必须对客户的净资产进行分析评估。

［判分标准：应结合案例对答案要点进行相应阐述，否则酌情扣分］

（2）委托追账的步骤有：

—选择资信状况良好的追账机构。

—向追账机构提供案情介绍。

—听取追账机构对案件的分析评估及处理建议。

—协商佣金比例。

—办理委托手续。

—向追账机构提交债权文件。

—接受追账公司的进展报告，及时给予配合。

—结算。

—结案。

［判分标准：应结合案例对答案要点进行相应阐述，否则酌情扣分］

3.（1）商品信息的来源主要有：

① 个人来源；

② 商业来源；

③ 大众来源；

④ 经验来源等。

［判分标准：应结合案例对答案要点进行相应阐述，否则酌情扣分］

（2）案例中的住宅购买者通过商业来源、大众来源、个人来源等途径取得信息。大众传媒上传播的住宅销售的广告信息是大众来源；房地产交易市场获得大量的住宅销售信息，从住宅销售商或代理商（中介商）获得住宅销售的有关信息是商业来源；向居住在某一住宅小区的居民或已经购买住宅的朋友打听来获取有关住宅销售的信息是个人来源。

［判分标准：应结合案例对答案要点进行相应阐述，否则酌情扣分］

二、情景题

4. 答案要点：

武刚应该一方面以身作则，帮助王港认识到团队合作的重要性以及销售培训的重要性，另一方面，武刚还应该为王港缺乏团队精神的事向其他员工解释，争取缓和销售团队的内部矛盾。

武刚还应该仔细研究一下目前的销售政策以及王港销售绩效的真实性，对王港以往的成绩进行分析，看一下是否需要改变目前的销售政策。

（紧扣上述要点进行论述即可）

［判分标准：应结合案例对答案要点进行相应阐述，否则酌情扣分］

5.（1）这名顾客属于随和型。除了这种类型以外，还有内向型，刚强型，神经质型，虚荣型，好斗型，顽固型，怀疑型和沉默型。

［判分标准：应结合案例对答案要点进行相应阐述，否则酌情扣分］

（2）如果顾客处处提出质疑，甚至质疑销售人员，这是怀疑型顾客。面对怀疑型的顾客，我将会显得更加自信。我不会受顾客的影响，对产品充满信心，但我不企图以自己的口才取胜，因为顾客对我所言同样持怀疑态度，这时也许我会运用某些专业数据、专家评论来支持自己的产品。我也不会轻易在价格上让步，因为自己的让步也许会使对方对自己的产品产生疑虑，从而使交易破裂，同时努力建立起顾客对自己的信任，表现得端庄严肃与谨慎。

［判分标准：应结合案例对答案要点进行相应阐述，否则酌情扣分］

助理营销师真题三

卷一　职业道德　理论知识

第一部分　职业道德

一、职业道德基础理论与知识部分（第1~16题）

（一）单项选择题（第1~8题，每题1分，共8分）

1. 下列不属于企业文化的功能的是（　　）。

A. 整合功能　　　　B. 激励功能　　　　C. 强制功能　　　　D. 自律功能

2. 下列关于市场经济与职业道德关系的说法中，正确的是（　　）。

A. 促进市场经济繁荣发展，应多鼓励消费，少提倡节俭

B. 市场经济条件下，讲职业道德不利于营造竞争氛围

C. 市场经济对职业道德既有正面影响，又有负面影响

D. 市场经济要求人们树立义利并重的道德观念

3. 下列不属于中华民族传统美德内容的是（　　）。

A. 个性自由，讲求独立　　　　　　B. 父慈子孝，尊老爱幼

C. 自强不息，勇于革新　　　　　　D. 仁以待人，以礼敬人

4. 社会主义法制的核心是（　　）。

A. 有法可依　　　　B. 有法必依　　　　C. 执法必严　　　　D. 违法必究

5. 下列说法中，包含着创新思想的是（　　）。

A. "与时俱进"　　　　　　　　　　B. "礼之用，和为贵"

C. "民为邦本，本固邦宁"　　　　　D. "见利思义"

6. 关于道德与法律的区别，你认为表述不正确的是（　　）。

A. 道德产生时间比法律早　　　　　B. 道德调整范围比法律广

C. 道德的表现形式不如法律严格　　D. 道德的实施比法律更具有强制性

7. 清代，吴县有一商人蔡某，蔡某的朋友去世了。他差人把朋友的儿子叫来，要给他一千两金子。对方甚感惊讶和不解。蔡某解释说："钱是你父亲生前寄存在我这里的。"朋友的儿子问蔡某："我父亲留下字据了吗？他直到临终也没对我说过这事。钱，我不能要。"蔡某说："没留字据，但字据在我心中，而不在纸上。"

蔡某说，"字据在我心中，而不在纸上"。这句话的含义是（   ）。

A. 我想怎么说，就怎么说，纸上说的不算数

B. 你爱怎么想，就怎么想，纸上说了什么，你不知道

C. 我已经把字据牢牢记在心上，能背诵下来

D. 做人的原则在我心中，不在外面

8. "慎独"体现了（   ）。

A. 夜以继日，废寝忘食　　　　　　B. 精忠报国，反对侵略

C. 修身为本，严于律己　　　　　　D. 立志勤学，持之以恒

（二）多项选择题（第9～16题，每题1分，共8分）

9. 从业人员关于遵纪守法的正确观念和态度是（   ）。

A. 老老实实做人做事，不学法也能够做到守法

B. 法律知识庞杂繁缛，从业人员无法学习

C. 懂法才能依法办事，维护正当权益

D. 工作之前先签合同，是用法的具体体现

10. 诚实劳动是劳动者（   ）。

A. 素质高低的衡量尺度　　　　　　B. 人生态度的外在反映

C. 实现人生价值的重要手段　　　　D. 立身处世的基本出发点

11. 台湾"塑胶大王"王永庆拥有资产超过10亿美元，但创业之初，白手起家的他，有时为了赚一分钱利润，深夜冒着大雨把顾客所需要的东西送到目的地，他奉行的理念是"一勤天下无难事"他曾经说："多争取一块钱生意，也许要受到外界环境的限制，但节约一块钱，可以依靠自己努力；而节省一块钱，就等于赚了一块钱。"王永庆的事例表明（   ）。

A. 只要白手起家，就能从一贫如洗变为巨富

B. 只在勤奋，天下没有能够难倒人的事情

C. 小生意容易受到外界环境制约而难以成功

D. 只要努力，小生意也能够变成大事业

12. 企业生产经营活动中，员工之间加强团结互助包括（   ）。

A. 讲究合作，避免竞争　　　　　　B. 平等交流，平等对话

C. 既合作，又竞争　　　　　　　　D. 互相学习，共同提高

13. 从业人员举止得体的具体要求是（   ）。

A. 态度恭敬，对顾客尊重和有礼貌

B. 表情从容，按部就班、不慌不忙地接待服务对象

C. 行为大度，为了国格，表现出应有的大国气势和风范

D. 形象庄重，表情严肃，不轻浮随便，不鬼鬼祟祟

14. 在没有客人时，下列做法中符合商场服务人员站姿要求的是（   ）。

A. 两手下垂　　　　B. 目视前方　　　　C. 叉腰而立　　　　D. 活动身体

15. 下列关于诚实守信的说法中，你认为正确的有（　　）。

A. 诚实守信是企业的无形资本

B. 诚实守信是社会主义市场经济的内在要求

C. 诚实守信的企业最终能够取信于社会

D. 诚实守信任何时候都与企业发展目标冲突

16. 台湾"塑胶大王"王永庆拥有资产超过 10 亿美元，但创业之初，白手起家的他，有时为了赚一分钱利润，深夜冒着大雨把顾客所需要的东西送到目的地，他奉行的理念是"一勤天下无难事"他曾经说："多争取一块钱生意，也许要受到外界环境的限制，但节约一块钱，可以依靠自己努力；而节省一块钱，就等于赚了一块钱。"

王永庆说"节省一块钱，就等于赚了一块钱"，这句话的意思是（　　）。

A. 一块钱存在银行，时间长了，利息增加，会变成两块钱

B. 节俭是创业成功的一个重要条件

C. 节省一块钱只是个象征性的说法，并无实际意义

D. 钱是劳动得来的，浪费钱就是不珍惜劳动

二、职业道德个人表现部分（第 17 ~ 25 题）

离散选择（第 17 ~ 25 题，每题 1 分，共 9 分）

17. 从报架上拿报纸看完后，你最习惯的举动是（　　）。

A. 看完就走　　　　　　　　　　B. 把报纸放回原处

C. 把报纸整理好后放在原处　　　　D. 叫办事员来整理

18. 如果有人在你面前诽谤你的朋友或你所尊敬的人，你的反应是（　　）。

A. 无所谓，不予理睬

B. 心里有些不满，但是没有表现出来

C. 有点愤怒，并替朋友或所尊敬的人申辩

D. 非常愤怒，并警告这个人不要诽谤他人

19. 你认为丛飞帮助孩子上学的事迹说明（　　）。

A. 没必要，也不是他的孩子　　　　B. 他高尚的人格值得学习

C. 有必要，这给很多人提供了机会　　D. 与我无关，不愿做评价

20. 当你遇到一位年长的乞讨者时，你会（　　）。

A. 当做没看见　　　　　　　　　　B. 拒绝给以帮助

C. 少给点吧　　　　　　　　　　　D. 非常怜悯，给以帮助

21. 每当工作遇到困难的时候，我会（　　）。

A. 惴惴不安　　　　B. 勉励自己努力　　　C. 听之任之　　　D. 得过且过

22. 如果有重新选择职业的可能，（　　）。

A. 我肯定还会选择现在的单位

B. 我基本上还会选择现在的单位

C. 假如没有更好的选择，我还会选择现在的单位

D. 我不会再选择现在这个单位

23. 如果同事小张无意中提到人在背后说你拍领导马屁，你最有可能反应是（　　）。

A. 要小张告诉自己是谁说的

B. 别人爱怎么说怎么说

C. 私下打听是谁说的

D. 反思自己的行为是否引起了别人的误会

24. 我之所以在目前这个单位工作，是因为这个单位（　　）。

A. 工资待遇还可以　　　　　　　B. 离家比较近

C. 同事们比较有爱心　　　　　　D. 既来之，则安之

25. 你觉得以前上学时用过的书，最好的处理方式是（　　）。

A. 当做二手书卖给需要它们的人

B. 当做废品卖钱，以便购买新书

C. 送给别人，让它们发挥余热

D. 留起来，将来想看的时候还可以翻翻

第二部分　理论知识

一、单项选择题（第26~85题，每题1分，共60分）

26. （　　）是指同一种商品中，不同档次之间的价格差额。

A. 品种差价　　　B. 规格差价　　　C. 档次差价　　　D. 式样差价

27. 思想保守，拘泥于传统，与其他的落后采用者关系密切，极少借助宣传媒体，其社会地位和收入水平最低。这类群体属于（　　）。

A. 创新采用者　　B. 早期大众　　C. 早期采用者　　D. 落后采用者

28. （　　）又称便利抽样法。

A. 简单随机抽样法　　　　　　　B. 任意抽样法

C. 分层随机抽样法　　　　　　　D. 分群随机抽样法

29. 将调查总体各单位的名称或号码逐个写在签条或卡片上，放在箱中，打乱次序，拌和均匀，然后按抽签办法，不加任何选择地在全部签条或卡片中随机抽出所需的调查样本，这是（　　）。

A. 抽签法　　　　　　　　　　　B. 随机数表法

C. 分层随机抽样　　　　　　　　D. 分群随机抽样法

30. （　　）就是将产品价格采取合零凑整的办法，把价格定在整数或整数

水平以上，给人以较高一级档次产品的感觉。

  A. 整数定价   B. 声望定价   C. 习惯定价   D. 招徕定价

31. 在电子邮件管理中，（   ）是最紧急的情况。

  A. 给企业提出宝贵意见，需要致谢的邮件

  B. 需紧急回复的邮件

  C. 应该在一个工作日以内回复的邮件

  D. 关乎企业根本利益、含有危机内容的邮件

32. 分群随机抽样法在市场调查中最典型的应用是（   ）。

  A. 收入分群抽样   B. 地区分群抽样

  C. 消费分群抽样   D. 年龄分群抽样

33. 对于矛盾比较单纯，是非责任比较明确，金额不大，申诉方远在省外的，就可以通过（   ）进行调解。

  A. 当面调解   B. 现场调解

  C. 异地合同，共同调解   D. 通过信函进行调解

34. 厂商委托中间商以中间商的名义销售货物，盈亏由厂商自行负责，中间商只收取佣金报酬，这种销售方式叫做（   ）。

  A. 代销   B. 销售代理   C. 经纪   D. 经销

35. 现要从某地区的 3600 家食品零售商店中抽取 480 家进行调查，调查人员抽取了粮食类的 900 家中的 120 家，副食类的 1800 家中的 240 家，糖酒烟类的 540 家中的 72 家，其他食品类的 360 家中的 48 家进行调查。在这里，调查人员采用了（   ）。

  A. 等距抽样法   B. 分层随机抽样法

  C. 分群随机抽样法   D. 配额抽样法

36. （   ）是一种以书面形式了解被调查对象的反应和看法，并以此获得资料和信息的载体。

  A. 问卷   B. 深度访谈   C. 抽样   D. 实验控制

37. 商务谈判以（   ）作为谈判的核心。

  A. 谈判主体   B. 价值   C. 谈判客体   D. 价格

38. CRM 是一种以（   ）为核心的管理原则。

  A. 客户需求   B. 竞争对手   C. 公司自身   D. 社会利益

39. （   ）是分配给销售人员在一定时期内完成的销售任务，是销售人员需努力实现的销售目标。

  A. 促销计划   B. 销售计划   C. 销售配额   D. 广告计划

40. 非常重视与销售人员良好的人际关系，不大关心购买商品本身，这种顾客属于（   ）。

A. 漠不关心型　　B. 软心肠型　　C. 防卫型　　D. 干练型

41. 市场营销思考问题的出发点是（　　　）。

A. 目标市场的大小　　　　　　　B. 所能提供的产品的功能特征

C. 消费者的需求和欲望　　　　　D. 企业的各种资源状况

42. （　　　）是既谈优点，又谈缺点，但缺点与优点相比显然是微不足道的。

A. 以长托短　　B. 以短比短　　C. 以短揭长　　D. 以长托长

43. （　　　）是指会带来受益机会又存在损失可能的风险。

A. 投机风险　　B. 利率风险　　C. 纯风险　　D. 价格风险

44. （　　　）是一种以程序性、重复性、稳定性为特点的定性化思维方法。

A. 单一化思维　　B. 静态思维　　C. 多样化思维　　D. 动态思维

45. "存货有限，欲购从速"、"三周年店庆，降价三天"等广告，都是典型的（　　　）的实例。

A. 限期成交法　　B. 从众成交法　　C. 保证成交法　　D. 优惠成交法

46. （　　　）是指通过帮助中间商获得更好的管理、销售的方法，从而提高销售绩效。

A. 直接激励　　B. 精神激励　　C. 物质激励　　D. 间接激励

47. 若公司的高阶层对第一线了如指掌，而位处组织末梢的销售人员，也深深信赖高阶层者，我们可以采用销售计划方式中的（　　　）。

A. 分配方式　　B. 发散方式　　C. 上行方式　　D. 水平方式

48. 异地追账不宜采用（　　　）。

A. 函电追账　　B. 诉讼追账　　C. 面访追账　　D. "IT"追账

49. 假设样本总体为100，要抽取4个个体为样本，采用等距抽样法，先将总体按100编号，并求出抽样间隔为25，则从1至（　　　）编号中随机抽出一个号码作为第一个人样数。

A. 4　　　　B. 25　　　　C. 50　　　　D. 100

50. 考虑是月返、季返还是年返，应根据产品特性、货物流转周期而定等是要求制定返利政策考虑（　　　）的实例。

A. 返利的标准　　　　　　　　　B. 返利的时间

C. 返利的形式　　　　　　　　　D. 返利的附属条件

51. 引导性提问容易使被调查者不假思索地做出回答或选择，也会使被调查者从心理上产生（　　　）反应，从而按着提示做出回答或选择。

A. 逆反　　B. 思考　　C. 抵抗　　D. 顺应

52. 威胁要减少佣金，推迟交货或中止关系等方法属于（　　　）。

A. 物质激励　　B. 代理权激励　　C. 一体化激励　　D. 金钱激励

53. （   ）是指销售人员通过为顾客提供有效并符合需要的某项服务来博得顾客的好感，赢得顾客的信任来接近顾客的方法。

 A. 赞美接近法　　　 B. 反复接近法　　　 C. 服务接近法　　　 D. 利益接近法

54. （   ）是指在接到顾客购买信号后，用明确的语言向顾客直接提出购买建议，以求适时成交的方法。

 A. 请求成交法　　　 B. 局部成交法　　　 C. 假定成交法　　　 D. 选择成交法

55. 语言是人们表达（   ）的工具，也是一门艺术。

 A. 思想感情　　　 B. 购买欲望　　　 C. 社会需求　　　 D. 知识见闻

56. （   ）是企业同意向客户提供商业信用而提出的基本要求，通常以预期的 DSO 和坏账损失率作为判别标准。

 A. 信用标准　　　 B. 信用条件　　　 C. 信用额度　　　 D. 收账政策

57. 企业若选用（   ）方式则要求该"代理商"有较为雄厚的资本、较大的影响、较好的商誉。

 A. 独家销售代理　　 B. 多家代理　　　 C. 佣金代理　　　 D. 买断代理

58. （   ）是洽谈双方为达成协议所必须承担的义务。

 A. 以进为退　　　 B. 以退为进　　　 C. 让步　　　 D. 坚持

59. （   ）是最普通、最常用的一种评估销售促进方法。

 A. 销售绩效分析　　　　　　　　　 B. 消费者固定样本数据分析

 C. 消费者调查　　　　　　　　　　 D. 实验研究

60. （   ）是选择分销商最关键的因素。

 A. 市场　　　　　　　　　　　　　 B. 声誉

 C. 中间商的历史经验　　　　　　　 D. 合作意愿

61. （   ）是企业选定某些城市作为基点，然后按一定的原价加上从基点城市到顾客所在地的运费来定价（不管货实际上是从哪个城市起运的）。

 A. FOB Origin　　 B. 统一交货定价　　 C. 分区定价　　　 D. 基点定价

62. 在谈判过程中，一个人的态度强硬，另一个人的态度温和，则此谈判团采用的是（   ）。

 A. 红脸白脸策略　　 B. 欲擒故纵策略　　 C. 抛放低球策略　　 D. 旁敲侧击策略

63. 赞助残疾儿童福利院等，这是赞助活动中的（   ）方式。

 A. 赞助教育事业　　　　　　　　　 B. 赞助宣传用品的制作

 C. 赞助社会公益事业　　　　　　　 D. 赞助社会慈善和福利事业

64. 公开招标应当按照采购主管部门规定的方式向社会发布招标公告，并有至少（   ）家符合投标资格的供应人参加投标。

 A. 1　　　　　　　 B. 2　　　　　　　 C. 3　　　　　　　 D. 4

65. （   ）是最常用、最重要的配额，一般用销售额来表示，用销售量单位数表示的情况比较少。

　　A. 销售量配额　　　B. 财务配额　　　C. 销售活动配额　　D. 综合配额

　　66. 在正式的谈判之前，（　　）应主动通知对方洽谈举行的时间、地点、具体安排以及有关注意事项，让对方心中有数，以便为洽谈进行相应的准备。

　　A. 东道主　　　　　B. 中间人　　　　　C. 被邀者　　　　　D. 主谈人

　　67. （　　）顾客比较容易被说服。

　　A. 漠不关心型　　　B. 软心肠型　　　　C. 防卫型　　　　　D. 干练型

　　68. （　　）是企业要求客户支付赊销款项的条件，它由信用期限和现金折扣两个要素组成。

　　A. 信用标准　　　　B. 信用条件　　　　C. 信用额度　　　　D. 收账政策

　　69. 根据市场营销学原理，促销的实质是（　　）。

　　A. 推销　　　　　　B. 营销　　　　　　C. 沟通　　　　　　D. 销售

　　70. （　　）又叫小点成交法，是销售人员利用局部成交来促成整体成交的一种策略。

　　A. 请求成交法　　　B. 局部成交法　　　C. 假定成交法　　　D. 选择成交法

　　71. 遵循（　　），即对顾客无益的交易也必然有损于营销人员，营销人员所做的一切必须有利于他的顾客，必须要对顾客负责。

　　A. 互惠原则　　　　B. 信用原则　　　　C. 平等原则　　　　D. 相容原则

　　72. （　　）是一种由受训人员亲自参与并具有一定实战感的培训方法，为越来越多的企业所采用。

　　A. 课堂培训法　　　B. 会议培训法　　　C. 实地培训法　　　D. 模拟培训法

　　73. 每条产品线内不同规格的产品项目的数量是（　　）。

　　A. 宽度　　　　　　B. 长度　　　　　　C. 深度　　　　　　D. 关联性

　　74. 在市场营销学中，一切具有特定的欲望和需求并且愿意和能够以交换来满足此欲望和需求的潜在顾客构成了（　　）。

　　A. 客户群　　　　　B. 市场　　　　　　C. 客户　　　　　　D. 目标市场

　　75. 行业协会已经发表和保存的有关行业销售情况、经营特点、发展趋势等信息资料属于（　　）。

　　A. 内部资料来源　　B. 电子资料来源　　C. 直接资料来源　　D. 外部资料来源

　　76. 在商务洽谈中，区域战争属于（　　）。

　　A. 谈判中的非人员风险　　　　　　　　B. 谈判中的非风险

　　C. 谈判中的偶然风险　　　　　　　　　D. 谈判中的人员风险

　　77. 利用（　　）进行招聘是企业最常用也是较容易采取的一种途径。

　　A. 杂志　　　　　　B. 电视　　　　　　C. 报纸　　　　　　D. 电台

　　78. 销售小组通常由企业有关部门的主管人员、销售人员、技术人员等组成，他们面对一个采购委员会推荐产品，这是销售人员与顾客进行接触的（　　）方式。

A. 单个销售人员对单个顾客　　　　B. 单个销售人员对一组顾客

C. 销售小组对一组顾客　　　　　　D. 销售会议

79.（　　）是指在进行销售预测的基础上，设定销售目标额，进而为能具体地实现该目标而实施销售任务的分配作业，随后编定销售预算，来支持未来一定期间内的销售配额的达成。

A. 促销计划　　　B. 销售计划　　　C. 营销计划　　　D. 广告计划

80. 对外界事物、人物反应异常敏感，且耿耿于怀；他们对自己所做的决策容易反悔；情绪不稳定，易激动，这类顾客属于（　　）。

A. 内向型　　　　B. 随和型　　　　C. 刚强型　　　　D. 神经质型

81.（　　）是指为获取非正常利润，经销商蓄意向自己辖区以外的市场倾销产品的行为。

A. 自然性窜货　　B. 恶性窜货　　　C. 良性窜货　　　D. 跨区域窜货

82. 借助名人的声望，来提高商品的知名度和美誉度，这是广告的（　　）。

A. 直接的方式　　　　　　　　　　B. 先入为主的方式

C. 喧宾夺主的方式　　　　　　　　D. 间接的方式

83. 销售人员应掌握本企业的历史背景、在同行业中的地位、生产能力、产品种类、技术水平、设备状况、企业发展战略、定价策略等，这体现了销售人员必须掌握（　　）。

A. 企业知识　　　B. 产品知识　　　C. 市场知识　　　D. 用户知识

84.（　　）也叫假设成交法，即在尚未确定成交，对方仍持有疑问时，销售人员就假定顾客已接受销售建议而直接要求其购买的一种策略。

A. 请求成交法　　B. 局部成交法　　C. 假定成交法　　D. 选择成交法

85. 债务人或者第三人将其动产移交债权人占有，将该动产作为债权的担保是（　　）。

A. 抵押　　　　　B. 动产质押　　　C. 权利质押　　　D. 留置

二、**多项选择题**（第 86 ~ 125 题，每题 1 分，共 40 分）

86. 网络调研根据其目的的不同可以分为（　　）。

A. 产品开发、发布、测试调查　　　B. 网络广告效果调查

C. 顾客满意度、忠诚度调查　　　　D. 企业站点价值评估调查

87. 社会市场营销观念要求市场营销者在制定市场营销政策时要统筹兼顾（　　）。

A. 企业利润　　　B. 消费者需要　　C. 所有者利益　　D. 社会利益

88. 锁定最有价值客户的方法有（　　）。

A. 改变最有价值客户衰退趋势　　　　B. 制定客户忠诚计划

C. 战略性放弃负值客户　　　　　　　D. 从二级客户身上获取更多的收入

89. 中间商的配货战略主要有（　　　）。

A. 独家配货　　　　B. 专深配货　　　　C. 广泛配货　　　　D. 杂乱配货

90. 专营店具有的内在优势是（　　　）。

A. 具有很强的信誉优势　　　　　　　B. 有明显的规模经济优势

C. 商品结构、地域选择的优势　　　　D. 有独特的技术经营优势

91. 不同的交叉销售策略有（　　　）。

A. 基于产品的交叉　　　　　　　　　B. 基于品牌的交叉

C. 基于价格的交叉　　　　　　　　　D. 基于渠道的交叉

92. 在服务质量的评价标准中，移情性的特点有（　　　）。

A. 完成服务的能力　　　　　　　　　B. 接近顾客的能力

C. 敏感性　　　　　　　　　　　　　D. 有效地理解顾客需求

93. 下列行为中，（　　　）属于侵犯注册商标专用权。

A. 未经商标注册人的许可，在同一种商品或者类似商品上使用与其注册商标相同或者近似的商标的

B. 销售侵犯注册商标专用权的商品的

C. 未经商标注册人同意，更换其注册商标并将该更换商标的商品又投入市场的

D. 给他人的注册商标专用权造成其他损害的

94. 每场谈判的结束方式可据（　　　）来确定。

A. 时间　　　　B. 气氛　　　　　　C. 地点　　　　D. 内容

95. 影响市场营销渠道设计的因素主要有（　　　）。

A. 顾客特性　　　　B. 产品特性　　　　C. 中间商特性　　　　D. 竞争特性

96. 销售代理商和经纪人的区别是（　　　）。

A. 行为名义不同　　　　　　　　　　B. 服务对象不同

C. 享有的权利不同　　　　　　　　　D. 与委托人关系的持续性不同

97. 我国产生经济合同纠纷的原因主要有（　　　）。

A. 企业转产、停产，以至撤销、合并或分立

B. 缺乏调查了解，盲目签订

C. 当事人法制观念淡薄，随意变更、撕毁合同

D. 因标的数量短缺，质量、包装不合格而发生经济纠纷

98. 有关提高企业服务质量的方法，比较常用的有（　　　）。

A. 标准跟进　　　　B. 流程图　　　　C. 结构重整　　　　D. 蓝图技巧

99. 消费者认识需要是由（　　　）引起的。

A. 内部刺激　　　 B. 正面刺激　　　 C. 负面刺激　　　 D. 外部刺激

100. 选择佣金代理与买断代理时应考虑（　　）的因素。

A. 代理商的实力　 B. 产品内容　　　 C. 价格策略　　　 D. 促销方式

101. 绝对分析法依据分析的不同要求主要可作（　　）分析。

A. 与计划资料对比　　　　　　　　 B. 与一般指标对比

C. 与前期资料对比　　　　　　　　 D. 与先进指标对比

102. 企业要不断完善服务系统，最大限度使顾客感到安心和便利，为此，需做到（　　）。

A. 在价格设定方面，要力求价格公平、明码标价

B. 在包装方面，要安全、方便

C. 在经营中要尺足、秤满

D. 在售后服务方面要帮助安装，定期进行访问

103. 在（　　）等情形下，用人单位不得解除劳动合同。

A. 患职生病并被确认丧失或者部分丧失劳动能力

B. 患病或负伤，在规定的医疗期内

C. 女职工在孕期、产期、哺乳期

D. 试用期内，用人单位不满意员工的表现

104. 成功的公共宣传活动能达到（　　）的目的。

A. 提高企业或产品的知名度与美誉度　 B. 帮助新产品打开销路

C. 有助于挽回突发事件的不利影响　　 D. 有利于建立良好的社区关系

105. 客户信用管理的内容主要包括（　　）。

A. 信用管理目标　　　　　　　　　 B. 追回账款的策略

C. 结构重整　　　　　　　　　　　 D. 制定信用政策

106. 下列选项中，（　　）属于不正当竞争行为。

A. 假冒他人注册商标

B. 为争取交易机会，秘密给付财物或买通客户的负责人

C. 设计引人误解的虚假宣传

D. 模仿其他企业产品，生产出自己的产品

107. 企业在运用销售促进的过程中，需要进行一系列的决策活动，其中主要包括（　　）。

A. 建立销售促进目标

B. 制定销售促进方案

C. 选择销售促进工具

D. 试验、实施和控制销售促进方案，评估效果

108. 下列选项属于接近拜访顾客的方法的是（　　）。

A. 赞美接近法　　　B. 反复接近法　　　C. 服务接近法　　　D. 利益接近法

109. 销售人员进行商品示范存在缺陷的原因主要有（　　　）。

A. 在示范前对产品的优点强调过多，从而使顾客的期望过高

B. 销售人员过高估计自己的表演才能

C. 在示范过程中只顾自己操作，而不去注意顾客的反应

D. 示范时不断提出竞争对手产品的缺点，却不提自己产品的优点

110. 根据客户战略价值、实际价值以及服务成本的大小可以把客户划分为（　　　）。

A. 最有价值客户　　　B. 二级客户　　　　C. 正值客户　　　　D. 负值客户

111. 下列属于电子商务优点的是（　　　）。

A. 降低企业营销成本　　　　　　　B. 提供新的市场机会

C. 直接把握市场需求的变化　　　　D. 电子化、数据化消除了时空的限制

112. 有效合同必须满足的条件有（　　　）。

A. 合同当事人应当具有民事权力能力

B. 合同当事人应当具有民事行为能力

C. 订约当事人订立合同的意思表示要真实

D. 合同不能违反法律与社会公共利益

113. 谈判的节奏主要反映在（　　　）等方面。

A. 需要解决问题的多少　　　　　　B. 时间的长短

C. 问题安排的松紧程度　　　　　　D. 地点的选择

114. 网络营销中，一般运用的工具有（　　　）。

A. 留言簿　　　　　　　　　　　　B. 组建站点论坛

C. 运用交流与反馈的其他手段　　　D. 结合 CRM 类软件功能

115. 诉讼追账的特点包括（　　　）。

A. 必须是因自身的权利受到侵犯或因债权债务关系与客户发生争议，或本案的直接利害关系人才有资格作为案件的原告

B. 有明确的被告

C. 必须有具体的诉讼请求和事实、理由

D. 必须是属于法院受理的范围和管辖的案件

116. 成功商务谈判意识的内涵主要包括（　　　）。

A. 将谈判看成各方之间的一种协商活动

B. 人际关系是双方实现利益关系的基础和保障

C. 谈判的重心应是避虚就实，要在本质问题上多下功夫

D. 将眼前利益和长远利益结合起来

117. 下列各类市场中，属于按商品属性来划分的是（　　　）。

A. 消费品市场　　　B. 批发市场　　　　C. 劳动力市场　　　D. 金融市场

118. 人员销售是一种面对面的沟通方式，与其他促销方式相比，具有（　　）的特点。

A. 灵活性　　　　　B. 完整性　　　　　C. 选择性　　　　　D. 长远性

119. 根据合同法的规定，下列合同属于无效合同的是（　　）。

A. 一方以欺诈、胁迫的手段订立，损害国家利益的合同

B. 恶意串通，损害国家、集体或第三人利益的合同

C. 以合法形式掩盖非法目的的合同

D. 违反法律、行政法规强制性规定的合同

120. 依据所从事的行业划分，连锁商店可以分为（　　）。

A. 自由加盟连锁　　B. 商业连锁　　　　C. 饮食业连锁　　　D. 服务业连锁

121. 产品组合决策就是企业根据市场需求、竞争形势和企业自身能力对产品组合的（　　）方面做出的决策。

A. 宽度　　　　　　B. 长度　　　　　　C. 深度　　　　　　D. 关联性

122. 商务谈判中，不同的让步策略给对方传递不同的信息，选择、采取哪种让步策略，取决的因素有（　　）。

A. 洽谈对手的洽谈经验

B. 准备采取什么样的洽谈方针和策略

C. 对手的谈判人数

D. 期望让步后对方给予我们何种反应

123. 利用外包装区域差异化处理审货问题的方法有（　　）。

A. 给予不同编码　　B. 利用条形码

C. 通过文字标识　　D. 采用不同颜色的商标

124. 属于折扣定价的有（　　）。

A. 现金折扣　　　　B. 数量折扣　　　　C. 季节折扣　　　　D. 折让

125. 对经济合同纠纷的处理，可以采取（　　）的方式。

A. 协商　　　　　　B. 仲裁　　　　　　C. 审理　　　　　　D. 调解

卷二　专业技能

一、案例分析（第 1~3 题，每题 20 分，共 60 分）

1. 请结合案例和所学知识回答问题。

20 世纪 70 年代中期以前，可口可乐一直是美国饮料市场的霸主，市场占有率一度达到 80%。然而，70 年代中后期，它的老对手百事可乐迅速崛起。对手的步步紧逼让可口可乐感到了极大的威胁，它试图尽快摆脱这种尴尬的境地。

1982 年，为找出可口可乐衰退的真正原因，可口可乐决定在全国 10 个主要城市进行一次深入的消费者调查。

可口可乐设计了"你认为可口可乐的口味如何？""你想试一试新饮料吗？""可口可乐的口味变得更柔和一些，您是否满意？"等问题，希望了解消费者对可口可乐口味的评价并征询对新可乐口味的意见。调查结果显示，大多数消费者愿意尝试新口味可乐。

可口可乐的决策层以此为依据，决定结束可口可乐传统配方的历史使命，同时开发新口味可乐。没过多久，比老可乐口感更柔和、口味更甜的新可口可乐样品便出现在世人面前。

为确保万无一失，在新可口可乐正式推向市场之前，可口可乐公司又花费数百万美元在 13 个城市中进行了口味测试，邀请了近 20 万人品尝无标签的新/老可口可乐。结果让决策者们更加放心，六成的消费者回答说新可口可乐味道比老可口可乐要好，认为新可口可乐味道胜过百事可乐的也超过半数。至此，推出新可乐似乎是顺理成章的事了。

但让可口可乐的决策者们始料未及的是，噩梦正向他们逼近——很快，越来越多的老可口可乐的忠实消费者开始抵制新可乐。对于这些消费者来说，传统配方的可口可乐意味着一种传统的美国精神，放弃传统配方就等于背叛美国精神，"只有老可口可乐才是真正的可乐"。有的顾客甚至扬言将再也不买可口可乐。

迫于巨大的压力，决策者们不得不做出让步，在保留新可乐生产线的同时，再次启用近 100 年历史的传统配方，生产让美国人视为骄傲的"老可口可乐"。

仅仅 3 个月的时间，可口可乐的新可乐计划就以失败告终。尽管公司前期花费了 2 年时间、数百万美元进行市场调研，但可口可乐忽略了最重要的一点——对于可口可乐的消费者而言，口味并不是最主要的购买动机。

问题：

（1）抽样调查的方法主要有哪些？

（2）可口可乐公司的市场调查为什么没有起到预期效果？

2. 某厂开发的新产品——气功激发仪，在某商场柜台摆放了 3 个月无人问津。忽然有一天该商品被顾客抢购了 198 个。产品由滞转畅的原因是，推销员不仅向顾客介绍商品的性能，而且现场进行表演，在一位患肩周炎的老人身上具体示范。奇迹发生了，当即这位老人的胳膊不仅能抬起，而且伸直弯曲也不疼。围观的顾客无不为之折服，纷纷解囊争购这种产品。

问题：

（1）一个理想的销售人员应具备什么素质？

（2）人员销售有哪几种方式？

3. 请结合案例和所学的知识回答问题。

为了能够让消费者在情感上有更好的认同，农夫山泉的品牌识别一直与体育挂钩：赞助国家乒乓球队、2000 年悉尼奥运会中国代表团训练比赛专用水、中国奥委会合作伙伴、赞助 2000~2002 年度 CBA 联赛等。可以说，通过体育与消费者的沟通来传达品牌形象，是农夫与其他包装水企业的最大不同之处。这样的品牌识别其实是农夫山泉广告宣传、产品信息传播、新闻公关的一元化整合。

2001 年，在支持北京申奥的大潮中，农夫山泉与北京奥申委联合举办了"一分钱一个心愿，一分钱一份力量"活动，从 2001 年 1 月 1 日起到 7 月 31 日，农夫山泉每销售一瓶水都提取一分钱代表消费者赞助北京申奥。企业不以个体的名义而是代表消费群体的利益来支持北京申奥，这在所有支持北京申奥的企业行为中是一个创举。

在此基础上，2002 年 4 月，农夫山泉又推出了面向贫困地区中小学校体育基础教育的阳光工程。"阳光工程"计划 2002~2008 年奥运会开幕，为期 7 年。在 2002 年，农夫山泉公司将累计购买价值 500 万元左右的体育器械用于捐献。全国有 23 个省份的 395 所基础体育器材缺乏的学校得到捐助，这次活动也是以消费者的名义"买一瓶水捐一分钱"的形式进行的。

这样的活动和纯广告、纯促销的宣传形式的不同之处就在于前者与消费者有很多的沟通，有利于树立产品品牌在消费者心目中的地位，建立较为长久的互动关系。

问题：

（1）成功的公共宣传活动能达到哪些目的？

（2）企业可采取的广告策略主要有哪些？

二、情景题（第 4~5 题，每题 20 分，共 40 分）

4. 一名顾客来到了小徐的服装店，小徐上前招呼该顾客。小徐在和顾客的交谈中发现顾客性格比较开朗，十分容易相处，对小徐介绍的服装感到满意，也没有否定小徐对店中服装做出的描述评价。小徐觉得这位顾客是有心来自己店买服装，她应该好好抓住这个机会，努力向顾客介绍自己店里的服装，促成交易。

小徐在和顾客交谈的过程中，了解到顾客想买一件上衣。小徐根据顾客的年龄、相貌和经济等特征，把今年新出的一种上衣拿出来给顾客看，接着说："这是今年新出的一款上衣，它的款式设计是来自于巴黎著名的服装设计师 A，这件上衣挺适合您的，它仿佛就是为了适应您的行为举止和气质而设计出来的，价钱也十分合理，我们店讲的是一分钱一分货。"顾客这时开始认真地检查这件上衣，小徐立即向顾客做出服装的质量保证，还告诉顾客该店还包括服装的售后服务，从而打消了顾客对服装质量的疑虑。

在做了一系列引发顾客兴趣的努力之后，小徐决定进一步激发顾客的购买欲望。双方展开了一场心理战。顾客突然间抱怨服装的颜色过时了。小徐毫不紧张，答道："您的记忆力的确很好，这种颜色几年前已经流行过了。但是如今，又有了这种颜色回潮的迹象。"顾客想了想后，对小徐的态度明显好转。小徐抓住这一有利时机，对顾客说："同志，现在您如果花几分钟把购买手续办一下的话，这套服装就是您的了。"顾客犹豫了一下，便点了点头。几分钟以后，顾客带着新上衣高兴地离开了小徐的服装店，小徐顺利地促成了这笔交易。

问题：

（1）这名顾客属于哪种类型？除了这种类型的顾客，还有哪些类型的顾客？

（2）如果该案例中顾客并不是平易近人的，而是对产品处处提出疑问，甚至对销售人员的品质都提出质疑，而你是这个销售人员，你会怎么接待这种顾客呢？

5. 北京乐达公司是一家专门从事电脑生产的公司，其生产的电脑主要针对企业，迎合了企业的某些特殊需求，下面是该公司市场部经理 A 与某市场调研公司有关负责人 B 所进行的一段谈判对话：

A：我们上次所进行的合作不知贵公司还记得吗？

B：我们公司是与贵公司合作过。今年上半年，贵公司想在短期内进入家用电脑市场，但又认为虽然自己的技术可以支持家用电脑的生产，但自己在品牌上却不一定具有优势，因为公司的品牌主要在产业用户中具有影响力，家庭用户不一定知道这个品牌。为了验证这个结论你们决定进行一次市场调研，通过实地调查来了解消费者对该品牌的了解。于是就产生了我们之间的合作。

A：我们上次的合作是非常愉快的，贵公司在合作过程中表现出了非常友好的姿态，并且全力以赴，具体的合作方式是贵公司为我们提供市场调研问卷，我们自己组织调研。但调研的结果不是很理想，我们针对这个结果进行了分析，认为原因是复杂的，但有几点是比较明确的：在实际调查过程中，很多被调查者不愿意提供合作，认为该问卷太复杂，很多问题都不理解，并且填这样的问卷太浪费时间，而且还有些问题涉及了个人因素。由于被调查者的不合作我们通过调研并没有取得自己想要的东西。

B：从贵公司的分析中可以看出，该调查失败的原因似乎是在我们所设计的调查问卷质量不过关上。但我们认为调研过程中所进行的控制是非常重要的，在控制过程中会有很多因素对整个调研的结果造成影响，不知贵公司是否对整个调研过程进行过分析？

问题：

（1）一般来说，一份问卷应该包括哪些内容？

（2）在设计新的问卷时，要想避免被调查者的抵触应该注意哪些问题？在具体调查过程中，该公司为了控制质量应采取的措施有哪些？

助理营销师真题三答案

卷一

第一部分

（一）单项选择题

1. C   2. D   3. A   4. B   5. A   6. D   7. D   8. C

（二）多项选择题

9. CD   10. ABCD   11. BD   12. BCD   13. ABD   14. AB

15. ABC   16. BD

离散选择

此部分无答案

一、单项选择题

26. C	27. D	28. B	29. A	30. A	31. D	32. B
33. D	34. A	35. B	36. A	37. D	38. A	39. C
40. B	41. C	42. A	43. A	44. B	45. A	46. D
47. A	48. C	49. B	50. B	51. D	52. A	53. C
54. A	55. A	56. A	57. D	58. C	59. A	60. A
61. D	62. A	63. D	64. C	65. A	66. A	67. B
68. B	69. C	70. B	71. A	72. D	73. B	74. B
75. D	76. A	77. C	78. C	79. B	80. D	81. B
82. D	83. A	84. C	85. B			

二、多项选择题

86. ABCD	87. ABD	88. AB	89. ABCD	90. ACD
91. ABCD	92. BCD	93. ABCD	94. ABD	95. ABCD
96. ABCD	97. ABCD	98. AD	99. AD	100. ABC
101. ACD	102. ABCD	103. ABC	104. ABCD	105. ABD
106. ABC	107. ABCD	108. ABCD	109. ABC	110. ABD
111. ABCD	112. ABCD	113. BC	114. ABCD	115. ABCD
116. ABCD	117. ACD	118. ABCD	119. ABCD	120. BCD
121. ABCD	122. ABD	123. ABCD	124. ABCD	125. ABCD

卷二

一、案例分析

1.（1）抽样方法大体上可分为两大类：一是随机抽样，二是非随机抽样。

随机抽样即按随机原则抽取样本，完全排除人们主观意识的干扰，在总体中每一个体被抽取的机会是均等的。其常用的抽样方法有：简单随机抽样法，等距抽样，分层随机抽样法，分群随机抽样法。

非随机抽样，是指并非根据抽取样本，而是调查者根据自己的主观选择抽取样本的一种方法。在一些市场调查中，比如在对调查的总体不甚了解，或者调查的总体过分庞杂时，往往采用非随机抽样方法抽取样本。非随机抽样常用的抽样方法有：任意抽样法，判断抽样法，配额抽样法。

［判分标准：应结合案例对答案要点进行相应阐述，否则酌情扣分］

（2）可口可乐将其营销调研的问题限定得太窄了。调查仅限于口味测试，而没有测试新可乐代替旧可乐时消费者的感觉。它没有考虑无形资产——可口可乐的名称、历史、包装、文化遗产及产品形象。可口可乐是美国文化的象征。对许多消费者而言，可口可乐的象征意义比它的口味更重要。如果调查范围更广一些，则应该能发现这种强烈感情。

［判分标准：应结合案例对答案要点进行相应阐述，否则酌情扣分］

2.（1）一个理想的销售人员应具备以下素质：
- 强烈的敬业精神。
- 敏锐的观察能力。
- 良好的服务态度。
- 说服顾客的能力。
- 宽广的知识面：产品知识；企业知识；用户知识；市场知识；语言知识；社会知识；美学知识。

［判分标准：应结合案例对答案要点进行相应阐述，否则酌情扣分］

（2）人员销售的方式有：
① 单个销售人员对单个顾客。
② 单个销售人员对一组顾客。
③ 销售小组对一组顾客。
④ 销售会议。
⑤ 销售研讨会。

［判分标准：应结合案例对答案要点进行相应阐述，否则酌情扣分］

3.（1）成功的公共宣传活动能达到以下几方面的目的：
A. 提高企业或产品的知名度与美誉度。
B. 帮助新产品打开销路。
C. 有助于挽回突发事件的不利影响。
D. 有利于建立良好的社区关系。

［判分标准：应结合案例对答案要点进行相应阐述，否则酌情扣分］

（2）广告策略主要有：

A. 利用名人效应。

B. 赋予产品一种吸引人的形象。

C. 以新奇特色取胜。

D. 利用人们的逆反心理。

E. 赞助公益广告。

［判分标准：应结合案例对答案要点进行相应阐述，否则酌情扣分］

二、情景题

4.（1）这名顾客属于随和型。除了这种类型以外，还有内向型，刚强型，神经质型，虚荣型，好斗型，顽固型，怀疑型和沉默型。

［判分标准：应结合案例对答案要点进行相应阐述，否则酌情扣分］

（2）如果顾客处处提出质疑，甚至质疑销售人员，这是怀疑型顾客。面对怀疑型的顾客，我将会显得更加自信。我不会受顾客的影响，对产品充满信心，但我不企图以自己的口才取胜，因为顾客对我所言同样持怀疑态度，这时也许我会运用某些专业数据、专家评论来支持自己的产品。我也不会轻易在价格上让步，因为自己的让步也许会使对方对自己的产品产生疑惑，从而使交易破裂，同时努力建立起顾客对自己的信任，表现得端庄严肃与谨慎。

［判分标准：应结合案例对答案要点进行相应阐述，否则酌情扣分］

5.（1）一份问卷一般包括：问卷的开头，要包括问候语、填表说明和问卷编号；问卷的正文，包括资料搜集、被调查者的基本情况和编码；问卷的结尾，用以被调查者的意见、感受，或是记录调查情况，也可以是感谢语以及其他补充说明。

［判分标准：应结合案例对答案要点进行相应阐述，否则酌情扣分］

（2）要想避免被访问者的抵触，在问卷设计时应注意的问题是：提问的内容尽可能短；用词要确切、通俗；一项提问只包含一项内容；避免诱导性提问；避免否定形式的提问；避免敏感性问题等。

抽查某一调查区域的抽样和调查情况，询问受访者，了解调查员的调查情况；检验调查完毕的问卷是否完整，有无遗漏，可否补救；定期定时开碰头会，了解调查过程中遇到的问题，讨论解决办法，并由负责人了解调查进度和进行情况，予以指导。

［判分标准：应结合案例对答案要点进行相应阐述，否则酌情扣分］

助理营销师真题四

卷一　职业道德　理论知识

第一部分　职业道德

一、职业道德基础理论与知识部分（第 1～16 题）

（一）单项选择题

1. 你认为，庖丁解牛的故事说明了（　　）。

A. 要向庖丁那样娴熟掌握杀牛的技能

B. 庖丁有很好的职业道德

C. 从事事业要诚敬专一，就能把工作做好

D. 结交朋友，要深入了解对方

2. "一个好汉三个帮，一个篱笆三个桩"说明了（　　）。

A. 勇于创新是成功的重要条件　　　　B. 团结协作是成功的保证

C. 勤劳节俭是重要社会美德　　　　　D. 诚实守信是为人之本

3. 下面关于以德治国与依法治国的说法中，正确的是（　　）。

A. 依法治国就是不讲道德或少讲道德

B. 倡导以德治国要淡化法律的强制性

C. 德治是目的，法治是手段

D. 以德治国与依法治国相辅相成，相互促进

4. 下列选项中，符合"仪表端庄"具体要求的是（　　）。

A. 着装华贵　　　　　　　　　　　　B. 着装朴素大方

C. 饰品俏丽　　　　　　　　　　　　D. 发型突出个性

5. 清代，吴县有一商人蔡某，蔡某的朋友去世了。他差人把朋友的儿子叫来，要给他一千两金子。对方甚感惊讶和不解。蔡某解释说："钱是你父亲生前寄存在我这里的。"朋友的儿子问蔡某："我父亲留下字据了吗？他直到临终也没对我说过这事。钱，我不能要。"蔡某说："没留字据，但字据在我心中，而不在纸上。"

看了上述案例，你认可下列说法中的（　　）。

A. 蔡某的友人害怕儿子拿了钱后胡作非为，故没有告诉他

B. 蔡某的友人忘记了曾在蔡某那里寄存金子的事情

C. 蔡某的友人在蔡某那里存钱没留字据，说明蔡某值得信任

D. 蔡某的友人在蔡某那里存钱没留字据，不合常规

6. 正确的义利观，在现实条件下的选择是（　　）。

A. 见利思己　　　　　　　　　　B. 见利思义

C. 嘴上讲义，行动上讲利　　　　D. 行小义，得大利

7. 社会主义公民道德建设的基本原则是（　　）。

A. 爱国主义　　　B. 社会主义　　　C. 功利主义　　　D. 集体主义

8. 关于遵纪守法，你认为正确的说法是（　　）。

A. 只要品德端正，学不学法无所谓

B. 金钱对人的诱惑力要大于法纪对人的约束力

C. 法律是由人执行的，执行时不能不考虑人情和权力等因素

D. 遵纪守法与职业道德要求具有一致性

（二）多项选择题（第9～16题，第题1分，共8分）

9. 开拓创新要具有（　　）。

A. 科学思维　　　　　　　　　　B. 坚定的信念和意志

C. 创造意识　　　　　　　　　　D. 舆论支持

10. 在没有客人时，下列做法中符合商场服务人员站姿要求的是（　　）。

A. 两手下垂　　　B. 目视前方　　　C. 叉腰而立　　　D. 活动身体

11. 公私分明是指（　　）。

A. 摒弃个人要求

B. 社会利益第一，个人利益第二

C. 分清"公"和"私"的利益所在即可

D. 不以权谋私

12. 下列关于诚实守信的说法中，你认为正确的有（　　）。

A. 诚实守信是企业的无形资本

B. 诚实守信是社会主义市场经济的内在要求

C. 诚实守信的企业最终能够取信于社会

D. 诚实守信任何时候都与企业发展目标冲突

13. 下列关于职业道德的说法中，正确的是（　　）。

A. 个人行为习惯与职业道德没有联系

B. 职业道德的养成只能靠教化

C. 加强职业的修养是个人事业成功的基本前提

D. 职业道德从一个侧面反映人的道德素质

14. 关于职业责任，下列说法中正确的是（　　）。

A. 是否具有职业责任是从业人员道德水平高低的体现

B. 职业责任与物质利益存在直接关系

C. 社会和企事业运用法律和纪律手段保障职业责任和义务的履行

D. 职业责任是个中性概念，并不涉及道德问题

15. 节俭的重要价值在于它是（　　　）。

A. 持家之本 　　　　　　　　　　B. 安邦定国的法定

C. 社会发展的根本动力 　　　　　D. 维持人类生存的需要

16. 在实际工作中，践行诚信职业道德规范，必须（　　　）。

A. 顾及各方面的关系 　　　　　　B. 正确对待利益问题

C. 既不欺人也不自欺 　　　　　　D. 视服务对象而定

二、职业道德个人表现部分

17. 你觉得以前上学时用过的书，最好的处理方式是（　　　）。

A. 当做二手书卖给需要它们的人

B. 当做废品卖钱，以便购买新书

C. 送给别人，让它们发挥余热

D. 留起来，将来想看的时候还可以翻翻

18. 如果有人在你面前诽谤你的朋友或你所尊敬的人，你的反应是（　　　）。

A. 无所谓，不予理睬

B. 心里有些不满，但是没有表现出来

C. 有点愤怒，并替朋友或所尊敬的人申辩

D. 非常愤怒，并警告这个人不要诽谤他人

19. 如果有重新选择职业的可能，（　　　）。

A. 我肯定还会选择现在的单位

B. 我基本上还会选择现在的单位

C. 假如没有更好的选择，我还会选择现在的单位

D. 我不会再选择现在这个单位

20. 在工作过程，我常有（　　　）。

A. 自我陶醉的感觉 　　　　　　　B. 轻松自如的感觉

C. 身心疲惫的感觉 　　　　　　　D. 精疲力竭的感觉

21. 如果你是一个学生，老师判卷时不小心多给了你 10 分，你因此获得了"好成绩"。你会（　　　）。

A. 不吭声，暗自庆幸自己运气好

B. 心有愧疚，但不愿澄清事实

C. 主动告诉老师，放弃"殊荣"

D. 暗自努力，争取下次拿真正的第一名

22. 当遇到挫折时，你通常（　　）。

A. 会发泄出来，不管身处什么地方

B. 有时因为不便发泄，只好暂时抑制

C. 不随便发泄出来，除非被别人激怒

D. 自己调节，别迁怒他人

23. 当听几位同事在谈论小李的隐私时，你认为下列哪种做法更合适？（　　）

A. 与他们一道谈论　　　　　　　　B. 劝同事不要再谈

C. 悄悄告诉小李　　　　　　　　　D. 在一旁静静地听

24. 当你在工作中遇到困难时，你一般会通过什么途径来解决（　　）。

A. 让领导给自己另找其他容易做的事情

B. 自己想办法解决

C. 让领导帮助自己

D. 自己不做，尽量让别人去做

25. 你对公司存在的严重问题提出了一些建议，但你的上司没有采纳。你会（　　）。

A. 把你的想法直接汇报给更上一级别的上司

B. 找上司交谈，了解不采用的原因

C. 续完善自己的想法

D. 放弃这种方法，认为领导不采用自有理由

第二部分　理论知识

一、单项选择题

26. （　　）是一种以历史的联系和经验、过去的原则和规范来影响和制约现在，力图使现在变为过去的继续和再现的思维方法。

A. 反馈思维　　　B. 纵向思维　　　C. 超前思维　　　D. 横向思维

27. （　　）的作用决定了人员销售决策在企业整个营销管理决策中的地位和作用。

A. 销售人员　　　B. 财务人员　　　C. 出纳人员　　　D. 经理

28. （　　）主要用于工商合同。

A. 当面调解　　　　　　　　　　　B. 现场调解

C. 异地合同，共同调解　　　　　　D. 通过信函进行调解

29. （　　）与销售配额一齐使用并配以一定的津贴奖励，可以提高销售人员的积极性，有效地完成销售活动配额。

A. 利润配额　　　B. 财务配额　　　C. 销售活动配额　　D. 综合配额

30. 货物运输途中，货主即将面临船沉货毁的风险属于（　　）。

A. 投机风险　　　B. 利率风险　　　C. 纯风险　　　D. 价格风险

31. 销售人员应了解市场所在地区的经济地理知识和社会风土人情，以及与销售活动有关的民族、宗教、心理等多方面的知识。这体现了销售人员必须掌握（　　）。

A. 企业知识　　　B. 产品知识　　　C. 社会知识　　　D. 用户知识

32. （　　）是指厂商运用变化代理权的形式与内容来激励代理商，从而使代理商更积极地工作。

A. 物质激励　　　B. 代理权激励　　　C. 一体化激励　　　D. 金钱激励

33. 交叉销售的本质是（　　）。

A. 交叉各种因素，提供完美解决方案，满足客户整体需求的过程

B. 产品的交互搭售

C. 销售服务定制化

D. 沟通

34. （　　）是指在谈判中，故意搅乱正常的谈判秩序，将许多问题一股脑儿地摊到桌面上，使人难以应付，以达到使对方慌乱失误的目的。这也是在业务谈判中比较流行的一种策略。

A. 浑水摸鱼策略　　　　　　　B. 疲劳轰炸策略

C. 化整为零策略　　　　　　　D. 大智若愚策略

35. 若公司的高阶层对第一线了如指掌，而位处组织末梢的销售人员，也深深信赖高阶层者，我们可以采用销售计划方式中的（　　）。

A. 分配方式　　　B. 发散方式　　　C. 上行方式　　　D. 水平方式

36. 下列公式正确的是（　　）。

A. V（价值）＝C/F　　　　　　B. F＝C/V（价值）

C. V（价值）＝F/C　　　　　　D. C＝F/V（价值）

F 为功能，C 为成本或费用

37. 对于负值客户企业应该进行战略性的放弃，之所以是战略性放弃，是因为（　　）。

A. 改变最有价值客户衰退趋势

B. 制定客户忠诚计划

C. 对负值客户不能简单的放弃，还要有区分地进行放弃

D. 从二级客户身上获取更多的收入

38. （　　）是指销售人员通过限制购买期限从而敦促顾客购买的方法。

A. 限期成交法　　　B. 从众成交法　　　C. 保证成交法　　　D. 优惠成交法

39. 顾客购买某种商品100单位以下，每单位10元；购买100单位以上，每单位9元，这属于（　　）。

A. 现金折扣　　　B. 数量折扣　　　C. 季节折扣　　　D. 折让

40. 在和对方吃饭的时候趁机说出己方的一些要求，这是运用（　　）。

A. 红脸白脸策略　B. 欲擒故纵策略　C. 抛放低球策略　D. 旁敲侧击策略

41. 既重视销售的商品本身，又重视销售人员对待他们的态度和服务，这种顾客属于（　　）。

A. 漠不关心型　　B. 软心肠型　　　C. 防卫型　　　　D. 干练型

42. （　　）是企业选定某些城市作为基点，然后按一定的原价加上从基点城市到顾客所在地的运费来定价（不管货实际上是从哪个城市起运的）。

A. FOB Origin　　B. 统一交货定价　C. 分区定价　　　D. 基点定价

43. （　　）是指销售人员利用商品的某些特征来引发顾客的兴趣，从而接近顾客的方法。

A. 商品接近法　　B. 介绍接近法　　C. 社交接近法　　D. 馈赠接近法

44. （　　）是指同一类商品中，不同品种之间的价格差额。

A. 品种差价　　　B. 规格差价　　　C. 花色差价　　　D. 式样差价

45. （　　）是指人们在特定的职业活动中形成的或明文规定的语言标准或规则。

A. 职业规范　　　B. 仪表端庄　　　C. 仪表仪态　　　D. 语言规范

46. 在谈判过程中，注意使自己的态度保持在不冷不热、不紧不慢的地步，这是在运用（　　）。

A. 红脸白脸策略　B. 欲擒故纵策略　C. 抛放低球策略　D. 旁敲侧击策略

47. 消费者在选择卖主时，真正看重的是顾客让渡价值。顾客让渡价值是（　　）的差额。

A. 顾客总价值和顾客总成本　　　　　B. 顾客潜在价值和顾客总成本

C. 顾客潜在价值和服务总成本　　　　D. 顾客总价值和服务总成本

48. （　　）在注意与对方人际关系的同时，建议和要求谈判双方尊重对方的基本需求，寻求双方利益上的共同点，积极设想各种使双方都有所获的方案。

A. 价值型谈判　　B. 软型谈判　　　C. 价格型谈判　　D. 硬型谈判

49. 公开招标应当按照采购主管部门规定的方式向社会发布招标公告，并有至少（　　）家符合投标资格的供应人参加投标。

A. 1　　　　　　B. 2　　　　　　C. 3　　　　　　D. 4

50. （　　）是分配给销售人员在一定时期内完成的销售任务，是销售人员需努力实现的销售目标。

A. 促销计划　　　B. 销售计划　　　C. 销售配额　　　D. 广告计划

51. 不属于不正当的价格行为的是（　　）。

A. 捏造、散布涨价信息，哄抬价格

B. 以成本价处理鲜活商品、季节性商品

C. 利用虚假的价格手段诱骗消费者

D. 对具有同等交易条件的其他经营者实行价格歧视

52. 企业利用电子邮件向债务人发送追讨函，或与其交流意见，这是（　　）的实例。

　　A. 函电追账　　　B. 诉讼追账　　　C. 面访追账　　　D. "IT" 追账

53. 卖主先出低价来引起买主的兴趣，再假装发现一个错误，撤回低价，这属于（　　）方法。

　　A. 错误试探　　　B. 仲裁试探　　　C. 替代试探　　　D. 开价试探

54. 一位服装店的销售人员在销售服装时说："比如，您看这件衣服式样新颖美观，是今年最流行的款式，颜色也合适，您穿上一定很漂亮，我们昨天刚进了四套，今天就只剩下两套了。"这运用了（　　）。

　　A. 限期成交法　　B. 从众成交法　　C. 保证成交法　　　D. 优惠成交法

55. 企业分销渠道中中间机构层次的数目构成了（　　）。

　　A. 分销渠道系统　B. 分销渠道长度　C. 分销渠道宽度　D. 分销渠道深度

56. （　　）是销售人员向顾客提供几种可供选择的购买方案来促成交易的策略。

　　A. 请求成交法　　B. 局部成交法　　C. 假定成交法　　　D. 选择成交法

57. （　　）就是鼓励企业向竞争者学习的一种方法。

　　A. 标准跟进　　　B. 流程图　　　　C. 结构重整　　　　D. 蓝图技巧

58. 会计、统计、计划部门的统计数字、报表、原始凭证、会计账目、分析总结报告等属于（　　）。

　　A. 企业职能管理部门提供的资料　　　B. 竞争对手提供的资料

　　C. 其他各类记录　　　　　　　　　　D. 企业经营机构提供的资料

59. 分清品种、数量、坎级、返利额度等在制定返利政策时是考虑（　　）的实例。

　　A. 返利的标准　　　　　　　　　　　B. 返利的时间

　　C. 返利的形式　　　　　　　　　　　D. 返利的附属条件

60. 营销道德的基本原则中，不包括（　　）。

　　A. 守信原则　　　B. 负责原则　　　C. 公平原则　　　　D. 逐利原则

61. 厂商委托中间商以中间商的名义销售货物，盈亏由厂商自行负责，中间商只收取佣金报酬，这种销售方式叫做（　　）。

　　A. 代销　　　　　B. 销售代理　　　C. 经纪　　　　　　D. 经销

62. 与人交往时喜欢表现自己，突出自己，不喜欢听别人劝说，任性且嫉妒心较重，这类顾客属于（　　）。

A. 虚荣型　　　　B. 好斗型　　　　C. 顽固型　　　　D. 怀疑型

63. 信誉是指信用和声誉，它是在长时间的商品交换过程中形成的一种（　　）关系。

A. 依赖　　　　B. 公平　　　　C. 信赖　　　　D. 买卖

64. （　　）是一种最简单也最常见的建议成交的方法，也叫直接成交法。

A. 请求成交法　　B. 局部成交法　　C. 假定成交法　　D. 选择成交法

65. 通过定期拜访，帮助零售商整理货架，设计商品陈列等是间接激励中的（　　）方法。

A. 帮助经销商建立进销存报表，做安全库存数和先进先出库存管理

B. 帮助零售商进行零售终端管理

C. 帮助经销商管理其客户网来加强经销商的销售管理工作

D. 伙伴关系管理

66. （　　）又称整群随机抽样法。

A. 简单随机抽样法　　　　　　　B. 等距抽样法

C. 分层随机抽样法　　　　　　　D. 分群随机抽样法

67. 服务营销的核心理念是（　　）。

A. 研究如何促进作为产品的服务的交换

B. 顾客满意和顾客忠诚，通过取得顾客的满意和忠诚来促进相互有利的交换，最终实现营销绩效的改进和企业的长期成长

C. 研究如何利用服务作为一种营销工具促进有形产品的交换

D. 将服务用于出售或者是同产品连在一起进行出售

68. 作为一切市场的基础，（　　）对其他各类市场具有决定性。

A. 产业市场　　B. 中间商市场　　C. 零售市场　　D. 消费品市场

69. 市场营销理论的中心是（　　）。

A. 消费　　　　B. 交换　　　　C. 需求　　　　D. 欲望

70. 按照商品流通的顺序可将市场划分为（　　）。

A. 一般商品市场和特殊商品市场　　B. 现货市场和期货市场

C. 批发市场和零售市场　　　　　　D. 消费者市场和组织市场

71. 直接邀请政界要人、商界巨人、体育健将、演员、歌星、名模等社会各界明星来进行广告宣传，这是广告的（　　）。

A. 直接的方式　　　　　　　　　　B. 先入为主的方式

C. 喧宾夺主的方式　　　　　　　　D. 间接的方式

72. 通常不必要实行直接营销的产品是（　　）。

A. 顾客订制的产品　　　　　　　　B. 建筑材料

C. 易腐烂的产品　　　　　　　　　D. 标准化产品

73. （　　　）是一种由受训人员亲自参与并具有一定实战感的培训方法，为越来越多的企业所采用。

A. 课堂培训法　　　B. 会议培训法　　　C. 实地培训法　　　D. 模拟培训法

74. 可口可乐公司和雀巢咖啡公司合作，组建新的公司。雀巢公司以其专门的技术开发新的咖啡及茶饮料，然后交由熟悉饮料市场分销的可口可乐去销售。这种渠道类型叫做（　　　）。

A. 传统分销渠道模式　　　　　　　B. 垂直分销渠道模式

C. 水平分销渠道模式　　　　　　　D. 多渠道分销渠道模式

75. 在影响产业购买者做出购买决策的一系列因素中，企业的目标、政策、步骤、组织结构、系统等属于（　　　）。

A. 环境因素　　　B. 人际因素　　　C. 个人因素　　　D. 组织因素

76. "在未来三年内，你是否准备买车？"该问句采用的提问方法属于（　　　）。

A. 开放式提问　　　　　　　　　　B. 二项选择式提问

C. 多项选择式提问　　　　　　　　D. 顺序法封闭式提问

77. 销售人员可以选择那些具有较大购买可能的顾客进行拜访，并可事先对潜在顾客作一番研究，拟定具体的销售方案，因而销售的成功率较高，无效劳动较少，这体现了人员销售（　　　）的特点。

A. 灵活性　　　B. 完整性　　　C. 选择性　　　D. 长远性

78. 商务谈判以（　　　）作为谈判的核心。

A. 谈判主体　　　B. 价值　　　C. 谈判客体　　　D. 价格

79. 在谈判的初期，在掌握节奏方面应基于一个（　　　）字。

A. 慢　　　B. 快　　　C. 稳　　　D. 实

80. 非常重视与销售人员良好的人际关系，不大关心购买商品本身，这种顾客属于（　　　）。

A. 漠不关心型　　　B. 软心肠型　　　C. 防卫型　　　D. 干练型

81. 关系营销是指（　　　）。

A. 企业开展公共关系的营销方式

B. 企业搞好与政府有关部门关系的营销

C. 以系统论为基本思想，建立并发展与消费者、竞争者、供应者、分销商、政府机构和社会组织的良好关系的营销

D. 根据顾客之间的关系来开展营销

82. （　　　）是随机抽样法中最简便的方法。

A. 简单随机抽样法　　　　　　　　B. 等距抽样法

C. 分层随机抽样法　　　　　　　　D. 分群随机抽样法

83. 刊登的广告文辞上载明企业名称及职位、应聘者须具备的条件，甚至说

明条件不适者请勿前来应聘。这是（　　）。

A. 培训式招聘广告　　　　　　　　　B. 表明式招聘广告

C. 销售式招聘广告　　　　　　　　　D. 隐蔽式招聘广告

84. 销售计划的中心是（　　）。

A. 销售收入计划　　　　　　　　　　B. 销售成本计划

C. 销售费用计划　　　　　　　　　　D. 销售利润计划

85. 中间商决定经营范围广泛且没有关联的多种产品，这属于（　　）决策。

A. 独家配货　　　B. 广泛配货　　　C. 专深配货　　　D. 杂乱配货

二、多项选择题（第 86～125 题，第题 1 分，共 40 分）

86. 网络调研在调研对象、信息搜集等方面存在着（　　）等缺陷。

A. 对象局限于网上用户　　　　　　　B. 用户地理上有分布差异

C. 某些网站浏览群体的单一性　　　　D. 缺乏准确性

87. 在设计调查问卷的提问项目时，要注意的事项有（　　）。

A. 提问的内容尽可能详尽　　　　　　B. 用词确切、通俗化

C. 一项提问只包含一项内容　　　　　D. 提倡否定形式的提问

88. 创新采用者具备（　　）等特征。

A. 极富冒险精神

B. 收入水平、社会地位和受教育程度较高

C. 一般是年轻人

D. 交际广泛且信息灵通

89. 对销售促进效果评估可用（　　）方法进行测定。

A. 销售绩效分析　　　　　　　　　　B. 消费者固定样本数据分析

C. 消费者调查　　　　　　　　　　　D. 实验研究

90. 劳动合同的期限分为（　　）。

A. 有固定工作期限　　　　　　　　　B. 无固定工作期限

C. 以完成一定的工作为期限　　　　　D. 以实现一定的目标为期限

91. 诉讼追账的具体程序主要有（　　）。

A. 起诉与受理　　　　　　　　　　　B. 审理前的准备

C. 开庭审理　　　　　　　　　　　　D. 执行

92. 《中华人民共和国担保法》规定的担保方式有（　　）。

A. 保证　　　　B. 抵押　　　　C. 质押　　　　D. 定金

93. 双方当事人在协商解决经济合同纠纷的过程中应注意的是（　　）。

A. 双方的态度要端正、诚恳

B. 通过协商达成的协议，一定要符合国家的法律、政策

C. 协商解决纠纷一定要坚持原则，决不允许损害国家和集体的利益

D. 协商一定要在平等的前提下进行

94. 商业贿赂应该具有的特征是（　　　）。

A. 商业贿赂的主体是从事市场管理的管理者

B. 商业贿赂是经营者在主观上出于故意和自愿进行的行为

C. 商业贿赂在客观方面表现为违反国家有关财务、会计及廉政等方面的
法律

D. 商业贿赂的形式不仅仅包括金钱回扣

95. 销售组织中的人员可称为（　　　）等。

A. 销售员　　　　　　　　　　　B. 销售人员

C. 销售代表　　　　　　　　　　D. 业务经理和销售工程师

96. 制定具体销售促进方案时应在（　　　）方面做出决策。

A. 激励规模和激励对象　　　　　B. 送达方式和活动期限

C. 时机选择　　　　　　　　　　D. 预算及其分配

97. 影响信用期限的主要因素包括（　　　）。

A. 企业的市场营销战略　　　　　B. 客户的资信水平和信用评级

C. 行业普遍的信用期限　　　　　D. 企业本身的资金状况

98. 在服务质量的评价标准中，保证性包括的特征有（　　　）。

A. 完成服务的能力　　　　　　　B. 对顾客的礼貌和尊敬

C. 与顾客有效的沟通　　　　　　D. 将顾客最关心的事放在心上的态度

99. 电子邮件营销最大的特点是（　　　）。

A. 主动　　　　B. 即时　　　　C. 双向互动　　　　D. 全天候

100. 为了调动中间商的销售积极性，可采用（　　　）等促销手段。

A. 批量折扣　　　B. 合作广告津贴　　C. 特别推销奖金　　D. 联合促销

101. 间接资料调查可以（　　　）。

A. 不受时间和空间限制　　　　　B. 收集到广泛的资料

C. 不受主观因素干扰　　　　　　D. 直接得到调查结果

102. 产品延伸策略的实现方式有（　　　）。

A. 向上延伸　　　B. 向下延伸　　　C. 向左延伸　　　D. 向右延伸

103. 申请成为直销企业，应当具备下列条件：（　　　）。

A. 投资者具有良好的商业信誉，在提出申请前连续5年没有重大违法经营
记录；外国投资者还应当有3年以上在中国境内从事直销活动的经验

B. 实缴注册资本不低于人民币8000万元

C. 依照规定建立了信息报备和披露制度

D. 根据企业章程，属于中外合资、合作企业的，还应当提供合资或者合作

企业合同

104. 独家销售代理的特点是（　　）。

A. 厂家可获得代理商的充分合作，立场容易统一，双方都易获得对方的支持

B. 代理商更乐意做广告宣传与售后服务工作

C. 厂家对销售代理商更易于管理

D. 厂家易受代理商的要挟

105. 商务谈判中，常用的限制性因素主要有（　　）。

A. 经济限制　　　B. 权利限制　　　C. 资料限制　　　D. 时间限制

106. 企业赞助的形式有（　　）。

A. 企业间接赞助　　　　　　　　B. 企业主动选择对象进行赞助

C. 接到请求后再作出反应　　　　D. 企业直接赞助

107. 以下定价形式属于心理定价的是（　　）。

A. 整数定价　　　B. 声望定价　　　C. 习惯定价　　　D. 招徕定价

108. 下列关于促销实质的说法正确的是（　　）。

A. "促销"一词，来自拉丁语，原意为"前进"

B. 促销实质上是一种沟通活动

C. 销售促进和人员推销都只是促销的组成部分

D. 促销与其他市场营销活动有着不同的特点

109. 企业领导在语言表达技巧方面应掌握（　　）。

A. 把持重点，当说则说，决不越位　　B. 树立企业形象

C. 语言详略得当，语调平稳亲切　　　D. 根据地域选用语言

110. 销售人员进行商品示范时，用语言说服顾客的方式有（　　）。

A. 引用别人的话试试

B. 用广告语言来形容你的产品可收到独特效果

C. 使用顾客语言

D. 帮助顾客出谋划策，使其感到有利可图

111. 按代理商是否承担货物买卖风险，以及其与原厂的业务关系来划分，可分为（　　）。

A. 独家销售代理　　B. 多家代理　　　C. 佣金代理　　　D. 买断代理

112. 依照经营形式，连锁商店可以划分为（　　）等。

A. 超级市场连锁　　　　　　　　B. 专业商店连锁

C. 百货商店连锁　　　　　　　　D. 郊区购物中心连锁

113. 可能造成窜货的原因有（　　）。

A. 管理制度有漏洞　　　　　　　B. 激励措施失偏颇

C. 管理监控不力　　　　　　　　　D. 代理选择不合适

114. 服务内容包括（　　）。

A. 维修服务　　　　　　　　　　　B. 信息服务

C. 咨询服务　　　　　　　　　　　D. 免费试用服务

115. 下列选项中属于谈判中的非人员风险的是（　　）。

A. 区域战争　　　　　　　　　　　B. 货物质量不及格

C. 贸易摩擦　　　　　　　　　　　D. 不可抗力

116. 客户确定信用额度，一般应根据客户的信用等级，选择使用的方法有（　　）。

A. 根据收益与风险对等的原则确定

B. 根据客户营运资本净额的一定比例确定

C. 根据客户收入的一定比例确定

D. 根据客户清算价值的一定比例确定

117. 利用外包装区域差异化处理窜货问题的方法有（　　）。

A. 给予不同编码　　　　　　　　　B. 利用条形码

C. 通过文字标识　　　　　　　　　D. 采用不同颜色的商标

118. 选择间接资料的基本原则有（　　）。

A. 相关性原则　　　　　　　　　　B. 时效性原则

C. 系统性原则　　　　　　　　　　D. 经济效益原则

119. 我国产生经济合同纠纷的原因主要有（　　）。

A. 企业转产、停产，以至撤销、合并或分立

B. 缺乏调查了解，盲目签订

C. 当事人法制观念淡薄，随意变更、撕毁合同

D. 因标的数量短缺，质量、包装不合格而发生经济纠纷

120. 绝对分析法依据分析的不同要求主要可作（　　）分析。

A. 与计划资料对比　　　　　　　　B. 与一般指标对比

C. 与前期资料对比　　　　　　　　D. 与先进指标对比

121. 根据窜货的表现形式及其影响程度，可以把窜货分为（　　）。

A. 自然性窜货　　　B. 恶性窜货　　　C. 良性窜货　　　D. 跨区域窜货

122. 下列属于传销行为的有（　　）。

A. 组织者或者经营者通过发展人员，要求被发展人员发展其他人员加入，对发展的人员以其直接或者间接滚动发展的人员数量为依据计算和给付报酬（包括物质奖励和其他经济利益），牟取非法利益的

B. 组织者或者经营者通过发展人员，要求被发展人员交纳费用或者以认购商品等方式变相交纳费用，取得加入或者发展其他人员加入的资格，牟

取非法利益的

C. 组织者或者经营者通过发展人员，要求被发展人员发展其他人员加入，形成上下线关系，并以下线的销售业绩为依据计算和给付上线报酬，牟取非法利益的

D. 无证上门进行推销

123. 在问卷设计过程中，安排好问题的顺序是很重要的。下列对问题顺序编排说法正确的是（　　　　）。

A. 问题的安排应具有逻辑性　　　　B. 问题的安排应先难后易

C. 开放性问题放在后面　　　　D. 引起兴趣的问题放在前面

124. 下列选项属于商品的兴趣集中点的有（　　　　）。

A. 商品的使用价值　　　　B. 流行性

C. 耐久性　　　　D. 经济性

125. 市场推广策划主要包括（　　　）等。

A. 销售促进策划　　　　B. 公共宣传活动策划

C. 制定广告策略　　　　D. 建立与媒体的关系

卷二　专业技能

一、**案例分析**（第 1~3 题，每题 20 分，共 60 分）

1. 某厂开发的新产品——气功激发仪，在某商场柜台摆放了 3 个月无人问津。忽然有一天该商品被顾客抢购了 198 个。产品由滞转畅的原因是，推销员不仅向顾客介绍商品的性能，而且现场进行表演，在一位患肩周炎的老人身上具体示范。奇迹发生了，当即这位老人的胳膊不仅能抬起，而且伸直弯曲也不疼。围观的顾客无不为之折服，纷纷解囊争购这种产品。

问题：

（1）一个理想的销售人员应具备什么素质？

（2）人员销售有哪几种方式？

2. 请结合案例和所学的知识回答问题。

B 商场曾向某企业购买一批价值为 30 万元的货物，该企业在发货后向 B 商场通过电话和邮件的方式催收货款，但是 B 商场多次以各种理由推迟付款。企业只好派出内部管理人员到 B 商场上门催收货款。

B 商场与该企业是长期的合作伙伴。在和商场的管理人员进行交涉的过程中，企业的内部管理人员发现 B 商场并不是没有能力付清货款，而是想延迟付款期，尽量利用手里的现金。企业现在的流动资金十分紧张，B 商场这笔货款对企业现阶段的发展十分重要，企业管理人员在交涉之前就已经下定决心无论如何

也要尽快取得该笔货款。

　　经过长时间的交涉，B商场还是坚决不让步。这时，企业的管理人员对B商场的行为进行仔细的分析研究。最后决定向B商场提供现金折扣，因为B商场延迟付款的主要目的就是想最大限度地占用资金。企业决定向B商场提供2%的现金折扣，参考销售商借款的年利率，这笔现金折扣刚好与为期90天的延期付款的成本相等。B商场考虑到该企业是自己的长期合作伙伴，同时又给予这么有吸引力的现金折扣，经过反复衡量之后，决定在谈判后的第二天立即付款。

　　最后，B商场获得了有利的现金折扣，而企业也因为资金到位而保持了顺利地运转，双方都取得各自满意的结果。

　　问题：

　　（1）本案例中的企业主要采取了哪种追账的基本方法？除了这种方法以外还有哪些追账的基本方法？

　　（2）企业决定向B商场提供现金折扣是哪种追账基本方法的辅助手段？这种追账基本方法有哪些辅助手段？

　　3. 请结合案例和所学的知识回答问题。

　　虽然酷儿早已捷足先登抢去儿童饮料市场的第一块蛋糕，但是酷儿并没有直接针对儿童饮料市场。而一个大型投资公司却看到了这一市场的空白点，红猫淘气卡通中国公司合资开发了专门针对儿童市场的饮料——红猫淘气咕噜噜多维饮品。这个主要针对中国4~12岁年龄段儿童的饮料上市之初便把目光盯在3.8亿儿童身上，无论是该公司的组织结构、还是广告时间段的选择以及创新的市场运作与大众饮料都有着天壤之别。

　　在卡通片上，红猫以聪明博得小朋友的喜爱，在饮料上他们再度把红猫的聪明嫁接过来，让业内人士不得不惊叹于他们的灵活。红猫淘气饮品公司并没有自己的生产科研人员，也没有自己的生产线，但这并不能说明他们做事就真的没了"底气"。据了解，在技术方面，红猫淘气"咕噜噜"的口味和配方是由中国营养学会妇幼分会专家研制的，而这个分会融合了亚洲顶尖科技研发实力；在生产方面，红猫用的是"借鸡生蛋"的方法，也许人们会理解为贴牌委托生产（OEM），但红猫的做法比单纯的OEM更进一步，这种进步表现在产品的生产配方、生产技术均是按红猫的要求进行的，除了生产工人之外品控、质检人员都是红猫自己的特派员，而物流也由红猫自己控制，他们称这种生产方式为"ODM"。据红猫内部有关负责人透露，与红猫合作的几个生产厂家都是中国知名的饮料生产厂家，例如北京汇源、上海均瑶、北京希杰。这种合作方式最大限度地节约了资源并保证了产品的生产质量，更重要的是节省了时间成本。

　　产品的定位直接决定着营销模式，红猫针对细分市场所采用的方式是区域总代理制，但他们对代理商却有着较高的选择标准。在今年春季糖酒会上，红猫第一次亮相就向代理商（后称品牌管理商）提出了经济实力和经营条件的要求，代理商在省会市场启动资金不少于 150 万元，在地级市场启动资金不少于 60 万元，县级市场则不少于 30 万元，凡是达不到第一个条件的都免谈，这里所讲的启动资金就是第一次打款额。第二个条件非行业代理商的选择。如果说启动资金是选择代理商不可缺少的条件，那么优先选择非行业代理商的行为让人感到费解，而红猫的解释却说明了他们的出发点：饮料行业内有如此大实力的代理商一般对新产品重视程度低，不会将其作为重点产品推广；另外，红猫饮料的目标消费群是儿童，这就决定了与大众饮料在销售渠道上的差异性，所以选择行业代理商会出现弊大于利的现象。就是如此高的条件令红猫人想不到的是在全国竟然签了 300 多个大客户，网络遍布全国。

代理商被选定后就成为红猫的一级经销商，也叫品牌管理商。品牌管理商主要负责供货、价格管理、促销政策的执行等具体工作，而市场开发则由网络营销员（所长）进行承包销售。网络营销员的选择条件比较苛刻，优先录用没有做过饮料销售，并且当地有稳定的居住场所的自然人（下岗职工、想成为老板的生意人等），与红猫有合作意向。双方商定后，该自然人交付一定的押金（数额视具体情况而定），就正式成为红猫的网络营销员，然后向品牌管理商报批注册所辖区域和网点数，一般一个人负责 300~400 个网点，但有些地方也会视具体情况而定。

分支机构建好后，"红猫"开始实行动态管理，网络营销员只需按红猫的报表系统规定的表格填写每天的工作情况即可，当然他们也会按 ABC 类店进行固定拜访，A 类店一般一周拜访两次，B 类店一周一次，C 类店两周一次。网络营销员工作的好坏由市场督导进行监督，一个督导员监督的目标是 800~1000 家店，对没有按要求进入的零售店进行分类统计，将指导意见反馈给网络营销员，没有特殊情况下限期完成，如果达不到要求督导员就会把该区域内的售点划给其他网络营销员；对于问题的处理，督导员会将已处理的问题在品牌管理商处作登记，而没有处理的问题会以处理卡的形式通知网络营销员处理的时间和具体的措施。

问题：

（1）红猫设立了哪种代理体制？销售代理的种类主要有哪些？

（2）一般来说，选择代理商应考虑哪些因素？

二、情景题（第 4~5 题，每题 20 分，共 40 分）

4. 王牌股份有限公司的培训经理武刚遇到一个问题：公司的一个老销售代表王港拒绝参加公司的销售培训。之前，公司发现在一些重要地区的销量和顾客满意度都有所下滑，武刚受命从一个销售培训机构聘请了一位专家为公司的销售代表举办一个为期 5 天的销售研讨会，想通过案例研究、游戏、角色扮演等手段提高销售代表们的销售技巧。

但是，王港却公开宣称不参加该培训。他告诉武刚，他是公司里最能干的销售代表之一，并不需要离开销售区域来参加这种销售技巧培训，因为这会使得他的销售收入下降。

不得不承认，王港是公司里最为成功的销售代表之一。从一个一般的学校毕业后，他便加入了公司，曾连续五年获得公司的"年度最佳销售代表奖"。但是，许多销售代表私下里向公司反映说王港的团队合作精神不好。

问题：你认为武刚该如何处理这件事情？

5. 小王是某公司的销售经理，现在他面对着一个非常棘手的问题，其主要的合作伙伴在履行合同时产生了一些问题，对已经签订的合同的某些条款提出了质疑，并据此而不履行合同。公司的销售受到了很大的影响，小王希望在最短的时间内把这一问题解决。

请帮助小王分析：

（1）合同纠纷产生的原因主要有哪些？

（2）在与合作伙伴进行协商时，小李应注意哪些问题？

助理营销师真题四答案

卷一

第一部分

（一）单项选择题

1. C　　2. B　　3. D　　4. B　　5. C　　6. B　　7. D　　8. D

（二）多项选择题

9. ABC　　10. AB　　11. BD　　12. ABC　　13. CD　　14. ABC

15. ABD　　16. BC

离散选择

17. A：0.6，B：0.3，C：1，D：0.8

18. A：0.1，B：0.6，C：0.5，D：1

19. A：1，B：0.9，C：0.7，D：0.4

20. A：0.5，B：1，C：0.4，D：0.4

21. A：0.3，B：0.7，C：1，D：0.8

22. A：0，B：0.5，C：0.8，D：1

23. A：0，B：1，C：0，D：0.5

24. A：0.3，B：1，C：0.5，D：0

25. A：0.3，B：0.5，C：1，D：0.1

第二部分

一、单项选择题

26. A	27. A	28. A	29. C	30. C	31. C	32. B
33. A	34. A	35. A	36. C	37. C	38. A	39. B
40. D	41. D	42. D	43. A	44. A	45. D	46. B
47. A	48. A	49. C	50. C	51. B	52. D	53. A
54. B	55. B	56. D	57. A	58. A	59. A	60. D
61. A	62. A	63. C	64. A	65. B	66. D	67. B
68. D	69. B	70. C	71. A	72. D	73. D	74. C
75. D	76. B	77. C	78. D	79. B	80. B	81. C
82. A	83. B	84. A	85. D			

二、多项选择题

86. ABCD	87. BC	88. ABCD	89. ABCD	90. ABC
91. ABCD	92. ABCD	93. ABCD	94. BCD	95. ABCD
96. ABCD	97. ABCD	98. ABCD	99. BCD	100. ABD
101. ABC	102. AB	103. ABCD	104. ABCD	105. BC
106. BC	107. ABCD	108. ABCD	109. ACD	110. ABCD
111. CD	112. ABCD	113. ABCD	114. ABCD	115. ACD
116. ACD	117. ABCD	118. ABCD	119. ABCD	120. ACD
121. ABC	122. ABC	123. ACD	124. ABCD	125. ABCD

卷二

一、案例分析

1. （1）一个理想的销售人员应具备以下素质：

- 强烈的敬业精神。
- 敏锐的观察能力。
- 良好的服务态度。
- 说服顾客的能力。
- 宽广的知识面：产品知识；企业知识；用户知识；市场知识；语言知识；社会知识；美学知识。

［判分标准：应结合案例对答案要点进行相应阐述，否则酌情扣分］

（2）人员销售的方式有：

① 单个销售人员对单个顾客。

② 单个销售人员对一组顾客。

③ 销售小组对一组顾客。

④ 销售会议。

⑤ 销售研讨会。

［判分标准：应结合案例对答案要点进行相应阐述，否则酌情扣分］

2.（1）本案例中的企业主要采取了企业自行追账方法。

除了这种方法以外还有：

A. 委托追账。

B. 仲裁追账。

C. 诉讼追账。

［判分标准：应结合案例对答案要点进行相应阐述，否则酌情扣分］

（2）企业决定向 B 商场提供现金折扣是企业自行追账的辅助手段。

这种追账方法的辅助手段主要有：

A. 采用对销售商和购买商都有利的现金折扣。

B. 向债务人收取惩罚利息。

C. 对已发生拖欠的客户停止供货。

D. 取消信用额度。

E. 处理客户开出的空头支票。

［判分标准：应结合案例对答案要点进行相应阐述，否则酌情扣分］

3.（1）红猫针对细分市场所采用的方式是区域独家代理制，该代理商统一代理红猫的产品在某地区的销售事务，同时它有权代表厂商处理其他事务。

销售代理的种类主要有：独家代理、多家代理；

佣金代理、买断代理；

代理商与原厂互为代理；

经销与代理混合使用；

分支机构指导下的代理方式。

［判分标准：应结合案例对答案要点进行相应阐述，否则酌情扣分］

（2）选择代理商应考虑的因素有：

第一，代理商的品格。

第二，代理商的营业规模。

第三，代理商的经营项目。

第四，代理商的销售网络。

第五，代理商的业务拓展能力。

第六，代理商的财务能力。

第七，代理商的营业地址。

第八，代理商的国籍。

第九，代理商的政治、社会影响力。

第十，同行业对代理商的评价。

［判分标准：应结合案例对答案要点进行相应阐述，否则酌情扣分］

二、情景题

4. 答案要点：

武刚应该一方面以身作则，帮助王港认识到团队合作的重要性以及销售培训的重要性；另一方面，武刚还应该为王港缺乏团队精神的事向其他员工解释，争取缓和销售团队的内部矛盾。

武刚还应该仔细研究一下目前的销售政策以及王港销售绩效的真实性，对王港以往的成绩进行分析，看一下是否需要改变目前的销售政策。

（紧扣上述要点进行论述即可）

［判分标准：应结合案例对答案要点进行相应阐述，否则酌情扣分］

5. （1）产生合同纠纷的主要原因有：

第一，在经济调整改革中，由于企业转产、停产以致撤销、合并或分立的原因，造成经济合同的不能履行或不能完全履行，而产生经济合同纠纷；

第二，由于当事人相互之间或一方对他方的实际情况缺乏调查了解，盲目签订合同，造成合同纠纷；

第三，由于当事人法制观念薄弱而发生纠纷；

第四，因标的数量短缺，质量、包装不合格而发生经济纠纷；

第五，由于拒付、少付货款或劳务酬金、逾期付款、产品价格变动等原因，而发生纠纷；

第六，由于企业下属职能部门负责人或专职业务人员，带着企业的空白合同到处乱签合同而无法履行，从而产生的纠纷；

第七，有的企业超出自己的设备能力和资金能力签订合同，而导致合同纠纷；

第八，有的企业或单位，用上压下、大欺小的手段强迫对方签订的合同，易产生纠纷。

［判分标准：应结合案例对答案要点进行相应阐述，否则酌情扣分］

（2）在与合作伙伴进行协商时，小李应注意：

① 双方的态度要端正、诚恳；

② 通过协商达成的协议，一定要符合国家的法律、政策；

③ 协商解决纠纷一定要坚持原则，不允许损害国家和集体的利益；

④ 协商一定是在平等的前提下进行的；

⑤ 在协商解决纠纷中要防止拉关系、搞私利等不正之风。

［判分标准：应结合案例对答案要点进行相应阐述，否则酌情扣分］

助理营销师真题五

卷一　职业道德　理论知识

第一部分　职业道德

一、职业道德基础理论与知识部分（第 1~16 题）

答题指导：该部分均为选择题，每题均有四个备选项，其中单项选择题只有一个选项是正确的，多项选择题有两个或两个以上选项是正确的。请根据题意的内容和要求答题，并在答题卡上将所选答案的相应字母涂黑。错选、少选、多选，则该题均不得分。

（一）单项选择题（第 1~8 题，每题 1 分，共 8 分）

1. 市场经济催生了一些新的道德观念，你认为不属于其中的是（　　）。
   A. 自主性道德观念
   B. 重义轻利的道德观念
   C. 竞争的道德观念
   D. 学习创新的道德观念

2. "三人行，必有我师"，说明了（　　）的道理。
   A. 执政为民　　　　B. 团结和睦　　　C. 互相学习　　　　D. 助人为乐

3. 社会主义道德建设的基本要求是（　　）。
   A. 社会公德、职业道德、家庭美德
   B. 爱国主义、集体主义和社会主义
   C. 爱祖国、爱人民、爱劳动、爱科学、爱社会主义
   D. 有理想、有道德、有文化、有纪律

4. 在我们的社会生活中，经济条件比较好的人和经济条件比较差的人交往，前者不能带有优越感看不起后者，后者也不能带有自卑感，感到低人一头。这是人际交往中（　　）。
   A. 平等原则的要求
   B. 互助原则的要求
   C. 功利原则的要求
   D. 谦让原则的要求

5. 下列不属于企业文化的功能的是（　　）。
   A. 整合功能　　　　B. 激励功能　　　C. 强制功能　　　　D. 自律功能

6. 下列关于道德的说法中，正确的有（　　）。
   A. 道德是处理人与人之间关系的强制性规范

B. 道德是人区别于动物的根本标志

C. 道德对人的要求高于法律

D. 道德从来没有阶级性

7. 清代，吴县有一商人蔡某，蔡某的朋友去世了。他差人把朋友的儿子叫来，要给他一千两金子。对方甚感惊讶和不解。蔡某解释说："钱是你父亲生前寄存在我这里的。"朋友的儿子问蔡某："我父亲留下字据了吗？他直到临终也没对我说过这事。钱，我不能要。"蔡某说："没留字据，但字据在我心中，而不在纸上。"蔡某说，"字据在我心中，而不在纸上"。这句话的含义是（　　　）。

A. 我想怎么说，就怎么说，纸上说的不算数

B. 你爱怎么想，就怎么想，纸上说了什么，你不知道

C. 我已经把字据牢牢记在心上，能背诵下来

D. 做人的原则在我心中，不在外面

8. 社会主义法制的核心是（　　　）。

A. 有法可依　　　　B. 有法必依　　　　C. 执法必严　　　　D. 违法必究

（二）多项选择题（第 9～16 题，每题 1 分，共 8 分）

9. 遵守职业纪律，要求从业人员（　　　）。

A. 履行岗位职责

B. 执行操作规程

C. 可以不遵守那些自己认为不合理的规章制度

D. 处理好上下级关系

10. 以下关于职业技能的说法中，正确的是（　　　）。

A. 职业技能是人们履行职业责任的手段

B. 职业技能的提高靠经验积累

C. 职业技能高低取决于个人体质强弱

D. 人的先天生理条件对职业技能的形成有一定的影响

11. 关于职业责任，下列说法中正确的是（　　　）。

A. 是否具有职业责任是从业人员道德水平高低的体现

B. 职业责任与物质利益存在直接关系

C. 社会和企事业运用法律和纪律手段保障职业责任和义务的履行

D. 职业责任是个中性概念，并不涉及道德问题

12. 从业人员举止得体的具体要求是（　　　）。

A. 态度恭敬，对顾客尊重和有礼貌

B. 表情从容，按部就班、不慌不忙地接待服务对象

C. 行为大度，为了国格，表现出应有的大国气势和风范

D. 形象庄重，表情严肃，不轻浮随便，不鬼鬼祟祟

13. 对从业人员来说，劳动合同（　　　）。

A. 是从业者的"护身符"　　　　　B. 在任何情况下都不可变更

C. 是从业者的"卖身契"　　　　　D. 是权利和义务统一的体现

14. 关于从业人员做到诚实守信，不完整或不准确的理解是（　　　）。

A. 诚实守信的前提是看对方是不是诚实守信

B. 不做对不起朋友的事情，是诚实守信的根本体现

C. 不管许诺什么，只要兑现了诺言就是诚实守信

D. 获得手段是否正当是检验一个人是否诚实守信的标准之一

15. 台湾"塑胶大王"王永庆拥有资产超过 10 亿美元，但创业之初，白手起家的他，有时为了赚一分钱利润，深夜冒着大雨把顾客所需要的东西送到目的地，他奉行的理念是"一勤天下无难事"他曾经说："多争取一块钱生意，也许要受到外界环境的限制，但节约一块钱，可以依靠自己努力；而节省一块钱，就等于赚了一块钱。"从上述案例中，可以判定王永庆是个（　　　）。

A. 生活简朴的人　B. 吝啬的人　　　　C. 计较小利的人　D. 善于经营的人

16. 以下说法中，正确的是（　　　）。

A. 办事公道是对企业上司的职业道德要求，与普通职工关系不大

B. 诚实守信是每一个职业劳动者都应具有的品质

C. 诚实守信可以带来经济效益

D. 在激烈的市场竞争中，信守承诺者往往吃亏

二、职业道德个人表现部分（离散选择）（第 17～25 题，每题 1 分，共 9 分）

答题指导：该部分均为选择题，每题均有四个备选项。请按照题意要求，根据自己的实际情况只选择其中一个选项。并在答题卡上将所选答案的相应字母涂黑。

17. 如果有重新选择职业的可能，（　　　）。

A. 我肯定还会选择现在的单位

B. 我基本上还会选择现在的单位

C. 假如没有更好的选择，我还会选择现在的单位

D. 我不会再选择现在这个单位

18. 如果你是一个学生，老师判卷时不小心多给了你 10 分，你因此获得了"好成绩"。你会（　　　）。

A. 不吭声，暗自庆幸自己运气好

B. 心有愧疚，但不愿澄清事实

C. 主动告诉老师，放弃"殊荣"

D. 暗自努力，争取下次拿真正的第一名

19. 一个朋友正在倾诉他的心事，我会（　　　）。

A. 真切体会出她的感受并安慰她

B. 不时发表自己的见解

C. 对他（她）表示赞同，用眼神支持他说下去

D. 耐着性子听听

20. 你觉得以前上学时用过的书，最好的处理方式是（　　）。

A. 当做二手书卖给需要它们的人

B. 当做废品卖钱，以便购买新书

C. 送给别人，让它们发挥余热

D. 留起来，将来想看的时候还可以翻翻

21. 有些单位会偶尔利用一定业余时间让员工义务为社区做一些事情，例如打扫卫生、植树。你认为这种做法（　　）。

A. 不可取，占用了员工休息时间，不人性

B. 不可取，工作效率不会很高

C. 有可取之处，可以增加员工的归属感

D. 有可取之处，锻炼了员工的身体

22. 从报架上拿报纸看完后，你最习惯的举动是（　　）。

A. 看完就走 　　　　　　　　　B. 把报纸放回原处

C. 把报纸整理好放回原处 　　　　D. 叫办事员来整理

23. 假如你带孩子看足球比赛，你注重让孩子（　　）。

A. 欣赏球员高超的球技 　　　　B. 为自己国家的球队加油助威

C. 尝试学习球员的动作和技巧 　　D. 感受篮球比赛的激烈程度

24. 当你在工作中遇到困难时，你一般会通过什么途径来解决（　　）。

A. 让领导给自己另找其他容易做的事情

B. 自己想办法解决

C. 让领导帮助自己

D. 自己不做，尽量让别人去做

25. 当听几位同事在谈论小李的隐私时，你认为合适的做法是（　　）。

A. 与他们一道谈论 　　　　　　B. 劝同事不要再谈

C. 悄悄告诉小李 　　　　　　　D. 在一旁静静地听

第二部分　理论知识

一、单项选择题（第 26~85 题，每题 1 分，共 60 分）

26. 非常重视与销售人员良好的人际关系，不大关心购买商品本身，这种顾客属于（　　）。

A. 漠不关心型 　　B. 软心肠型 　　C. 防卫型 　　D. 干练型

27.（　　）是指厂家将自己的技术、商标、品牌授予其他厂家使用，技术受让厂家使用其技术制造产品，并可以该厂品牌、商标销售产品，原厂家收取权利转让费。

A. 厂商向代理商技术授权

B. 厂商与代理商相互参股

C. 金钱激励

D. 厂商最终将代理商变为自营销售部门

28. 在谈判过程中，注意使自己的态度保持在不冷不热、不紧不慢的地步，这是在运用（　　）。

A. 红脸白脸策略　　B. 欲擒故纵策略　　C. 抛放低球策略　　D. 旁敲侧击策略

29.（　　）是指同一种商品中，不同档次之间的价格差额。

A. 品种差价　　　　B. 规格差价　　　　C. 档次差价　　　　D. 式样差价

30. 如果调查人员为了获得二手资料而要付出大量的人力、物力和财力，我们也许会不利用二手资料。这体现着调查人员在利用二手资料时遵循着（　　）。

A. 相关性原则　　　B. 时效性原则　　　C. 系统性原则　　　D. 经济效益原则

31.（　　）是指销售人员通过引发顾客的好奇心来接近顾客的方法。

A. 好奇接近法　　　B. 求教接近法　　　C. 问题接近法　　　D. 调查接近法

32. 企业若选用（　　）方式则要求该"代理商"有较为雄厚的资本、较大的影响、较好的商誉。

A. 独家销售代理　　B. 多家代理　　　　C. 佣金代理　　　　D. 买断代理

33. 引导性提问容易使被调查者不假思索地做出回答或选择，也会使被调查者从心理上产生（　　）反应，从而按着提示做出回答或选择。

A. 逆反　　　　　　B. 思考　　　　　　C. 抵抗　　　　　　D. 顺应

34. 在商务洽谈中，区域战争属于（　　）。

A. 谈判中的非人员风险　　　　　　B. 谈判中的非风险

C. 谈判中的偶然风险　　　　　　　D. 谈判中的人员风险

35.（　　）是一种以书面形式了解被调查对象的反应和看法，并以此获得资料和信息的载体。

A. 问卷　　　　　　B. 深度访谈　　　　C. 抽样　　　　　　D. 实验控制

36.（　　）是指纯粹造成损失却没有任何受益机会的风险。

A. 投机风险　　　　B. 利率风险　　　　C. 纯风险　　　　　D. 价格风险

37.（　　）又称信用限额，也是企业信用政策的一个组成部分。

A. 信用标准　　　　B. 信用条件　　　　C. 信用额度　　　　D. 收账政策

38.（　　）是指发生经济合同纠纷时，当事人双方协商不成，根据一方当事人的申请，在国家规定的合同管理机关的主持下，通过对当事人进行说服教育，促使当事人双方相互让步，并以双方当事人自愿达成协议为先决条件，达到平息争端的目的。

A. 经济合同纠纷的协商　　　　　B. 经济合同纠纷的仲裁

C. 经济合同纠纷的调解　　　　　D. 经济合同纠纷的审理

39. 考虑是月返、季返还是年返，应根据产品特性、货物流转周期而定等是要求制定返利政策考虑（　　）的实例。

A. 返利的标准　　　　　　　　　B. 返利的时间

C. 返利的形式　　　　　　　　　D. 返利的附属条件

40. （　　）是指销售人员通过限制购买期限从而敦促顾客购买的方法。

A. 限期成交法　　　B. 从众成交法　　　C. 保证成交法　　　D. 优惠成交法

41. 行业协会已经发表和保存的有关行业销售情况、经营特点、发展趋势等信息资料属于（　　）。

A. 内部资料来源　　B. 电子资料来源　　C. 直接资料来源　　D. 外部资料来源

42. （　　）是既谈优点，又谈缺点，但缺点与优点相比显然是微不足道的。

A. 以长托短　　　　B. 以短比短　　　　C. 以短揭长　　　　D. 以长托长

43. 谈判礼仪中，女性选择首饰的原则是（　　）。

A. 不戴不行　　　　B. 同质同色　　　　C. 色彩多样　　　　D. 异质同色

44. 销售计划的中心是（　　）。

A. 销售收入计划　　B. 销售成本计划　　C. 销售费用计划　　D. 销售利润计划

45. 销售人员应掌握本企业的历史背景、在同行业中的地位、生产能力、产品种类、技术水平、设备状况、企业发展战略、定价策略等，这体现了销售人员必须掌握（　　）。

A. 企业知识　　　　B. 产品知识　　　　C. 市场知识　　　　D. 用户知识

46. （　　）是洽谈双方为达成协议所必须承担的义务。

A. 以进为退　　　　B. 以退为进　　　　C. 让步　　　　　　D. 坚持

47. （　　）是企业要求客户支付赊销款项的条件，它由信用期限和现金折扣两个要素组成。

A. 信用标准　　　　B. 信用条件　　　　C. 信用额度　　　　D. 收账政策

48. 当总体中的调查单位特性有明显差异时，可以采用（　　）。

A. 简单随机抽样法　　　　　　　B. 等距抽样法

C. 分层随机抽样法　　　　　　　D. 分群随机抽样法

49. 分销渠道是指（　　）。

A. 分销商的总和

B. 零售商的总和

C. 产品或服务从生产者向消费者转移过程中，所经过的、由各中间环节所联结而成的路径

D. 分销商和零售商的总和

50. （ ）是组织销售人员就某一专门议题进行讨论，培训过程由主讲老师或销售专家组织。

A. 课堂培训法　　B. 会议培训法　　C. 实地培训法　　D. 模拟培训法

51. 在影响产业购买者做出购买决策的一系列因素中，一个国家的经济前景、市场竞争、政治法律等情况属于（ ）。

A. 环境因素　　B. 人际因素　　C. 个人因素　　D. 组织因素

52. （ ）是指通过帮助中间商获得更好的管理、销售的方法，从而提高销售绩效。

A. 直接激励　　B. 精神激励　　C. 物质激励　　D. 间接激励

53. （ ）就是将产品价格采取合零凑整的办法，把价格定在整数或整数水平以上，给人以较高一级档次产品的感觉。

A. 整数定价　　B. 声望定价　　C. 习惯定价　　D. 招徕定价

54. （ ）就是企业把全国（或某些地区）分为若干价格区，对于卖给不同价格区顾客的某种产品，分别制定不同的地区价格。

A. FOB Origin　　B. 统一交货定价　　C. 分区定价　　D. 基点定价

55. （ ）是最普通、最常用的一种评估销售促进方法。

A. 销售绩效分析　　　　　　　B. 消费者固定样本数据分析

C. 消费者调查　　　　　　　　D. 实验研究

56. "健力宝"饮料公司大力支持和赞助中国运动员参加奥运会、亚运会，使"健力宝"饮料名扬天下，畅销世界，这是赞助活动中的（ ）的方式。

A. 赞助体育运动　　　　　　　B. 赞助文化娱乐活动

C. 赞助宣传用品的制作　　　　D. 赞助社会慈善和福利事业

57. 卖主先出低价来引起买主的兴趣，再假装发现一个错误，撤回低价，这属于（ ）方法。

A. 错误试探　　B. 仲裁试探　　C. 替代试探　　D. 开价试探

58. 分群随机抽样法在市场调查中最典型的应用是（ ）。

A. 收入分群抽样　　B. 地区分群抽样　　C. 消费分群抽样　　D. 年龄分群抽样

59. 若公司的高阶层对第一线了如指掌，而位处组织末梢的销售人员，也深深信赖高阶层者，我们可以采用销售计划方式中的（ ）。

A. 分配方式　　B. 发散方式　　C. 上行方式　　D. 水平方式

60. （ ）是指在接到顾客购买信号后，用明确的语言向顾客直接提出购买建议，以求适时成交的方法。

A. 请求成交法　　B. 局部成交法　　C. 假定成交法　　D. 选择成交法

61. 销售促进目标是从总的促销组合目标中引申出来的，而它在总体上又是受企业（　　）所制约的。

A. 销售目标　　B. 营销总目标　　C. 价格目标　　D. 渠道目标

62. （　　）又叫小点成交法，是销售人员利用局部成交来促成整体成交的一种策略。

A. 请求成交法　　B. 局部成交法　　C. 假定成交法　　D. 选择成交法

63. 我国《反不正当竞争法》规定，抽奖式的有奖销售最高的金额禁止超过（　　）元。

A. 2000　　B. 3000　　C. 4000　　D. 5000

64. 刊登的广告文辞上载明企业名称及职位、应聘者须具备的条件，甚至说明条件不适者请勿前来应聘。这是（　　）。

A. 培训式招聘广告　　　　B. 表明式招聘广告
C. 销售式招聘广告　　　　D. 隐蔽式招聘广告

65. （　　）是指销售人员利用大众购买行为促进顾客购买的方法。

A. 限期成交法　　B. 从众成交法　　C. 保证成交法　　D. 优惠成交法

66. 在正式的谈判之前，（　　）应主动通知对方洽谈举行的时间、地点、具体安排以及有关注意事项，让对方心中有数，以便为洽谈进行相应的准备。

A. 东道主　　B. 中间人　　C. 被邀者　　D. 主谈人

67. （　　）是指人们在特定的职业活动中形成的或明文规定的语言标准或规则。

A. 职业规范　　B. 仪表端庄　　C. 仪表仪态　　D. 语言规范

68. 将调查总体各单位的名称或号码逐个写在签条或卡片上，放在箱中，打乱次序，拌和均匀，然后按抽签办法，不加任何选择地在全部签条或卡片中随机抽出所需的调查样本，这是（　　）。

A. 抽签法　　　　B. 随机数表法
C. 分层随机抽样　　　　D. 分群随机抽样法

69. 产品线上平均具有的产品项目数是（　　）。

A. 宽度　　B. 长度　　C. 深度　　D. 关联性

70. 债务人或者第三人将其动产移交债权人占有，将该动产作为债权的担保是（　　）。

A. 抵押　　B. 动产质押　　C. 权利质押　　D. 留置

71. （　　）是指在商务谈判过程中，以两个人分别扮演"红脸"和"白脸"的角色，或一个人同时扮演这两种角色，使谈判进退更有节奏，效果更好。

A. 红脸白脸策略　　B. 欲擒故纵策略　　C. 抛放低球策略　　D. 旁敲侧击策略

72. （　　）是指在谈判中，故意搅乱正常的谈判秩序，将许多问题一股脑儿地摊到桌面上，使人难以应付，以达到使对方慌乱失误的目的。这也是在业务谈判中比较流行的一种策略。

　　A. 浑水摸鱼策略　　B. 疲劳轰炸策略　　C. 化整为零策略　　D. 大智若愚策略

73. （　　）是借助于科学艺术的手段，刺激人们的感觉来取得效果的。

　　A. 销售促进　　　　B. 广告宣传　　　　C. 人员推销　　　　D. 公共关系

74. （　　）是指在谈判过程中的场外交涉时，以间接的方法和对方互通信息，与对方进行心理与情感的交流，使分歧得到解决，从而达成协议。

　　A. 红脸白脸策略　　B. 欲擒故纵策略　　C. 抛放低球策略　　D. 旁敲侧击策略

75. 厂商委托中间商以中间商的名义销售货物，盈亏由厂商自行负责，中间商只收取佣金报酬，这种销售方式叫做（　　）。

　　A. 代销　　　　　　B. 销售代理　　　　C. 经纪　　　　　　D. 经销

76. 有经验的销售人员可以使买卖双方超越纯粹的商品货币关系，建立起一种友谊协作关系，这种亲密的长期合作关系有助于销售工作的开展，这体现了人员销售（　　）的特点。

　　A. 灵活性　　　　　B. 完整性　　　　　C. 选择性　　　　　D. 长远性

77. 商务谈判中最敏感、最艰难的谈判是（　　）。

　　A. 议程谈判　　　　B. 价值谈判　　　　C. 目的谈判　　　　D. 价格谈判

78. 消费者依据（　　）权可以要求经营者提供的商品和服务符合保障人身、财产安全的要求。

　　A. 安全保障　　　　B. 公平交易　　　　C. 自主选择　　　　D. 获得知识

79. 商务谈判以（　　）作为谈判的核心。

　　A. 谈判主体　　　　B. 价值　　　　　　C. 谈判客体　　　　D. 价格

80. （　　）是最常用、最重要的配额，一般用销售额来表示，用销售量单位数表示的情况比较少。

　　A. 销售量配额　　　B. 财务配额　　　　C. 销售活动配额　　D. 综合配额

81. 思想保守，拘泥于传统，与其他的落后采用者关系密切，极少借助宣传媒体，其社会地位和收入水平最低。这类群体属于（　　）。

　　A. 创新采用者　　　B. 早期大众　　　　C. 早期采用者　　　D. 落后采用者

82. 对外界事物、人物反应异常敏感，且耿耿于怀；他们对自己所做的决策容易反悔；情绪不稳定，易激动，这类顾客属于（　　）。

　　A. 内向型　　　　　B. 随和型　　　　　C. 刚强型　　　　　D. 神经质型

83. 一个销售人员每次亲自与一个现实顾客或潜在顾客谈话，进行一对一的销售活动，这是销售人员与顾客进行接触的（　　）方式。

　　A. 单个销售人员对单个顾客　　　　　　B. 单个销售人员对一组顾客

C. 销售小组对一组顾客　　　　　　D. 销售会议

84. 企业利用电子邮件向债务人发送追讨函，或与其交流意见，这是(　　)的实例。

A. 函电追账　　B. 诉讼追账　　C. 面访追账　　D. "IT"追账

85. (　　)指的是从各种文献档案中收集的资料，也称间接资料。

A. 一手资料　　B. 二手资料　　C. 电子资料　　D. 市场资料

二、多项选择题（第86~125题，每题1分，共40分）

86. 中间商的主要购买决策包括(　　)。

A. 配货决策　　B. 供应商组合决策　C. 供货条件决策　D. 库存决策

87. 企业要不断完善服务系统，最大限度使顾客感到安心和便利，为此，需做到(　　)。

A. 在价格设定方面，要力求价格公平、明码标价

B. 在包装方面，要安全、方便

C. 在经营中要尺足、秤满

D. 在售后服务方面要帮助安装，定期进行访问

88. 在市场营销学中，市场的大小取决于那些(　　)的人数。

A. 有某种需要

B. 拥有使别人感兴趣的资源

C. 愿意以这种资源来换取其需要的东西

D. 处于一定的市场环境

89. 销售分析与评价的常用方法是(　　)。

A. 绝对分析法　　　　　　　　B. 相对分析法

C. 因素替代法　　　　　　　　D. 量、本、利分析法

90. 市场是指由一切具有特定的欲望和需求并且愿意和能够以交换来满足此欲望和需求的潜在顾客构成，由此可知，市场的构成要素包括(　　)。

A. 有某种需要和欲望的人　　　B. 拥有使别人感兴趣的资源

C. 为满足需要的购买能力　　　D. 购买欲望

91. 下列选项属于商品的兴趣集中点的有(　　)。

A. 商品的使用价值　　　　　　B. 流行性

C. 耐久性　　　　　　　　　　D. 经济性

92. 服务内容包括(　　)。

A. 维修服务　　B. 信息服务　　C. 咨询服务　　D. 免费试用服务

93. 销售活动分析报告对于实际工作的作用主要有(　　)。

A. 促进销售计划的完成　　　　B. 为制订新的销售计划提供依据

C. 为提高经济效益服务　　　　D. 方便高层决策

94. 合理的信用政策主要包括（　　　）。

A. 信用标准　　　　B. 信用条件　　　　C. 信用额度　　　　D. 收账政策

95. 关系营销的主要类型和层次有（　　　）。

A. 被动型　　　　B. 负责型　　　　C. 能动型　　　　D. 伙伴型

96. 根据客户战略价值、实际价值以及服务成本的大小可以把客户划分为（　　　）。

A. 最有价值客户　　B. 二级客户　　　　C. 正值客户　　　　D. 负值客户

97. 下列属于电子商务优点的是（　　　）。

A. 降低企业营销成本

B. 提供新的市场机会

C. 直接把握市场需求的变化

D. 电子化、数据化消除了时空的限制

98. 锁定最有价值客户的方法有（　　　）。

A. 改变最有价值客户衰退趋势　　　　B. 制订客户忠诚计划

C. 战略性放弃负值客户　　　　　　　D. 从二级客户身上获取更多的收入

99. 根据窜货的表现形式及其影响程度，可以把窜货分为（　　　）。

A. 自然性窜货　　B. 恶性窜货　　　　C. 良性窜货　　　　D. 跨区域窜货

100. 有关提高企业服务质量的方法，比较常用的有（　　　）。

A. 标准跟进　　　B. 流程图　　　　　C. 结构重整　　　　D. 蓝图技巧

101. 依照经营形式，连锁商店可以划分为（　　　）等。

A. 超级市场连锁　　　　　　　　　　B. 专业商店连锁

C. 百货商店连锁　　　　　　　　　　D. 郊区购物中心连锁

102. 客户信用管理的内容主要包括（　　　）。

A. 信用管理目标　　　　　　　　　　B. 追回账款的策略

C. 结构重整　　　　　　　　　　　　D. 制定信用政策

103. 网络营销中，一般运用的工具有（　　　）。

A. 留言簿　　　　　　　　　　　　　B. 组建站点论坛

C. 运用交流与反馈的其他手段　　　　D. 结合 CRM 类软件功能

104. 利用外包装区域差异化处理窜货问题的方法有（　　　）。

A. 给予不同编码　　　　　　　　　　B. 利用条形码

C. 通过文字标识　　　　　　　　　　D. 采用不同颜色的商标

105. 谈判的节奏主要反映在（　　　）等方面。

A. 需要解决问题的多少　　　　　　　B. 时间的长短

C. 问题安排的松紧程度　　　　　　　D. 地点的选择

106. 我国产生经济合同纠纷的原因主要有（　　　）。

A. 企业转产、停产，以至撤销、合并或分立

B. 缺乏调查了解，盲目签订

C. 当事人法制观念淡薄，随意变更、撕毁合同

D. 因标的数量短缺，质量、包装不合格而发生经济纠纷

107. 下列选项属于接近拜访顾客的方法的是（　　）。

A. 赞美接近法　　　B. 反复接近法　　　C. 服务接近法　　　D. 利益接近法

108. 根据合同法的有关规定，合同的主要形式有（　　）。

A. 书面合同　　　　B. 口头合同　　　　C. 其他合同　　　　D. 协商合同

109. 属于折扣定价的有（　　）。

A. 现金折扣　　　　B. 数量折扣　　　　C. 季节折扣　　　　D. 折让

110. 制定销售配额的目的是（　　）。

A. 明确责任　　　　　　　　　　　B. 建立激励制度的基础

C. 增加收入　　　　　　　　　　　D. 使销售计划落实到人员行动上来

111. 佣金代理方式的特点有（　　）。

A. 厂家更容易控制代理商

B. 产品价格更为统一，竞争力更强

C. 代理商的士气不那么高

D. 对代理商而言，进行佣金代理需要的资金较少

112. 销售代理商和经纪人的区别是（　　）。

A. 行为名义不同　　　　　　　　　B. 服务对象不同

C. 享有的权利不同　　　　　　　　D. 与委托人关系的持续性不同

113. 企业的定价目标大致包括（　　）。

A. 企业形象最佳化　　　　　　　　B. 市场份额收缩

C. 降低产品成本　　　　　　　　　D. 当期利润最大化

114. 电子邮件营销最大的特点是（　　）。

A. 主动　　　　　　B. 即时　　　　　　C. 双向互动　　　D. 全天候

115. 可能造成窜货的原因有（　　）。

A. 管理制度有漏洞　　　　　　　　B. 激励措施失偏颇

C. 管理监控不力　　　　　　　　　D. 代理选择不合适

116. 下列对市场营销组合特点的描述正确的是（　　）。

A. 市场营销组合要素对企业来说都是可控要素

B. 市场营销组合是一个复合结构

C. 市场营销组合是一个动态组合

D. 市场营销组合要受企业市场定位战略的制约

117. 赠券这种促销工具的送达方式有（　　）等。

A. 附在包装内　　　　　　　　　　B. 邮寄

C. 零售点分发　　　　　　　　D. 附在广告媒体上

118. 对经济合同纠纷的处理，可以采取（　　　）的方式。

A. 协商　　　　B. 仲裁　　　　C. 审理　　　　D. 调解

119. 根据合同法的规定，下列合同属于无效合同的是（　　　）。

A. 一方以欺诈、胁迫的手段订立，损害国家利益的合同

B. 恶意串通，损害国家、集体或第三人利益的合同

C. 以合法形式掩盖非法目的的合同

D. 违反法律、行政法规强制性规定的合同

120. 消费者的购买决策原则不是唯一的，通常是根据产品和市场情况选择适当的原则，可供选择的原则有（　　　）。

A. 最大满意原则　　　　　　　　B. 相对满意原则

C. 遗憾最小原则　　　　　　　　D. 预期——满意原则

121. 商务谈判中，常用的限制性因素主要有（　　　）。

A. 经济限制　　　B. 权利限制　　　C. 资料限制　　　D. 时间限制

122. 逻辑在商务谈判中的作用主要有（　　　）。

A. 逻辑是联结谈判各部分的线索

B. 逻辑是谈判中的探测器

C. 逻辑是谈判中的论证手段

D. 逻辑是谈判中向对方有力反驳的武器

123. 每场谈判的结束方式可据（　　　）来确定。

A. 时间　　　　B. 气氛　　　　C. 地点　　　　D. 内容

124. 销售人员进行商品示范存在缺陷的原因主要有（　　　）。

A. 在示范前对产品的优点强调过多，从而使顾客的期望过高

B. 销售人员过高估计自己的表演才能

C. 在示范过程中只顾自己操作，而不去注意顾客的反应

D. 示范时不断提出竞争对手产品的缺点，却不提自己产品的优点

125. 关于客户服务管理的内容，主要包括（　　　）。

A. 评价服务质量　　　　　　　　B. 对终端人员进行培训

C. 进行终端监督　　　　　　　　D. 提高服务质量

卷二　专业技能

一、**案例分析**（第 1～3 题，每题 20 分，共 60 分）

1. 请结合案例和所学知识回答问题。

未川公司要从天升公司购买 10 辆卡车，经过认真的准备之后，谈判开始了。

在首场谈判中，双方在付款方式上发生严重分歧而暂时休会。半个小时后，谈判重新开始。为了缓和紧张的气氛，未川公司的主谈平和地说："李先生，刚才您顽强的坚持 1 个月内付款，现在，您是否能灵活一点使大家能够找到出路？"李先生回答："贵方的态度不也是一样吗？坐立不安的感觉着实让人不舒服呀！"未川主谈人爽朗地笑了，紧张气氛得以缓和。双方围绕付款方式这一问题进行积极地磋商，终于达成了一致意见。

问题：

（1）在谈判准备阶段应做好什么工作？未川公司的主谈人采用了哪种缓和紧张气氛的方式？

（2）在首场谈判的开场阶段，应注意的问题是什么？

2. 某厂开发的新产品——气功激发仪，在某商场柜台摆放了 3 个月无人问津。忽然有一天该商品被顾客抢购了 198 个。产品由滞转畅的原因是，推销员不仅向顾客介绍商品的性能，而且现场进行表演，在一位患肩周炎的老人身上具体示范。奇迹发生了，当即这位老人的胳膊不仅能抬起，而且伸直弯曲也不疼。围观的顾客无不为之折服，纷纷解囊争购这种产品。

问题：

（1）一个理想的销售人员应具备什么素质？

（2）人员销售有哪几种方式？

3. 请结合案例和所学知识回答问题。

某公司想了解一下其产品的需求情况，为此他们组织了一次市场调研活动。按照调研计划该企业首先进行了一次问卷调查，他们选取了北京、上海和广州三个城市作为代表城市，在这三个城市中随机发放问卷。他们向消费者所提供的问卷中，问答项目达几百个，而且十分具体。该调查所获得的数据被存入计算机，进行详细的分析。

此外，该公司为了改进其刚刚研制成功的产品，还邀请消费者担当"商品顾问"，让他们试用这种新的产品，然后"鸡蛋里挑骨头"，从他们那里收集各种改进的意见。该公司担心"商品顾问"有时也会提供不真实的信息，因此，研究所的市场调查人员经常亲自逛市场，"偷听"消费者购买时的对话，或者干脆装扮成消费者，四处探听店员和顾客对产品的意见。他们的目的只有一个，就是一定要搞到真正准确的信息，而不是虚假的赞誉。

在亲自获取市场信息的同时，该公司还把其他部门所提供的市场分析进行加工和整理，来补充市场调查所获取信息的不足。这些从公开出版物、报纸、杂志、政府和有关行业获取的统计资料，为该企业了解整个市场的宏观信息提供了帮助。

来自消费者的信息成千上万，如何分析研究，取其精华，该公司有其独特的方法。他们把所有信息分为两类，一类是期望值高的信息，即希望商品达到某种程度，或希望出现某种新产品；另一类是具体的改进建议。该公司十分重视前者，这类信息虽然没有具体意见，甚至很模糊，却反映了消费者的期望，是新产品开发的重要启示，而具体的改进意见一旦和高期望值信息结合起来，则能起到锦上添花的作用。

问题：

（1）该公司在亲自获取市场信息的同时，还需要多种二手资料的支持，公司可以通过哪几种途径获得二手资料？（至少列举三个）该公司在进行问卷调查时所采用的方法属于哪种？

（2）在调查问卷设计中，问句可以采用不同的形式，主要有几种？

二、情景题（第4~5题，每题20分，共40分）

4. 北京益达农业生产资料公司专营稻田用除草剂。该公司决定在湖南市场上采取独家分销的形式进入市场。经过一轮选择后，最后只剩下两个公司成为最终备选。一家是湖南省农资公司，另一家是湖南三农农资公司。湖南省农资公司是国有企业，是湖南省农资销售实力最强的公司，其经销网络能覆盖整个湖南省的乡镇市场，但市场上的经销商却对其办事效率、信誉等颇有微词。湖南三农农资公司是个民营企业，其老板是个退伍军人，办事效率极高。由于起步晚，其经销网络只能覆盖到县一级的市场。此外，该公司流动资金充裕，还能提供融资服务。最后，市场上的经销商对该公司各方面均表示非常认可。

问题：

（1）企业选择分销商应考虑哪些因素？

（2）间接激励分销商通常的做法有哪些？

5. 王牌股份有限公司的培训经理武刚遇到一个问题：公司的一个老销售代表王港拒绝参加公司的销售培训。之前，公司发现在一些重要地区的销量和顾客满意度都有所下滑，武刚受命从一个销售培训机构聘请了一位专家为公司的销售代表举办一个为期5天的销售研讨会，想通过案例研究、游戏、角色扮演等手段提高销售代表们的销售技巧。

但是，王港却公开宣称不参加该培训。他告诉武刚，他是公司里最能干的销售代表之一，并不需要离开销售区域来参加这种销售技巧培训，因为这会使得他的销售收入下降。

不得不承认，王港是公司里最为成功的销售代表之一。从一个一般的学校毕业后，他便加入了公司，曾连续五年获得公司的"年度最佳销售代表奖"。但是，许多销售代表私下里向公司反映说王港的团队合作精神不好。

问题：你认为武刚该如何处理这件事情？

助理营销师真题五答案

卷一

第一部分

一、职业道德基础理论与知识部分

（一）单项选择题

1. B 2. C 3. C 4. A 5. C 6. C 7. D 8. B

（二）多项选择题

9. AB 10. BD 11. ABC 12. ABD 13. AD 14. ABC

15. AD 16. BC

二、职业道德个人表现部分（离散选择）

17. A：1，B：0.9，C：0.7，D：0.4

18. A：0.3，B：0.7，C：1，D：0.8

19. A：1，B：0.2，C：0.6，D：0

20. A：0.6，B：0.3，C：1，D：0.8

21. A：0.4，B：0.4，C：1，D：0.6

22. A：0.3，B：0.8，C：1，D：0.4

23. A：0.5，B：1，C：0.6，D：0.5

24. A：0.3，B：1，C：0.5，D：0

25. A：0，B：1，C：0，D：0.5

第二部分

一、单项选择题

26. B 27. A 28. B 29. C 30. D 31. A 32. D

33. D 34. A 35. A 36. C 37. C 38. C 39. B

40. A 41. D 42. A 43. B 44. A 45. A 46. C

47. B 48. C 49. C 50. B 51. A 52. D 53. A

54. C 55. A 56. B 57. 真 58. B 59. A 60. A

61. B 62. B 63. D 64. B 65. B 66. A 67. D

68. A 69. C 70. B 71. A 72. A 73. B 74. D

75. A 76. D 77. D 78. A 79. D 80. A 81. D

82. D 83. A 84. D 85. B

二、多项选择题

86. ABC 87. ABCD 88. ABC 89. ABCD 90. ACD

91. ABCD   92. ABCD   93. ABC   94. ABCD   95. ABCD
96. ABD   97. ABCD   98. AB   99. ABC   100. AD
101. ABCD   102. ABD   103. ABCD   104. ABCD 105. BC
106. ABCD   107. ABCD 108. ABC   109. ABCD 110. ABD
111. ABD   112. ABCD 113. AD   114. BCD   115. ABCD
116. ABCD   117. ABCD 118. ABCD   119. ABCD 120. ABCD
121. BC   122. ABCD 123. ABD   124. ABC   125. AD

卷二

一、案例分析

1.（1）在谈判准备阶段应做好始终抓住谈判对手，以保证信息畅通和请对方将其具体要求写成"正式的文字"的工作。

未川公司的主谈人采用的缓和紧张气氛的方式是设问式。

［判分标准：应结合案例对答案要点进行相应阐述，否则酌情扣分］

（2）在首场开场阶段，应注意的问题有：

① 主谈人应该做的第一件事是介绍本方在场人员；

② 主谈人应该尊重谈判对手；

③ 首场开场要努力营造友好合作的气氛。

［判分标准：应结合案例对答案要点进行相应阐述，否则酌情扣分］

2.（1）一个理想的销售人员应具备以下素质：

- 强烈的敬业精神。
- 敏锐的观察能力。
- 良好的服务态度。
- 说服顾客的能力。
- 宽广的知识面：产品知识；企业知识；用户知识；市场知识；语言知识；社会知识；美学知识。

［判分标准：应结合案例对答案要点进行相应阐述，否则酌情扣分］

（2）人员销售的方式有：

① 单个销售人员对单个顾客。

② 单个销售人员对一组顾客。

③ 销售小组对一组顾客。

④ 销售会议。

⑤ 销售研讨会。

［判分标准：应结合案例对答案要点进行相应阐述，否则酌情扣分］

3.（1）公司可以通过企业职能管理部门提供的资料、企业经营机构提供的资料、经济公报、统计公报、行业销售情况、经营特点、发展趋势等信息资料、大众传播媒体等途径获得二手资料。该公司在进行问卷调查时所采用的方法属于非随机抽样调查。

［判分标准：应结合案例对答案要点进行相应阐述，否则酌情扣分］

（2）根据具体情况的不同，问句可以采用不同的形式，主要有以下几种：

A. 开放式问句：回答这种问句时被调查对象可以自由回答问题，不受任何限制。换句话说，就是事先不规定答案。

B. 封闭式问句：这种问句与开放式问正好相反，它的答案已事先由调研人员设计好，被调查对象只要在备选答案中选择合适的答案即可。它又有如下形式：

a. 二项选择法（又称是否法/真伪法）。

b. 多项选择法。

c. 程度尺度法。研究同质间的不同程度差别，通常用"很好"、"较好"、"一般"、"较差"、"差"一类的回答来表述。

d. 顺序法。这种方法就是列举出若干项目，以决定其中较重要的顺序方案。

e. 回想法。在问卷设计中，我们还可以采用回想法，这种方法的运用一是了解到客户对于品牌的印象、记忆程度；二是了解客户对此行业的知晓范围。

［判分标准：应结合案例对答案要点进行相应阐述，否则酌情扣分］

二、情景题

4.（1）选择分销商时需要考虑以下因素：市场覆盖范围、声誉、中间商的历史经验、合作意愿、产品组合情况、分销商的财务状况、分销商的区位优势、分销商的促销能力。

［判分标准：应结合案例对答案要点进行相应阐述，否则酌情扣分］

（2）间接激励分销商通常的做法有以下几种形式：

第一，帮助经销商建立进销存报表，做安全库存数和先进先出库存管理。

第二，帮助零售商进行零售终端管理。终端管理的内容包括铺货和商品陈列等。

第三，帮助经销商管理其客户网来加强经销商的销售管理工作。

第四，伙伴关系管理。

［判分标准：应结合案例对答案要点进行相应阐述，否则酌情扣分］

5. 答案要点：

武刚应该一方面以身作则，帮助王港认识到团队合作的重要性以及销售培训的重要性；另一方面，武刚还应该为王港缺乏团队精神的事向其他员工解释，争取缓和销售团队的内部矛盾。

武刚还应该仔细研究一下目前的销售政策以及王港销售绩效的真实性，对王港以往的成绩进行分析，看一下是否需要改变目前的销售政策。

（紧扣上述要点进行论述即可）

［判分标准：应结合案例对答案要点进行相应阐述，否则酌情扣分］

参考文献

纪宝成：《市场营销学教程》，中国人民大学出版社 2003 年第三版。

李强：《市场营销学教程》，东北财经大学出版社 2003 年修订版。

彭星闾、万后芬：《市场营销学》，中国财政经济出版社 2004 年版。

朱华等：《市场营销案例精选精析》，经济管理出版社 2000 年版。

梅清豪等：《市场营销学原理》，电子工业出版社 2001 年版。

[美] 菲利普·科特勒：《营销管理》，上海人民出版社 2004 年版。

朱成钢：《市场营销学》，立信财经丛书 2002 年版。

张杵：《市场营销管理》，上海财经大学出版社 1996 年版。

陈启杰：《现代国际市场营销学》，上海财经大学出版社 2003 年版。

郭国庆：《市场营销管理理论与模型》，中国人民大学出版社 1998 年版。

龚兴郑：《现代营销管理》，安徽大学出版社 2001 年版。

冯云廷：《现代营销管理教程》，东北财经大学出版社 2002 年版。

陈信康：《市场营销学案例集》，上海财经大学出版社 2003 年版。

王晓东：《国际市场营销》，中国人民大学出版社 2000 年版。

晁钢令：《市场营销学教程》，上海财经大学出版社 2001 年版。

吴健安：《市场营销学》，高等教育出版社 2004 年版。

李宏宇：《市场营销管理：教程与案例》，经济科学出版社 2009 年版。

中国就业培训技术指导中心：《营销师国家职业技能鉴定考试指南》助理营销师分册，学苑出版社 2006 年版。

中国就业培训技术指导中心：《营销师国家职业技能鉴定考试指南》基础知识分册，学苑出版社 2006 年版。